موسوعة

التراث العلمي العربي

الطب والصيدلة عند العرب

موسوعة

التراث العلمي العربي

الطب والصيدلة عند العرب

د.ياسين خليل

دراسة وتحقيق وتعليق
الدكتور حسن مجيد العبيدي

دار جامعة حمد بن خليفة للنشر
HAMAD BIN KHALIFA UNIVERSITY PRESS

دار جامعة حمد بن خليفة للنشر
صندوق بريد 5825
الدوحة، دولة قطر

www.hbkupress.com

الطبعة العربية الأولى عام 2021

الترقيم الدولي: 9789927151767

تمت الطباعة في-بيروت، لبنان.

مكتبة قطر الوطنية بيانات الفهرسة – أثناء – النشر (فان)

خليل، ياسين، مؤلف

موسوعة التراث العلمي العربي /د. ياسين خليل ؛ دراسة وتحقيق وتعليق الدكتور حسن مجيد العبيدي. – الطبعة العربية الأولى. - الدوحة،قطر: دار جامعة حمد بن خليفة للنشر، 2021.

صفحة ؛ سم

تدمك: 978-992-715-175-0 (v. 1)

تدمك: 978-992-715-178-1 (v. 2)

تدمك: 978-992-715-176-7 (v. 3)

تدمك: 978-992-715-177-4 (v. 4)

يتضمن مراجع ببليوجرافية.

المحتويات: الجزء 1. مصادر التراث العلمي العربي والدراسات الإنسانية والعلم الرياضي -- الجزء 2. العلوم الطبيعية عند العرب -- الجزء 3. الطب والصيدلة عند العرب -- الجزء 4. دراسات في التراث العلمي العربي.

1. العلوم -- الإمبراطورية الإسلامية -- تاريخ 2. المخطوطات العربية -- تاريخ. أ. العبيدي، حسن مجيد، محقق. ب. العنوان.

Q127.I74 K43 2020

509.17671 – dc23

202028020984

الإهداء

إلى شهداء الطب والصيدلة وإلى كل الأطباء والصيادلة الذين ما زالوا على قيد الحياة.

المحقق

بسم الله الرحمن الرحيم

﴿وَإِذَا مَرِضْتُ فَهُوَ يَشْفِينِ﴾

صدق الله العظيم

الشعراء/ 80

المحتويات

مقدمة المحقق*

من المعروف لدى الدارسين والباحثين، أن الكتابة في العلوم الطبية والصيدلانية تحتاج إلى مختص بهما، لا سيما وأن فيها من المفاهيم والاصطلاحات والمنهج ما يدركه أصحابه خير إدراك، وهو ما تعودنا على قراءته عبر تاريخ هذا العلوم، وما ورثناه من نصوص طبية لفلاسفة أطباء عربًا وغير عرب من أمثال: **أرسطو وجالينوس وأبقراط والرازي وابن سينا وابن رشد والزهراوي وابن البيطار** وغيرهم.

لكن أن يكتب متخصص بعلم المنطق والفلسفة كتابًا في التراث الطبي والصيدلاني العربي، ولم يمارس مهنة الطب لا نظريًا أو عمليًا، إنما أمر يحتاج إلى عقل مبدع من طراز خاص، وهو ما وجدناه في هذا الكتاب الذي ألفه الفيلسوف **ياسين خليل**، على الرغم من أنه لم يكن في يوم من الأيام طبيبًا ولا مارس هذه المهنة.

في هذا الكتاب أبدع الفيلسوف **ياسين خليل** أيما إبداع، في دراسته التراث الطبي العربي وكذلك علم الصيدلة. وقدم معلومات علمية دقيقة عن تاريخ **الطب العربي** من مصادرها الأساسية التي كتبت فيه، ومن أبرز **الأطباء العرب** في زمانهم، من أمثال: **الرازي** الطبيب **وابن سينا** و**ابن زهر** و**ابن القف** و**الكحال** و**علي بن العباس** و**الأنطاكي** وغيرهم. حتى يبدو المؤلف للقارئ فضلًا عن المتخصص، أنه قد مارس هذه المهنة لمدة طويلة وأقام الممارسات الطبية السريرية، واكتشف العلل والأمراض وطرق معالجاتها وكيفية وصفها وغير ذلك.

وإذا ما علمنا أن الفيلسوف **ياسين خليل** -كما سردنا سيرته في الكتاب الأول- قد توفي بمرض لازمه طيلة حياته ومنذ صغره فأهلكه وهو ما يزال في قمة عطائه العلمي، ولم

---

* لقد جاء هذا الكتاب خلوًا من المقدمة الخاصة بالمؤلف، وبدأ المؤلف بالبحث من الفصل الأول، كما أنه لم يترك أيضًا خاتمة للكتاب. ولا قائمة بالمصادر والمراجع. (المحقق)

يستطع أن يجد من يعالجه منه سواء من داخل المؤسسة الطبية في زمانه، أو من خلال ما اطلع عليه من نصوص طبية كتبت في التراث العلمي العربي، وهو ما أشرنا إليه في مقدمتنا للكتاب الأول الذي تحدثنا فيه عن السيرة العلمية لهذا الفيلسوف.

و يبدو لي وأنا أكتب هذه المقدمة عن الكتاب، أن الفيلسوف **ياسين خليل** عندما شرع في التأليف لهذا الكتاب، كان يسدّ حاجة في نفسه هي طبية، فضلًا عن دراسة معمقة للتراث الطبي العربي، يكشف فيها عن المنهج العلمي الرصين الذي كان يتبعه **الأطباء العرب** في كتبهم ومؤلفاتهم وتجاربهم الطبية السريرية، وليزيل الكثير من الغموض ولربما الخطأ العلمي الذي لحق بتاريخ **الطب العربي** من قبل الدارسين له، على أنه تاريخ طب شعبي تسوده الأحكام غير العلمية ولربما تلحق به بعض الخرافات والأساطير، وليس بطب علمي تجريبي قائم على قواعد المنهج العلمي الرصين من ملاحظة وتجربة وقانون علمي ثم بناء نظرية علمية محكمة.

فضلًا عن ذلك، فإن هذا الكتاب لربما يُعدّ أحد أهم الكتب الطبية التراثية العربية التي كتبت في مجالها وإلى يومنا هذا، وذلك لسعة المعلومات التي قدمت فيه، ولطريقة تناول موضوعات الطب على وفق المنهج العلمي المعاصر من جراحة وتشريح ووصف سريري وتركيب للأدوية ووصفاتها وطرق تناولها وعلاجاتها. حتى أن القارئ ليدرك أن هذا الكتاب إنما قدم هذه المعلومات الطبية الدقيقة وكأنها معاصرة له من حيث الوصف للعلل والصحة وكيفية الابتعاد عن المرض ومقاومته.

وبهذا يكون **الأطباء العرب القدامى** قد نُظر إليهم في هذا الكتاب من قبل الفيلسوف **ياسين خليل** وكأنهم أطباء معاصرون لنا يعيشون بين أظهرنا ونتلمس منهم الوصف العلمي للمرض وكيفية علاجه، إنها المواءمة بين الأصالة (التراث) والمعاصرة، التي ظهرت بشكل جلي في هذا الكتاب.

قام هذا الكتاب على سبعة فصول أساسية، بدأها بالفصل الأول الخاص بتطور المعرفة الطبية، منذ أن ظهر الاهتمام بالإنسان المريض وسبل مواجهة المرض ومقاومته والاعتناء بالصحة العامة، فكان للحضارات القديمة من بابلية ومصرية وغيرها دورها في تطور المعرفة

الطبية وتقدمها، وحذف الكثير من الأخطاء الطبية الشائعة والمتلبسة بالخرافة والشعوذة، التي وقعت فيها المجتمعات الإنسانية قبل ظهور الحضارات وتقدمها. وقد فصل المؤلف في هذا التطور للمعرفة الطبية حتى عند **الأطباء اليونانيين** من أمثال: **أبقراط وجالينوس** وغيرهم، ووقف على دور الأخير في تطور المعرفة الطبية عند العرب بعد ظهور الإسلام. ثم انتقل إلى دور الإسلام في تطور هذه المعرفة والتشجيع عليها وممارسة هذه المهنة مستندًا للنصوص القرآنية والأحاديث النبوية الشريفة في هذا المجال. وأثر ذلك كله في تطور هذه المعرفة بعد ذلك في عصر الازدهار الحضاري أيام الدولة العباسية وبيت الحكمة وما ظهر من ترجمات للنصوص الطبية اليونانية في ذلك البيت.

وجاء الفصل الثاني من الكتاب، ليدرس المناهج الطبية عند الأطباء العرب، وما هي الطرق التي استعملها **الأطباء العرب** في وصف وتشخيص المرض وطرق علاجه، ومن هم **الأطباء العرب** المميزون في هذا الجانب. وما هي أهم مؤلفاتهم التي وصلت إلينا.

بعدها انتقل المؤلف للبحث الدقيق في علم الطب من داخله، فخصص الفصل الثالث لدراسة علم التشريح، وهو من الفصول الأساسية في الكتاب التي تكشف مكانة الطب العربي في تطور هذا الجانب من التشريح للإنسان واكتشاف العلل والأمراض التي تصيبه وتسبب له المرض أم الوفاة. فدرس موقف **الأطباء** و**الفقهاء** من ظاهرة تشريح الإنسان الميت، ثم وصف بشكل دقيق أعضاء الإنسان من خارج ومن داخل، يدل على طول أناة وسعة أفق، وذلك بالرجوع إلى أمهات الكتب الطبية العربية مثل: الحاوي الكبير في الطب **للرازي** والقانون **لابن سينا** والعمدة في الجراحة **لابن القف** وغيرها.

وخصص الفصل الرابع لدراسة الأمراض التي تصيب الإنسان، وكيف شخصها **الأطباء العرب**؟ وكيف وضع العلاج المناسب لها، وما هي الأمراض غير المستعصية؟ وما هي الأمراض المستعصية التي لا يرجى شفاؤها؟ وماذا نصح **الأطباء العرب** بصدد الأخير من علاج أو غير ذلك.

واهتم الفصل الخامس بدراسة علم الجراحة، وهو العلم الذي يجعل الطبيب الممتهن لهذه المهنة طبيبًا بالفعل عن طريق ممارسته لهذه المهنة، وكيفية القيام بالجراحة، وما هي

الأدوات التي يستعملها الجراح في التراث الطبي العربي؟ وهل تكون أدوات الجراحة مناسبة لكل نوع من أنواع الأمراض التي تصيب الإنسان، وكيف يتم جراحة الإنسان؟ وبأي آلة؟ وهل يتم خياطة الجرح أم ماذا يستعمل له بعد انتهاء العملية الجراحية؟ وهل استعمل **الأطباء العرب** التخدير في الجراحة، وما المواد المخدرة في الجراحة؟ كل ذلك تم تفصيله بهذا الفصل المميز في هذا الكتاب.

ولأن العين الإنسانية وأمراضها أثارت اهتمام **الطبيب العربي** مثلما أثارت الإنسان (أي إنسان) عبر تاريخه الطويل، فقد اختص **المؤلف** بوضع الفصل السادس لدراسة علم الكحالة والذي يسمى معاصرًا بطب العيون، وهو من الفصول المهمة التي كشفت عن قدرة الطبيب العربي في هذا الجانب، فكشف عن كيفية معالجة أمراض العين، وعن الأدوات الطبية المستعملة في جراحة العيون ورفع المرض عنها، على الرغم من الطب العربي لم يصلنا منه صناعة النظارات الطبية كما هي اليوم، لكن وصلنا منه عمليات جراحية للشبكية ورفع الماء من العين وغير ذلك، وأبرز من تحدث عن هذا الطب للعيون **الزهراوي وعلي بن عيسى الكحال** وغيرهم. فضلًا عن أن **المؤلف** قد قام بوصف دقيق لأجزاء العين كما أشار إليها **الأطباء العرب**، أظهرت مقدرة هؤلاء الأطباء في وصف أدق التفاصيل لأجزاء الإنسان ومنها العين.

أما الفصل الأخير وهو السابع، فقد خصص لدراسة علم الصيدلة عند **العرب**، وذلك لارتباط هذا العلم بالطب أيما ارتباط، لأن الصيدلي هو الذي يقدم الدواء للإنسان العليل بناءً على وصف الطبيب، وما هي أنواع المواد الطبية التي تصلح لأن تكون دواءً يستفاد منه الإنسان المريض، سواء كانت نباتية أم حيوانية أم معدنية أم غير ذلك؟ كما كشف المؤلف الحيل التي يمارسها أهل مهنة الصيدلة في تكوين الدواء وما العقوبات التي واجهتهم في الحضارة العربية الإسلامية، ومن أهل المهنة الذين يجب أن يعتمد عليهم؟ وهل كان الطبيب يمارس مهنة صناعة الدواء أو لا؟ كل ذلك جاء من خلال النصوص الطبية والصيدلية التراثية العربية ولا سيما من كتب **الرازي** الطبيب **وابن سينا والأنطاكي** في كتابه الموسوم تذكرة أولي الألباب فيما لا يوجد في كتاب، وهو من الكتب الصيدلانية المهمة في التراث الطبي العربي إلى اليوم.

وهنا لا بد من القول: إن فصول هذا الكتاب السبعة لم تكن مؤلفة من مباحث رئيسية ذات عناوين معروفة، بل إن **المؤلف** لم يشر لذلك، وجعل الفصل بأكمله يتحدث عن الموضوع المخصص لدراسته، ولكنا وجدنا أن ذلك الأمر لربما يضيع المادة العلمية المدروسة من قبله في ثنايا الفصل، فقمنا بدورنا بقسمة الفصل على مباحث رئيسية، ووسمنا كل مبحث بعنوان خاص بموضوع البحث فيه، وذلك من خلال قراءتنا لمضمون هذا المبحث، ومن أجل إتمام الفائدة العلمية المرجوة من هذا الكتاب القيم والمهم جدًا في التراث الطبي العربي.

كما قمنا بوضع قائمة مفصلة بالمصادر والمراجع الأساسية التي رجع إليها **المؤلف**، لأنه أغفل ذلك في نهاية كتابه هذا، وأضفنا من قبلنا مصادر ومراجع أخرى توضح بعض الغوامض في الكتاب، أو للتعريف ببعض المفاهيم والاصطلاحات والأعلام الذين ورد ذكرهم في الكتاب.

لكن يبقى هذا الكتاب **في نظرنا** أحد أهم الكتب التراثية العلمية التي قدمها **الفيلسوف ياسين خليل**، وختم بها مشروعه التأليفي في التراث العلمي العربي، الذي أراد له **هو** أن يستمر لدراسة العلوم الهندسية والمعمارية في التراث العربي، لكن المنية عاجلته، فانقطع بذلك التأليف في هذا اللون من المعرفة.

ومع ذلك بقيت له دراساته العلمية المنشورة هنا وهناك في المجلات العلمية العراقية، التي قمنا بجمعها وتبويبها وجعلناها الكتاب الرابع من هذا المجلد، ووسمناها بدراسات في التراث العلمي العربي. والله من وراء القصد.

الفصل الأول*

تطور المعرفة الطبية

المبحث الأول: في تاريخية البحث الطبي

ارتبطت البدايات الأولى للطب بالتجربة والخطأ وإعادة المحاولة الناجحة في شفاء الأمراض بالأغذية والأدوية، والسعي لإعادة الجسم الإنساني عندما يعتريه المرض إلى حالته الطبيعية عن طريق ما تزوده به الطبيعة من أشياء نباتية وحيوانية ومعدنية، فالمرض ظاهرة مرافقة للوجود الإنساني، والبحث عن العلاج لإزالة هذه الظاهرة أو الحالة قد دفع الإنسان منذ القدم إلى تجربة شتى الأنواع من النباتات والإفادة من لحوم الحيوانات والعظام وأنواع الأحجار، فضلًا عن ممارسة أنواع الحركات والطقوس الدينية، وكانت مصادر معرفته الطبية متفرقة، فقد تعلم بالتجربة الصلة بين نوع معين من المرض ونوع معين من النباتات للمعالجة، كما تعلم من خلال مشاهداته المتكررة لبعض الحيوانات وما تقوم به من أفعال عندما يعتريها المرض أو تصيب أجسامها الجروح والقروح.

وقد يكون للصدفة[1] في تعاطي نبات معين عند الإصابة بالمرض وحدوث الشفاء بسببه هو السبيل إلى تكرارها والأخذ بها عند حدوث المرض نفسه، وقد ذكر **ابن النديم** ما حكاه **إسحق بن حنين**[2] في استنباط الطب: أن امرأة من أهل مصر قد أصابها المرض

---

* لقد بدأ الدكتور ياسين خليل كتابه هذا من الفصل الأول، ولم يقدم للكتاب أية مقدمة توضح منهجه وغايته من التأليف في هذا الجانب العلمي، لذا اقتضى التنويه. (المحقق)

(1) الصدفة، أو المصادفة Chance، يطلقها أرسطو على الأمور الطبيعية، أي تلك التي تصدر عن الجماد والحيوان والطفل، وهم جميعًا عاطلون عن الاختيار. والمصادفة لا تجري على نظام، ولا ترمي إلى نظام، ومن هذا الوجه تكون المصادفة نفيًا للقانون وليس نفيًا للعلية (السببية)، إذ إنها لا تعني أن الأحداث تخرج من العدم، بل تعني فقط أن الأحداث تحدث بفعل علل (أسباب) غير مطردة، ولا منسقة فيما بينها. (المحقق)

(2) أبو يعقوب، طبيب وفيلسوف نصراني، نسطوري، توفي في بغداد عام 298هـ/ 910م، كان أبوه حنين بن

واتفق أن أكلت الرأس، فذهب عنها جميع ما كان بها من أوجاع فاستعمل الناس التجربة على سائر الأوجاع[1].

ومن المعروف أن القبائل البدائية تستعمل أساليب مختلفة لعلاج الأمراض وهي تختزن من دون شك مجموعة كبيرة من المعلومات الخاصة بالأمراض وطرق علاجها، وكانت فيما مضى قد توصلت إليها عن طريق التجارب، وقد تختلط هذه المعلومات الطبية بالسحر والكهانة وممارسة طقوس دينية معينة ترافق العلاجات المختلفة، ويمكن القول إن جميع الشعوب البدائية في القديم قد احتفظت بمعلومات طبية تناقلتها الأجيال واستعملها الكهان والعرافون ورجال الدين وغيرهم من الذين عرفوا بمزاولتهم المهنة[2].

ولم يستطع الإنسان تحقيق أول خطوة كبيرة نحو الخبرة الطبية المنظمة إلا بعد أن تمكن من فصل الخبرة الطبية عن السحر والكهانة والطقوس الدينية، وأن ينتقل من التعليل اللاهوتي والأسطوري للمرض والصحة إلى التعليل الطبيعي[3]. وذلك عن طريق جمع المعلومات الطبية المشتتة، وتعليل ما يصيب الجسم الإنساني من حالات مرضية

إسحق رئيسًا لبيت الحكمة في بغداد، وتولى إسحق بن حنين ترجمة بعض الكتب اليونانية إلى العربية مباشرة ومن أهم الكتب التي نقلها إلى العربية كتاب أصول الهندسة لإقليدس والمجسطي لبطليموس وسوفسطس لأفلاطون والمقولات لأرسطو، وله بالسريانية كتاب البرهان، وقد نقله إلى العربية متى بن يونس، وله من الكتب الطبية، كتاب الأدوية المفردة على الحروف، وكتاب الكناش اللطيف، وكتاب تاريخ الأطباء، وكتاب الأدوية المفردة اللطيف على الحروف. يُراجع، الفهرست لابن النديم، بيروت، ص415، يُراجع كذلك، جورج طرابيشي، معجم الفلاسفة، ط1، بيروت 1987، ص57. (المحقق)

(1) يُراجع، ابن النديم، الفهرست، مصر، ص412. (المؤلف)

(2) للمزيد حول تطور المعرفة الطبية منذ القدم وإلى اليوم، والأساليب المستعملة في علاج الأمراض، يُراجع، رودريك مكجرو، موسوعة تاريخ الطب، ج2، ترجمة حسين سرمك حسن، ط1، بغداد 2005. (المحقق)

(3) نحن هنا أمام تفسير يقدمه الفيلسوف ياسين خليل يعود بأصوله للفيلسوف أوكست كونت في تطور مسيرة العلم الإنساني وانتقاله من المرحلة الأسطورية واللاهوتية (الدينية)، إلى المرحلة العلمية التي حدث فيها الطلاق بين هذه التفسيرات والتفسير العلمي للظواهر الإنسانية والعلمية والطبيعية. ولكن يختلف تفسير الفيلسوف ياسين خليل لهذه المراحل عن تفسير كونت، كون الأول يتحدث عن تاريخ الطب العربي في العصر الوسيط والذي استعمل فيه الأطباء العرب الوسائل العلمية والتجريبية في علاج الأمراض وإيجاد الأدوية المناسبة لها، في حين يعتبر كونت هذه المرحلة من تطور البشرية هي مرحلة لاهوتية ميتافيزيقية. (المحقق)

مختلفة بمبادئ طبيعية استقلها من العلم الطبيعي وما يتضمن من مبادئ كلية شاملة للوجود الإنساني.

ولم يبق الفكر الإنساني سجين الأسطورة والتفكير الخرافي، بل سرعان ما بدأت رياح التغيير تهب عليه بفضل تراكم المعارف والخبرات التجريبية والطبيعية، وما رافق الاتصال الحضاري بين الشعوب القديمة ذات العقائد الدينية المختلفة من نقل للمعارف والخبرات المختلفة، فإذا بمرحلة جديدة من التفكير العقلي والخبرة المنظمة تبدأ بالظهور لتشق الطريق نحو تعزيز مكانة العقل والتجربة في فهم حوادث وأصول الطبيعة والإنسان.

إنّ المسيرة التطورية للمعرفة الطبية التي بدأت بالخبرات والتجارب البسيطة حتى وصلت في عصر الحضارة العربية الإسلامية إلى التكامل العلمي والعقلي بمزاوجة التفكير العقلي المنظم والخبرة التجريبية قد مرت بمراحل متباينة من التطور، بحيث تميز بوضوح خصائص عامة لكل مرحلة مع اختلافات جوهرية بين مرحلة تطورية وأخرى سواء بالنمط الفكري السائد أو بالتفصيلات الدقيقة للجوانب الحضارية والعلمية، وبصورة عامة يمكن أن ننظر إلى تاريخ الطب منذ نشأته حتى بلوغ الطب ما بلغ عند **الأطباء العرب** من خلال مراحل متعاقبة هي على التالي كما يأتي[1]:

أولًا- مرحلة التجربة والخبرة الخالصة: التي تتميز بكونها لم تعتمد على دراسة منظمة لجسم الإنسان ووظائف أعضائه في حالتي المرض والصحة وطرق العلاج، بل كانت مرحلة لجمع المعلومات التي حصل عليها الإنسان بفضل المراقبة والمشاهدة البسيطة، وقد سادت فيها المحاولة والخطأ والتجارب غير الثابتة التي قد تؤدي إلى نتائج صائبة أو غير صائبة، وكثيرًا ما اقترنت بهذه المعلومات حكايات وأساطير وتعاويذ وتعليلات لاهوتية لكيفية حدوث المرض وكيفية إزالته.

وعلى الرغم من ارتباط المعرفة الطبية عند **البابليين** و**المصريين القدماء** بالكهانة، إلا أن الآثار تدل بوضوح على ممارسات طبية متقدمة ووصفات علاجية خالية من التعاويذ،

---

(1) هذا التحديد للمراحل التاريخية لنشأة الطب وتاريخه، خاص بالفيلسوف ياسين خليل، ولم يعتمد فيه على مصدر سابق. (المحقق)

فوصف **المصريون**[1] كثيرًا من الأمراض وصفًا دقيقًا وكذلك فعل **البابليون**[2]، ومارس الإنسان **البابلي والمصري** التشريح وكانت لهم معرفة جيدة بالجراحة في علاج الجروح والكسور ووقف النزيف وخلع المفاصل وغير ذلك، وقد نصّ قانون **حمورابي** على مواد خاصة بالطب والطبيب مما يدل على أن **البابليين** مارسوا الجراحة وتجبير الكسور وجراح العيون، فضلًا عن معالجة الأورام والأمراض المختلفة[3].

ولم تستمر المعرفة الطبية بالتقدم نظرًا لما أصاب **بابل ومصر** من اضطرابات، ولم نعرف ما وصلت إليه بالضبط إلا من خلال بعض الرُقَم الطينية القديمة والبرديات المكتشفة، وقد انتقلت هذه المعارف مع غيرها عبر ممرات برية وبحرية، وبفضل الاتصال الحضاري إلى اليونان فكانت تلكم بداية لنهضة علمية **يونانية**.

وإذا انتقلنا إلى **العرب قبل الإسلام** فإننا لا نجد عندهم غير معرفة بسيطة بالطب والأدوية والمعالجات بالفصد[4] والكي واستخدام الأغذية وبعض الأدوية النباتية، ولم تكن لهم من

---

(1) يُراجع، بول غليونجي، الطب عند قدماء المصريين، الإسكندرية. إذ وصف في هذا الكتاب أنواع العلاجات الطبية وكذلك الأمراض التي تصيب الإنسان وكيف عالجها الطبيب المصري، فأصبحت معرفة طبية متراكمة أفادت منها الإنسانية فيما بعد، وخير دليل على ذلك التحنيط الذي كان يمارسه الإنسان المصري على الملوك والكهنة أيام مصر الفرعونية. (المحقق)

(2) بصدد المعرفة الطبية عند العراقيين القدامى ولا سيما البابليين، يُراجع، الدكتور كمال السامرائي، مختصر تاريخ الطب العربي، ج1، ط1، بغداد 1984. (المحقق).

(3) خصصت المواد 215-225، من شريعة حمورابي (قانون حمورابي) لتحديد أجور الطبيب الجراح عن قيامه بإجراء العمليات الجراحية، من كسور وجروح وشفاء من أورام وغيرها، مما يعني أن الطب البابلي كان متقدمًا علميًا واجتماعيًا مما تسبب في إصدار هذا التشريع بحقه. يُراجع، د. عامر سليمان، القانون في العراق القديم، ط1، بغداد 1987، ص267-268، ومن هذه المواد التي ذكرها قانون حمورابي بصدد الطبيب ومهنة الطب: المادة 215، ونصها: إذا أجرى طبيب عملية لرجل بسكين العمليات وأنقذ حياة الرجل، وفتح محجر عين الرجل بسكين العمليات وأنقذ عين الرجل، فعليه (أي الطبيب) أن يستلم عشرة شيقلات من الفضة. أما المادة 218، فتنص: إذا أجرى طبيب عملية لرجل بسكين للعمليات وسبب وفاة الرجل، أو فتح محجر عين الرجل وأتلف عين الرجل، فعليهم أن يقطعوا يده. (المحقق)

(4) الفصد أو الحِجامة كما يقولون: هو إخراج الدم باستعمال بعض الديدان (العلق)، لتمص الدم من خلال الجلد الذي تعلق به، وتفعل الحجامة والفصد في الحالات التي تستطب لهما. هاتان العمليتان، (أوجاع الرأس وأمراض العين)، وقالوا: خير الدواء العلق والحجامة. وقد تطورت أساليب الحجامة والفصد حديثًا

المعرفة الطبية غير ما اختزنته ذاكرة الحكماء ودونه الشعراء في قصائدهم وما تناقلته الأجيال من ممارسات واختلطت هذه المعرفة بالسحر والكهانة والمعتقدات الخرافية، حتى يمكن القول إن الطب في عصر ما قبل الإسلام لم يكن غير طب شعبي ينتقل بالممارسة والتعلم شِفاهًا من جيل إلى جيل، وقد أضافت إليه السنون خبرة بعد أخرى[1].

ثانيًا: مرحلة الخبرة والتعليل الطبيعي - التي تتميز بكونها قد اجتازت التعليل اللاهوتي ليحل محله تعليل ما يطرأ على الجسم الإنساني من حالات بمبادئ طبيعية، ولم يحدث هذا الانتقال إلا بعد أن تراكمت معلومات طبية كثيرة، وأخذ الطب بالانفصال رويدًا رويدًا عن الدين والأسطورة[2]. وأصبح للمشاهدة والتشخيص والعلاج المنظم المقام الأول في مزاولة الطب، وقد امتدت هذه المرحلة لتشمل الطب **البابلي** و**المصري** حتى بلغت الذروة في الطب اليوناني على يد **بقراط**[3] (ت 375 ق.م).

باستعمال أدوات جراحية متطورة ومتقدمة. يُراجع، كمال السامرائي، موجز تاريخ الطب، ج1، ص236. (المحقق)

(1) لمعرفة التفاصيل عن الطب عند العرب قبل الإسلام، يُراجع المصدر السابق، الجزء الأول، ص223 وما بعدها. كذلك يُراجع، د. رياض رمضان العلمي، الدواء من فجر التاريخ إلى اليوم، ط1، الكويت، عالم المعرفة، العدد 121، ص15-58. (المحقق)

(2) إن مسألة ربط الدين بالأسطورة، لا مبرر لها هنا من قبل الفيلسوف ياسين خليل كما أرى، لأن الدين لا يدعو إلى الخرافة والتجهيل، بل أن القائمين على تفسير النصوص المقدسة هم الذين يمارسون السحر والكهانة والتجهيل، مما جعل النظر إلى الدين على أنه قرين الأسطورة، وهو ما لمسناه أيام مرحلة الكنيسة في أوربا وكيف وقفت بوجه أي حل علمي لمسألة كروية الأرض وغيرها من الكشوفات العلمية، وخير مثال على ذلك حرق برونو وتركيع غاليليو. (المحقق)

(3) يقول ابن النديم: هو أبقراط بن إيراقليس، من تلاميذ إسقليبوس الثاني، قال يحيى النحوي: أبقراط وحيد دهره الكامل الفاضل المبين المعلم لسائر الأشياء، الذي يضرب به المثل، الطبيب الفيلسوف، وبلغ به الأمر أن عبده الناس، وسيرته طويلة، وقوى صناعة القياس والتجربة قوة عجيبة، لا يتهيأ لطاعن أن يتكلم فيها، وهو أول من علم الغرباء الطب، وجعلهم شبيهًا بأولاده، وله كتب منها: عهد أبقراط بتفسير جالينوس، ترجمه حنين إلى السريانية، وأضاف إليه شيئًا من جهته. وغيرها كثير. يُراجع، الفهرست، طبعة بيروت، ص400-401. والمشهور بين الأطباء قسم أبقراط، ومرجعه أنه لما أباح أبقراط الطب لعامة الناس حرص بنفس الوقت على أن لا يسيء أحد من المتعلمين لهذه الصنعة، ويستغل إمكاناتها لابتزاز أموال المرضى والإساءة إليهم بشكل من الأشكال، فوضع على من يريد تعلمها عهدًا يأخذ عليهم أن يفوا بالإخلاص إلى الصنعة، ويحترموا أهدافها. (المحقق)

فضلًا عن الطبيب **جالينوس**[1] (ت199م)، لا شك أن الطب **المصري** والطب **البابلي** هما المصدران الرئيسيان للطب **اليوناني**، فقد دلت الدراسات الحديثة على أن الطب في الشرق كان على درجة عالية من التطور، إذ أخذ بالابتعاد عن ذكر الأرواح والسحر والتعاويذ واعتمد كليًا على المادة في التطبيب. وعرف معلومات لا بأس بها في التشريح ووظائف الأعضاء والأمراض والجراحة والكحالة، ولقد صنف الطبيب **الأشوري** الأمراض بحسب مناطق الجسم، فقد كتب في أمراض الرأس وأمراض العين والفم والأسنان والصدر والبطن والأطراف، ولكنه ذكرها أيضًا حسب الأعراض، وإن لم يكن قد صنفها على الأساس، فاليرقان[2] مثلًا يذكر في أمراض العين والوجه واللسان والأمعاء، وجدير بالذكر أن التصنيف نفسه استعمل عند **الإغريق** أيضًا، وكذلك فيما كتب عن أمراض الأطفال وأمراض النساء والتسمم والكلوم والأمراض النفسية[3].

واستطاع الطب **اليوناني** أن يطور نظرية طبية عامة استمد أصولها من العلم الطبيعي، فوضع بذلك كليات لتعليل ما يصيب الإنسان في حالة المرض، فكانت نظرية الأخلاط[4]

---

(1) طبيب وفيلسوف يوناني، مات في روما عام 199م، درس الرياضيات والفلسفة ثم الطب في أزمير، تخصص في تطبيب المصارعين، وسرعان ما ذاعت شهرته في العاصمة الرومانية، كان غزير الإنتاج وقد كتب في المنطق واللاهوت والفلسفة وجميع فروع الطب، وكان ينزع في الفلسفة إلى نوع من انتقائية دينية، ما بين الرواقية والأفلاطونية، وقد خلط الطب بأحكام الدين المسبقة وببعض مفاهيم السحر، ومن أهم كتبه في الطب: منهج الطب، وفن الطب، وكتاب الفصد، وشروح على أبقراط، وكان جالينوس أكبر مرجع لدى الأطباء العرب. يُراجع، جورج طرابيشي، معجم الفلاسفة، ص231. (المحقق)

(2) هو التهاب الكبد الفايروسي بالمصطلح الطبي الحديث، واليرقان ليس من الأمراض الخطرة، ولا من الحادة، إنه من الأمراض السليمة والسريعة الشفاء إذا لم يتأخر البدء في معالجتها، لأنها تبرأ بأسرع مما يكون في البرء في الأمراض المزمنة. والنوع الذي سببه الكبد يكون عسير العلاج، خصوصًا إذا الكبد صلبًا ومؤلمًا، أما اليرقان الذي يكون سببه في الطحال فعلاجه أسهل لأن الطحال أصغر جرمًا من الكبد، وعمومًا اليرقان يتأتى من الكبد وقلما يكون من الطحال. يُراجع، د. كمال السامرائي، موجز تاريخ الطب العربي، ج1، ص166. (المحقق)

(3) يُراجع، د. عبد اللطيف البدري، من الطب الأشوري، منشورات المجمع العلمي العراقي، بغداد 1976، ص، (خ- د) من المقدمة. (المؤلف)

(4) نظرية الأخلاط Humours، هي التوازن بين سوائل الجسم كشرط أساسي لتقويم الصحة، والأخلاط الأربعة هي: الدم والبلغم والمرة الصفراء والمرة السوداء، وربما كان تلاميذ أرسطو أكثر من أرسطو نفسه في الربط

هي الأساس في شرح وظائف الأعضاء، واعتماد الأدوية للمعالجة، وتعليل الأمراض التي تصيب مختلف أعضاء الجسم، وخلف **أطباء اليونان** ثروة كبيرة من المصنفات الطبية: في التشريح والأمراض المختلفة والجراحة والأدوية والأغذية والنباتات الطبية وغير ذلك، فكانت جميعها مصادر مهمة لنهضة **الطب العربي** في العصر الوسطى.

ثالثًا- مرحلة الخبرة والتعليل الطبي: التي تتميز بكون المعرفة الطبية فيها معتمدة على استقراء الحالات وإعطاء الأولوية للخبرة والتجربة المباشرة في استقصاء الأمراض وتشخيص أعراضها وأسبابها وعلاقتها بالأعضاء الداخلية للإنسان وصولًا إلى أحكام كلية مستمدة من الدراسة والمشاهدة ليتم في ضوء الأحكام الكلية تعليل ما يصيب الإنسان من حالات مرضية، ومن دون الحاجة إلى البحث عن كليات عامة جديدة بعيدة عن العلم الطبي للتعليل، إذ غالبًا ما نجد **الأطباء العرب** قد استعانوا بالكليات[1] **اليونانية في الطب** والنظر إليها من خلال الحالات والمشاهدات التجريبية، والطب العربي ينتمي من دون شك إلى هذه المرحلة. فعلى الرغم من استعارته لنظرية الأخلاط والكليات في الطب، فإنه استطاع أن يشق طريقًا جديدًا نحو دراسة تشريح الجسم الإنساني والتمييز والتفريق بين الأمراض واستخدام الآلات على نطاق واسع في الجراحة، وابتكار وصفات علاجية جديدة لأمراض كثيرة، والتوسع في استخدام الأدوية والعقاقير المعدنية والكيمياوية وغير ذلك، بحيث يمكن

بين العناصر الأربعة (النار والهواء والتراب والماء) والطبائع الأربعة (الرطوبة واليبوسة والحراره والبرودة) وأخلاط الجسم الأربعة التي ذكرها أبقراط، وعلى الرغم من أن نظرية الأخلاط ليست من بناة أفكار أبقراط، بل أول من تكلم فيها الفيلسوف فيثاغورس أو غيره، ومفاد نظريته أن مركبات الأجسام السليمة حيوانًا كان أم إنسانًا يجب أن تكون في حالة توازن كمًا وكيفًا، وإلا فقد الجسم العافية وأصابه المرض. يُراجع للتفصيلات، د. كمال السامرائي، موجز تاريخ الطب العربي، ج1، ص130. (المحقق)

(1) الكليات مصطلح أطلقه الأطباء العرب على فروع المعرفة الطبية التي تبحث في مركبات الجسم ووظائف أعضائه، وفي أسباب الأمراض وقواعد تشخيصها وتداويها، ويضم المصطلح التشريح والفسيولوجيا، ونظريتي الأخلاط والأمزجة، والقوى والأرواح، كما يلحق به طرق الفحص ومبادئ فن التداوي وأدويته، ومصطلح الكليات قريب جدًا من مصطلح العلوم الأساسية الذي استحدثه الأطباء في العصر، وربما كان أول من استعمل مصطلح الكليات وكتب في مضامينه بإسهاب هو ابن سينا، ثم كتب في مواضيعه كثير من الأطباء العرب، إلا أنهم لم يذكروا ذلك باسم الكليات، وسمى ابن رشد كتابه الطبي بالكليات، يُراجع، د. كمال السامرائي، مختصر تاريخ الطب العربي، ج2، ص139. (المحقق)

القول أن **الأطباء العرب** قد تخطوا الكليات **اليونانية**، فاستعانوا بالتعليل الطبي ورصد ما يصيب الجسم من أمراض عن طريق الأعراض السريرية والاستدلال، وبذلك انتقل الطب إلى مرحلة جديدة تقوم على استقراء الحالات بالمشاهدة والفحص السريري وصولًا إلى أحكام كلية في الطب وتعليل ما يعتري الجسم من أمراض بواسطتها والاستدلال على الحالات المشابهة والمختلفة.

المبحث الثاني: دور الإسلام في تطور المعرفة الطبية عند العرب

لقد كان فضل الإسلام على تطور العلوم كبيرًا نظرًا لما احتوى **القرآن الكريم** من توجيهات ومبادئ عامة وضعت الإنسان على الطريق نحو بناء حضارة جديدة، كما فتحت أمامه جميع الأبواب نحو طلب المعرفة باستخدام الحس والعقل دون الأساطير والأوهام والخرافات[1]، ويعود الفضل إلى **القرآن الكريم** والأحاديث النبوية الشريفة وسيرة **الرسول الكريم** في تحقيق هدفين من الأهداف التي تضع المعرفة الطبية في المكان المناسب من المعرفة العلمية والفائدة العملية لعموم الناس، وهما

أولًا: الفصل التام بين الطب من جهة والسحر والكهانة من جهة أخرى، وذهب الإسلام إلى أبعد من ذلك إلى تحريم القيام بالسحر والكهانة، والدعوة بصراحة إلى تكفير من يتعامل بهما، وبذلك قد مهد الطريق أمام الأطباء لممارسة أعمالهم بمعرفة وإجراءات طبية فقط.

ثانيًا: حث المسلمين على الاهتمام بصحة أبدانهم وضرورة اللجوء إلى الأطباء عند الإصابة بالمرض، كما أن التأكيد على النظافة والطهارة والرياضة والفروسية والالتزام بالفروض والعبادات والابتعاد عن المحرمات لأنها ضارة بالجسم والاهتمام بالبدن، من الأمور التي تحفظ للجسم الصحة وتبعد عنه الأمراض. لقد أبان **القرآن الكريم** معلومات تشريحية وفسيولوجية توجه الطبيب إلى مزيد من

---

(1) إنّ استخدام الإنسان المعاصر لهذه المصطلحات والمفاهيم (الخرافة، الأسطورة، الأوهام)، مختلف عن معانيها عند من أوجدها، ذلك أن نظرتنا الآن إليها أنها كذلك، لكنها كانت عند تلك الأقوام التي استعملتها إنما تشكل معرفة علمية بالنسبة للأدوات والقوانين التي يستخدمها إنسان ذلك العصر. (المحقق)

المعرفة الطبية والاستزادة منها والتعمق فيها، ودلت الأحاديث النبوية على مدى اهتمام الرسول الكريم بالصحة العامة والوقاية من الأمراض، وظهرت بالفعل مؤلفات طبية تحت اسم **الطب النبوي**، حاول مؤلفوها استقصاء وجمع أحاديث **الرسول الكريم** وأقواله وأفعاله بصدد الصحة والوقاية من الأمراض وطرق علاجها.

وفي سبيل إعطاء صورة مبسطة **للطب النبوي** نورد أولًا بعض الآيات المختارة التي تثبت دعوة الإسلام إلى البحث الطبي والمحافظة على الصحة العامة. بقوله تعالى ﴿يَا أَيُّهَا النَّاسُ إِن كُنتُمْ فِي رَيْبٍ مِّنَ الْبَعْثِ فَإِنَّا خَلَقْنَاكُم مِّن تُرَابٍ ثُمَّ مِن نُّطْفَةٍ ثُمَّ مِنْ عَلَقَةٍ ثُمَّ مِن مُّضْغَةٍ مُّخَلَّقَةٍ وَغَيْرِ مُخَلَّقَةٍ لِّنُبَيِّنَ لَكُمْ وَنُقِرُّ فِي الْأَرْحَامِ مَا نَشَاءُ إِلَىٰ أَجَلٍ مُّسَمًّى ثُمَّ نُخْرِجُكُمْ طِفْلًا ثُمَّ لِتَبْلُغُوا أَشُدَّكُمْ وَمِنكُم مَّن يُتَوَفَّىٰ وَمِنكُم مَّن يُرَدُّ إِلَىٰ أَرْذَلِ الْعُمُرِ لِكَيْلَا يَعْلَمَ مِن بَعْدِ عِلْمٍ شَيْئًا وَتَرَى الْأَرْضَ هَامِدَةً فَإِذَا أَنزَلْنَا عَلَيْهَا الْمَاءَ اهْتَزَّتْ وَرَبَتْ وَأَنبَتَتْ مِن كُلِّ زَوْجٍ بَهِيجٍ﴾ الحج/ 5. وقوله تعالى: ﴿وَلَقَدْ خَلَقْنَا الْإِنسَانَ مِن سُلَالَةٍ مِّن طِينٍ * ثُمَّ جَعَلْنَاهُ نُطْفَةً فِي قَرَارٍ مَّكِينٍ * ثُمَّ خَلَقْنَا النُّطْفَةَ عَلَقَةً فَخَلَقْنَا الْعَلَقَةَ مُضْغَةً فَخَلَقْنَا الْمُضْغَةَ عِظَامًا فَكَسَوْنَا الْعِظَامَ لَحْمًا ثُمَّ أَنشَأْنَاهُ خَلْقًا آخَرَ فَتَبَارَكَ اللَّهُ أَحْسَنُ الْخَالِقِينَ﴾ المؤمنون/ 12-14. وقوله تعالى: ﴿وَيَسْأَلُونَكَ عَنِ الْمَحِيضِ قُلْ هُوَ أَذًى فَاعْتَزِلُوا النِّسَاءَ فِي الْمَحِيضِ وَلَا تَقْرَبُوهُنَّ حَتَّىٰ يَطْهُرْنَ﴾. البقرة/ 219. وقوله تعالى: ﴿يَسْأَلُونَكَ عَنِ الْخَمْرِ وَالْمَيْسِرِ قُلْ فِيهِمَا إِثْمٌ كَبِيرٌ وَمَنَافِعُ لِلنَّاسِ وَإِثْمُهُمَا أَكْبَرُ مِن نَّفْعِهِمَا﴾ البقرة/ 173. وقوله تعالى: ﴿إِنَّمَا حَرَّمَ عَلَيْكُمُ الْمَيْتَةَ وَالدَّمَ وَلَحْمَ الْخِنزِيرِ وَمَا أُهِلَّ بِهِ لِغَيْرِ اللَّهِ﴾ البقرة/ 173.

وتشير كثير من الأحاديث النبوية إلى اهتمام **الرسول الكريم** بصحة الإنسان المسلم والوقاية من الوباء والأمراض، وفيما يلي مجموعة مختارة من هذه الأحاديث الشريفة، فيقول **النبي محمد** -صلى الله عليه وسلم-: «**مَنْ تطبّبَ ولم يُعلمْ منهُ طبٌّ فهوَ ضامِنٌ**»، ويقصد باللفظة ضامن أنه مطالب بوقوع الضرر. أي جعل مسؤولية وقوع الضرر على المعالج في حالة التطبيب. وقد حث **الرسول** على مزاولة الطب والبحث عن الدواء للعلاج من الأمراض، **بقوله: «إِنّ اللّهَ لَمْ يُنْزِلْ دَاءً إِلّا أَنْزَلَ لَهُ دَوَاءً»**، كما وفرض **الرسول** على المسلمين ألا يغادروا أرضًا فيها وباء ولا يدخلوها خوفًا من انتشار الوباء بالعدوى فقال عليه الصلاة والسلام:

«**إذا سَمِعْتُمْ بالطّاعُونِ بأَرْضٍ فلا تَدْخُلُوها، وإذا وقَعَ بأَرْضٍ وأَنْتُمْ بِها فلا تَخْرُجُوا مِنْها**»، وجعل **الرسول** على المسلمين واجب رعاية أجسامهم وعدم الإهمال أو تحمل الأوساخ والآلام، **فيقول**: «**إِنَّ لِبَدَنِكَ عَلَيْكَ حَقًّا**».

ولا بد لنا أن نذكر كذلك أنه ظهر في **بلاد العرب** قبل بزوغ فجر الإسلام أطباء متعلمون استطاعوا بعلمهم مزاولة الطب والجراحة والعلاج، ومنهم من أدرك الإسلام وعاصره زمنًا، وكان على رأس هؤلاء **الحارث بن كلِّدة الثقفي** وهو رجل من **الطائف**، سافر في البلاد وتعلم الطب بناحية **فارس** وتمرن هناك، وعرف الداء والدواء، وكان يضرب العود، تعلم ذلك أيضًا **بفارس واليمن**[1].

ومن المعروف آنذاك أن المدرسة الطبية بناحية **فارس هي جنديسابور** التي عرفت بالطب والفلسفة، وكانت قد أفادت كثيرًا من العلوم الطبية والفلسفية **اليونانية**.

ومن الأطباء الذين عاصروا ظهور الإسلام **النضر بن كلِّدة الثقفي**، وهو ابن خالة **النبي -صلى الله عليه وسلم-**، وكان النضر قد سافر كأبيه، واجتمع مع الأفاضل والعلماء **بمكة** وغيرها، وعاشر الأحبار الكهنة، واشتغل وحصل من العلوم القديمة أشياء جليلة القدر، واطلع على علوم الفلسفة وأجزاء الحكمة، وتعلم من أبيه أيضًا ما كان يعلمه من الطب وغيره[2].

ونذكر كذلك جماعة من الأطباء أمثال **ابن أبي رمثة التميمي** الذي كان طبيبًا مزاولًا لأعمال اليد وصناعة الجراح، **والشمردل بن قباب الكعبي البحراني** الذي نزل بين يدي **الرسول الكريم** في وفد **نجران** فقال: يا **رسول الله** بأبي أنت وأمي إني كنت كاهن قومي في الجاهلية، وإني كنت أتطبب فما يحل لي، قال: فصد العرق ومجسة الطعنة وعليك بالسنا ولا تداو أحدًا حتى تعرف داءه[3]. و**ضماد بن ثعلبة الأزدي** الذي أسلم وشهد شهادة الحق، وكان من النساء اللواتي زاولن مهنة الطب **الشفاء بنت عبد الله، ورفيدة** التي اشتهرت بالجراحة وكانت تداوي الجرحى من المسلمين، **وأم عطية الأنصارية** التي كانت هي الأخرى تداوي الجرحى وتصنع لهم الطعام وتقوم على المرضى[4].

---

(1) يُراجع، ابن أبي أُصيبعة، عيون الأنباء في طبقات الأطباء، تحقيق نزار رضا، بيروت 1965، ص161. (المؤلف)

(2) المصدر السابق، ص167. (المؤلف)

(3) يُراجع، شوكت الشطي، تذكرة في تاريخ الطب قبل الإسلام، جامعة دمشق 1960، ص134. (المؤلف)

(4) يُراجع، أحمد عيسى، تاريخ البيمارستانات في الإسلام، دمشق 1939، ص8. (المؤلف)

وعندما بدأ الفتح الإسلامي للأقطار والأمصار وتوجهت جيوش التحرير العربية إلى شعوب اعتنقت العقيدة الجديدة وتحرير الإنسان من سطوة الوثنية والخرافة والتنجيم، وتوسعت رقعة الحكم العربي وازداد اتصال **العرب** بثقافات محلية وشعوب كان لها اتصال بثقافات **اليونان** و**الهند** و**فارس**، وتزاحم الناس في المدن فكثرت الأمراض وتنوعت، فكانت الحاجة إلى الطب والأطباء ضرورة، فأقبل الناس على تعلم ما في كتب القدماء من معرفة طبية وترجمتها إلى اللغة العربية للانتفاع بما احتوته من معلومات وعلاجات للأمراض، وعندما تجاوز **الأطباء العرب** مرحلة الترجمة وهضم المعلومات الطبية **اليونانية**، ظهرت مؤلفات طبية **عربية** متقنة بذل فيها أصحابها غاية الجهد في عرض المادة الطبية وتنسيقها، وأخذت المعرفة الطبية بالتوسع بفضل الممارسات وزيادة الخبرة والتوسع في إقامة المستشفيات، فكان ذلك إيذانًا بظهور مؤلفات طبية احتوت عصارة الخبرة العملية والدقة في العرض والإضافة والابتكار وتصحيح الأخطاء الطبية الموروثة عن المصنفات الطبية القديمة.

وفي سبيل إعطاء صورة مصغرة وواضحة عن التطور الطبي عند **العرب**، نرسم على التوالي أبرز الأدوار وما اختصت به من علامات بارزة ومؤلفين من **الأطباء العرب**، علمًا أن هذه الأدوار ليست منفصلة، بل كثيرًا ما تتداخل، ولكن للضرورة العلمية في التبسيط أحكام.

لم يصل **الطب العربي** إلى ما وصل إليه مستقلًا عن **الطب اليوناني** إلا بعد أن تعاقبت الأدوار وامتزجت الثقافات المختلفة وتنوعت الاجتهادات، فكان دور الممارسة الطبية في صدر الإسلام هو الغالب مع معرفة في الطب والتطبيب وتوجهات عامة أساسها الدين الجديد وما يشترطه من علاج ووقاية وصحة المؤمنين، وسرعان ما بدأ الاحتكاك بالثقافات المحلية والأجنبية، فإذا بدور آخر يظهر في **العهد الأموي**، فيتقرب الأطباء إلى الخلفاء والأمراء ويذيع صيتهم بين الناس.

وقد لمعت أسماء هؤلاء لصلتهم بالخلفاء من أمثال: **عبد الملك بن أبجر الكناني** الذي كان مقربًا للخليفة **عمر بن عبد العزيز**، و**ابن آثال** الذي اصطفاه **معاوية بن أبي سفيان** طبيبًا له، وكان خبيرًا بالأدوية المفردة والمركبة وقواها، وما منها سموم قاتلة، و**أبو الحكم** الذي

كان **معاوية** يستطبه ويعتمد عليه في تركيبات الأدوية، و**حكم الدمشقي** الذي عُرف بالمداواة والأعمال الطبية، و**عيسى بن حكم الدمشقي** صاحب الكناش الكبير، والكناش لفظة **سريانية** تعني كتاب يضم مجموعة من العلاجات الطبية يفيد منه الفرد بسهولة.

وازداد اهتمام **العرب** بالمؤلفات الطبية **اليونانية** و**الفارسية** في عهد **الدولة العباسية**، وأخذت حركة الترجمة التي بدأت وئيدة الخطى في **العهد الأموي** بالاتساع حتى شغلت الناس عامتهم وخاصتهم، فكان نصيب الكتب الطبية المترجمة إلى **العربية** كبيرًا، وهكذا بدأ دور آخر بعد دور الممارسة الطبية هو دور الترجمة والتأليف المبكر، إذ ظهرت أسماء اشتهرت بالترجمة أمثال: **حنين بن إسحق العبادي** و**إسحق بن حنين** و**حبيش الأعسم** و**يوحنا بن ماسويه** و**ثابت بن قرة** وغيرهم.

كان **حنين بن إسحق** تلميذًا **ليوحنا بن ماسويه**، وقد قرأ على يديه صناعة الطب وترجم أقسامًا من كتب **جالينوس** في التشريح، ونقل **لابن ماسويه** كتبًا كثيرة من كتب **جالينوس** إلى اللغة **السريانية** وإلى اللغة العربية، وكان **حنين** أعلم أهل زمانه باللغة **اليونانية** و**السريانية** و**الفارسية** والدراية فيهم، مما لا يعرفه غيره من النقلة الذين كانوا في زمانه، مع ما دأب أيضًا في إتقان **العربية** والاشتغال بها حتى صار من جملة المتميزين فيها[1].

واشتهر **حنين** بصناعة الطب وصنف فيه المؤلفات، وتميز بطب العيون أو ما يسمى في ذلك الوقت بصناعة الكحل، وكتب في ذلك الكتب الجيدة مثل كتاب العشر مقالات في العين وكتاب في العين، وله مصنفات طبية كثيرة عرض فيها ما توصل إليه **اليونان** في الطب مع إضافات قليلة.

أما **إسحق بن حنين** فكان نقله من الكتب الطبية إلى اللغة العربية قليلًا، وله من الكتب في الأدوية والعلاج والنبض، وتميز في صناعة الطب، ونقل من الكتب **اليونانية** **إلى العربية** كتبًا كثيرة، وكانت عنايته بنقل الكتب الفلسفية أكثر من عنايته بنقل الكتب الطبية، أما **حبيش الأعسم** فهو ابن أخت **حنين بن إسحق**، وقد تعلم عليه صناعة الطب، وحبيش هو الذي تمم كتاب مسائل حنين في الطب الذي وضعه للمتعلمين، وجعله مدخلًا إلى هذه الصناعة،

(1) يُراجع، ابن أبي أُصيبعة، عيون الأنباء، ص259. (المؤلف)

ولحبيش من الكتب: كتاب إصلاح الأدوية المسهلة، كتاب الأدوية المفردة، كتاب الأغذية، كتاب في الاستسقاء[1]، مقالة في النبض على جهة التقسيم[2].

وكان **يوحنا بن ماسويه** خبيرًا بصناعة الطب وقد ترجم الكتب القديمة مما وجد في **أنقرة** و**عمورية**، وخدم بصناعة الطب الخلفاء **المأمون** و**المعتصم** و**الواثق** و**المتوكل**، وله مصنفات كثيرة في الطب والأدوية والأغذية منها: كتاب دغل العين وكتاب التشريح وكتاب جامع الطب وكتاب الأغذية وكتاب السموم وعلاجها وكتاب تدبير الأصحاء وغير ذلك.

أما **ثابت بن قرة** فقد اشتهر بعلوم الأوائل وبرز في صناعة الطب والفلسفة، وله مصنفات طبية وفلسفية كثيرة تشهد بعلو منزلته في علوم الأقدمين، ومن مؤلفاته الطبية كتاب النبض وكتاب تشريح الرحم **لجالينوس** ورسالة في الجدري والحصبة وكتاب الذخيرة في علم الطب وغير ذلك.

المبحث الثالث: التأليف الطبي عند العرب

ولم يقتصر **العرب** على الترجمة والإفادة من الكتب **اليونانية** أول عهدهم بها، بل جاهدوا على معرفة ما فيها من معلومات، ثم التأليف على نهجها باللغة العربية فكان ذلك أول الطريق في التأليف الطبي، وبذلت محاولات كبيرة في سبيل وضع المصطلحات الطبية المناسبة باللغة العربية، وإننا لنلمس هذا الجهد في الكتب المترجمة وفي المؤلفات الطبية المبكرة.

والكتب الطبية التي وضعها أساطين الطب **العرب** بعد اجتياز مرحلة النقل وظهور بوادر الاستقلال في البحث الطبي عن الطب **اليوناني**، ولقد واجه الطبيب العربي مشكلات تتعلق بالمصطلحات الطبية، ولكنه لم يظهر العجز أمامها، بل تلمس الطريق الصائب نحو إيجاد

---

(1) يقصد بالاستقساء تجمع الماء في أجواف الجسم أو بين أنسجته، ويراه الطبيب الرازي أنه على ثلاثة أنواع: اللحمي: وهو الماء المنتشر في لحم الجسم كله، والزقي: وهو وجود الماء حرًا في الجوف البريتواني، ويسمى أيضًا الحبن، والطبلي: وهي الحالة التي يتجمع فيها الماء داخل الأمعاء، وتحدث من تمدد المعدة والإيلاوس. أما الاستقساء الذي يحدث في الكبد فهو زقي، والذي يحدث من فساد المعدة والأمعاء فهو طبلي، واللحمي في جميع البدن. وهناك علاجات لهذه الأنواع من الاستقساء. يُراجع، د. كمال السامرائي، موجز تاريخ الطب العربي، ج2، ص276-277. (المحقق)

(2) يُراجع، ابن أبي أُصيبعة، عيون الأنباء، ص276. (المؤلف)

الحل المناسب لها، وبالفعل نجد الآن ثروة فكرية وعلمية في المصنفات الطبية العربية تشير بجلاء تام إلى الحجم الكبير للمحاولة والجهد العلمي لتذليل المشكلة.

وكانت أمام الطبيب العربي والمترجم عدة خيارات لوضع المصطلح العلمي نذكرها على التوالي:

1. إما أن يبقي على اللفظة **اليونانية** أو **الفارسية** أو **السريانية** كما هي مع تقديم الشرح اللازم لها وما تعنيه.
2. أو أن يقوم بتغيير في اللفظة الأصلية لتكون أسهل في التلفظ على اللسان العربي فتوافق بذلك روح اللغة وقواعدها.
3. أو أن يجد اللفظ العربي المرادف للفظة الأصلية الأجنبية سواء كان عن طريق الاشتقاق أو النحت أو النقل وغير ذلك من الأساليب اللغوية المتوفرة في اللغة العربية.

وبدأ دور آخر في تطور المعرفة الطبية عند **العرب** بعد دور الترجمة والتأليف المبكر على منوال المصنفات **اليونانية**، وهو دور التأليف المستقل الذي حفل بعدد كبير من المصنفات الطبية العربية التي تدل على تضلُّع الطبيب العربي بجمع فروع المعرفة الطبية، واعتماده على الخبرة الطبية والتجارب التي يلاحظها ويدرسها وقدراته الذاتية في الاستنتاج والاستدلال، وفي تفنيد بعض الآراء الخاطئة التي وجدها في مصنفات **اليونان** الطبية.

وقد ظهرت في هذا الدور مؤلفات طبية من أنواع مختلفة نذكر أبرزها على التوالي:

1. **مؤلفات متكاملة في معالجتها لفروع الطب المختلفة،** فهي كتب تعليمية بمعنى الكلمة، جاهد مؤلفوها على وضعها بأسلوب منطقي وتناسق بديع، تبدأ بالنظريات العامة التي يقوم عليها علم الطب لتنتقل إلى دراسة التشريح ووظائف الأعضاء، ثم تتناول الأمراض والعلاجات والأدوية والأغذية.
2. **مؤلفات متكاملة في معالجتها لفرع واحد من فروع الطب،** فهي كتب تعليمية كذلك، فضلًا عن كونها ضرورية للطبيب، وقد جاهد مؤلفوها على وضعها بأسلوب دقيق، فهي تبدأ مثل سابقتها بالنظريات العامة والتشريح ووظائف

الأعضاء، ثم تعالج بعد ذلك المسائل المتعلقة بذلك الفرع وما يمت إليه بصلة من أمراض وعلاجات.

3. **مؤلفات طبية مبتكرة**، في عرضها للمادة الطبية وفي معالجتها لموضوعات طبية بأسلوب جديد، جاء بعضها على هيئة مقالات وبحوث متخصصة، كما ظهر البعض الآخر على هيئة مصنفات كبيرة تثبت استقلالية الطبيب في نقد الآراء وتفنيدها، ومعالجة مسائل طبية جديدة، وابتكار علاجات للأمراض واكتشاف ما هو جديد وغير ذلك.

لقد احتوت هذه المؤلفات جميعها على قدر كبير من الإضافات العلمية في عالم الطب والصيدلة، ومهدت الطريق إلى الأسلوب الذي يجب إتباعه في التأليف الجامع سواء ما احتاج إليه الطبيب أو المتعلم للطب، كما أظهرت بشكل واضح أفضلية الخبرة والتجربة في الطب على النظريات الفلسفية ـ الطبية العامة.

تميزت المصنفات الطبية العامة بأنها جمعت إلى جانب المعرفة الطبية معارف ونظريات فلسفية، فاكتسبت بذلك طابعًا نظريًا وعمليًا، ومن هذه المصنفات كتاب فردوس الحكمة الذي ألفه **أبو الحسن علي بن ربن الطبري** (ت850م)، وقد تناول فيه بحوثًا فلسفية وطبية، وهو كتاب مختصر جميل التصنيف لطيف التأليف، وهو سبعة أنواع يحتوي على ثلاثين مقالة، والمقالات تحتوي على ثلاثمائة وسبعين كتابًا[1]، والأنواع السبعة هي: الأول منها في الفلسفة، والثاني عن الحمل ووظائف الأعضاء وعلم النفس والأمراض العصبية، والثالث عن التغذية، والرابع في الأمراض العامة والفصد والنبض وفحص البول، والخامس في الطعوم والروائح، والسادس عن الصيدلة والسموم، والسابع في الطقس والماء وفصول السنة وعلاقتها بالصحة والفلك. وأثمن ما في الكتاب النوع الرابع ويتكون من اثنتي عشر مقالة تختص كل منها بنوع من الأمراض وبعضها بشرح وسائل العلاج[2]. **وله** إلى جانب ذلك مؤلفات طبية أخرى هي: كتاب في الحجامة، كتاب حفظ الصحة، كتاب منافع الأطعمة والأشربة والعقاقير وكتاب في ترتيب الأغذية.

---

(1) يُراجع، ابن القفطي، أخبار الحكماء بأخبار العلماء، مصر 1326هـ، ص155. (المؤلف)

(2) يُراجع، محمد مرسي عرب، لمحات من التراث الطبي العربي، الإسكندرية 1975، ص28. (المؤلف)

وألف **أبو بكر محمد بن زكريا الرازي** (ت932م)، عددًا كبيرًا من المصنفات الطبية، ويعتبر كتابه المعروف بالمنصوري من الكتب الطبية العامة، ألفه للأمير **منصور بن إسحق بن أحمد** صاحب **خراسان**، وترى فيه الأخبار والإيجاز، مع جمعه لجمل وجوامع ونكت وعيون من صناعة الطب علمها وعملها، وهو عشر مقالات: الأولى في المدخل إلى الطب وفي شكل الأعضاء وخلقها، والثانية في تعرُّف مِزاج الأبدان وهيئتها والأخلاط الغالبة عليها، واستدلالات وجيزة جامعة من الفراسة، والثالثة في قوى الأغذية والأدوية، والرابعة في حفظ الصحة، والخامسة في الزينة، والسادسة في تدبير المسافرين، والسابعة جمل وجوامع في صناعة الجبائر (جمع جَبِيرة) والجراحات والقروح، والثامنة في السموم والهوام، والتاسعة في الأمراض الحادثة من القرن إلى القدم، والعاشرة في الحميات وما يتبع ذلك مما يحتاج إلى معرفته في تحديد علاجها، ومقالة أضافها إلى كتاب المنصوري وهي في الأمور الطبية[1].

ومن كتبه الطبية الأخرى الجامع الذي جمع فيه موضوعات طبية وصيدلانية متنوعة، وعالج فيه الأمراض والأغذية والأدوية، وصيدلية الطب والأوزان والمكاييل التي للعقاقير والتشريح ومنافع الأعضاء وغير ذلك. وقد ذكر **ابن أبي أصيبعة** قائمة كبيرة من مؤلفات الرازي الطبية والفلسفية، وسنأتي على ذكر بعضها من خلال ما نعرضه في هذا الكتاب.

ومن المصنفات الطبية في هذا الباب ما كتبه **علي بن عباس المجوسي** (ت983م)، كامل الصناعة الطبية، وقد ذكر في صدر هذا الكتاب ما دفعه إلى تأليفه بقوله: أحببت أن أصنف كتابًا كاملًا في صناعة الطب جامعًا لكل ما يحتاج إليه المتطببون وغيرهم من حفظ الصحة على الأصحاء وردها على المرضى إذ كنت لم أجد لأحد من القدماء والمُحدَثِين من الأطباء كتابًا كاملًا يحوي جميع ما يحتاج إليه من بلوغ غاية هذه الصناعة وأحكامها[2].

ثم يتابع **المؤلف** نقده للمصنفات الطبية المعروفة في زمانه فيصفها تارةً بالتشوش والغموض والإيجاز، وتارةً أخرى بالتطويل وكثرة الشرح وعدم التنظيم، ويقع كتابه (الكامل) في جزأين، يتناول في الأول عشر مقالات: الأولى في الأمور وأمزجة الأعضاء، والثانية

---

(1) يُراجع، ابن أبي أُصيبعة، عيون الأنباء، ص423. (المؤلف)

(2) يُراجع، علي بن العباس المجوسي، كامل الصناعة الطبية، المعروف بالملكي، ج1، بولاق 1294هـ، ص3. (المؤلف)

والثالثة في تشريح ووظائف الأعضاء، والرابعة في ذكر القوى والأفعال والروائح، والخامسة في جملة الكلام على الأمور التي ليست طبيعية، والسادسة في الأمور الخارجة عن الأمر الطبيعي (ويقصد بها الأمراض والأعراض)، والسابعة في الدلائل العامية على الأمراض والعلل، والثامنة في الاستدلال على الأعضاء الباطنة، والعاشرة في ذكر صفة جملة الكلام على الدلائل المنذرة وأسبابها وعلاماتها. أما الجزء الثاني فيقع في عشر مقالات، الأولى في الصحة العامة، والثانية في الأدوية وأساليب امتحانها وأنواعها، والثالثة في علاج الأمراض ومداواتها، ونظرًا لتنوع الأمراض فقد قسمها إلى مجموعات، إذ تناول في كل مقالة مجموعة منها، وهكذا نجد المقالات الأخرى الرابعة والخامسة والسادسة والسابعة والثامنة قد اختصت بعلاج الأمراض ومداواتها، في حين اختصت التاسعة بالجراحة، بينما اختصت العاشرة بالأدوية من المعجنات والدهونات والأشربة والأكحال وغيرها.

يعتبر كتاب كامل الصناعة الطبية من المصادر الطبية المهمة في زمانه، فهو كتاب جليل وكناش نبيل اشتمل على علم الطب وعمله، حسن الترتيب مال الناس إليه في زمانه ولزموا درسه إلى أن ظهر كتاب القانون **لابن سينا** فمالوا إليه وتركوا الملكي، (ويقصد به الملكي المسمى كذلك كامل الصناعة الطبية)، بعض الترك، والملكي في العمل أبلغ والقانون في العلم أثبت[(1)].

يعتبر كتاب القانون **لأبي علي الحسين بن عبدالله بن سينا** (ت428هـ/ 1037م)، من أبرز الكتب الطبية الجامعة، جمع فيه بين معرفته الفلسفية والمنطقية والطبية، فكان بذلك مرجعًا مهمًا لتدريس الطب وأصوله، يقول **ابن سينا** في صدر كتابه: رأيت أن أتكلم أولًا في الأمور العامة الكلية في كلا قسمي الطب، أعني القسم النظري والقسم العملي، ثم بعد ذلك أتكلم في كليات أحكام قوى الأدوية المفردة ثم في جزئياتها، ثم بعد ذلك في الأمراض الواقعة بعضو عضو، فأبتدئ أولًا بتشريح ذلك العضو ومنفعته، وأما تشريح الأعضاء المفردة البسيطة فيكون قد سبق مني ذكره في الكتاب الأول الكلي، وكذلك منافعها ثم إذا فرغت من تشريح ذلك العضو ابتدأت في أكثر المواضع بالدلالة على كيفية حفظ صحته ثم دللت

(1) يُراجع، ابن القفطي، أخبار الحكماء، ص156.

بالقول المطلق على كليات أمراضه وأسبابها وطرق الاستدلالات عليها وطرق معالجاتها بالقول الكلي أيضًا، فإذا فرغت من هذه الأمور الكلية أقبلت على الأمراض الجزئية، ودللت أولًا في أكثرها أيضًا على الحكم الكلي في حده وأسبابه ودلائله، ثم تخلصت إلى الأحكام الجزئية بدواء دواء، ثم أعطيت القانون الكلي في المعالجة، ثم نزلت إلى المعالجات الجزئية بدواء دواء بسيط أو مركب، وما كان سلف ذكره من الأدوية المفردة ومنفعته في الأمراض في كتاب الأدوية المفردة في الجداول والأصباغ التي أرى استعمالها فيه.

كما تقف أيها المتعلم عليه إذا وصلت إليه لم أكرر إلا قليلًا منه ما كان من الأدوية المركبة، إنما الأحرى به أن يكون في الأقراباذين[1]، الذي أرى أن أعمله، أخرت ذكر منافعه وكيفية خلطه له، ورأيت أن أفرغ عن هذا الكتاب إلى كتاب أيضًا في الأمور الجزئية مختص بذكر الأمراض التي إذا وقعت لم تختص بعضو بعينه، ونورد هنالك أيضًا الكلام في الزينة وأن أسلك في هذا الكتاب أيضًا مسلكي في الكتاب الجزئي قبله، فإذا تهيأ بتوفيق **الله تعالى** الفراغ من هذا الكتاب جمعت بعده كتاب الأقراباذين، وهذا كتاب لا يسع من يدعي هذه الصناعة ويكتسب بها ألا يكون جُلّه معلومًا محفوظًا عنده، فإنه مشتمل على أقل ما لا بد منه للطبيب، وأما الزيادة عليه فأمر غير مضبوط، وإن أخر **الله تعالى** في الأجل وساعد القدر انتصبت لذلك انتصابًا ثانيًا، وأما الآن فإني أجمع هذا الكتاب وأقسمه إلى كتب خمسة على هذا المثال: الأول في الأمور الكلية في علم الطب، والثاني في الأدوية المفردة، والثالث في الأمراض الجزئية الواقعة بأعضاء الإنسان عضو عضو من الفرق إلى القدم ظاهرها وباطنها، والرابع في الأمراض الجزئية التي إذا وقعت لم تختص بعضو وفي الزينة، والخامس في تركيب الأدوية وهو الأقراباذين[2].

يعتبر كتاب القانون أفضل كتاب طبي جامع، نظرًا لاحتوائه على المعلومات الضرورية التي يحتاجها المتعلم والطبيب، وقد جاهد **ابن سينا** أن يكون كتابه جامعًا لآراء من سبقه

---

(1) مصطلح معرب عن السريانية (كرافاذين) أو عن اليونانية مباشرة، ومعناه الحرفي التركيب الصغير، كما قيل إن المصطلح يعني رسم الأدوية، وقيل أيضًا إنها تطلق على الأدوية المركبة وطريقة صنعها، وسيُشار إليه في الفصل الأخير من هذا الكتاب، يُراجع، د. كمال السامرائي، مختصر تاريخ الطب العربي، ج2، ص352. (المحقق)

(2) يُراجع، ابن سينا، القانون في الطب، بغداد، ج1، ص2-3. (المؤلف)، هكذا وردت في النص.

من القدماء والمُحدَثين، كما أن اهتمامه في المقام الأول بالفلسفة والمنطق قد منح الكتاب صورته في الدقة والتناسق والتبويب الجيد مما جعله مرجعًا مهمًا للدارسين والمختصين في علم الطب.

كما اختصت بعض المصنفات الطبية العربية بفروع الطب الثلاثة: الأمراض والجراحة والكحالة، إذ يمكن القول إن هذه المؤلفات شقت الطريق العلمي نحو التخصص علمًا أنها جميعًا تشترط معرفة جيدة بعلم التشريح ووظائف الأعضاء.

ونختار من المصنفات التي اختصت بالأنواع المختلفة للأمراض التي تصيب أعضاء الجسم كتاب الحاوي **لأبي بكر الرازي** الذي يقع في عدة أجزاء، اختص كل جزء منها بمجموعة خاصة من الأمراض التي تصيب الأعضاء، فالجزء الأول يتناول أمراض الرأس، والثاني يتناول أمراض العين، والثالث في أمراض الأذن والأنف والأسنان، والرابع في أمراض الرئة، والخامس في أمراض المريء والمعدة، والسادس في الاستفراغات والتسمين والهزال، والسابع في أمراض الثدي والقلب والكبد والطحال، والثامن في قروح الأمعاء والزحير والفرق بينهما وبين سائر اختلاف الدم والمغص والورم في الأمعاء، والاختلاف الشبيه بماء اللحم، والتاسع في أمراض الرحم والحمل، والعاشر في أمراض الكلى ومجاري البول وغيرها، والثاني عشر في السرطان والأورام والدماميل والدبيلات وما يحلل جسأ القروح والدشيد وغيرها والثالث عشر في الرض والفسخ الذي ينشق منه داخلًا، والقروح في أعضاء التناسل والمقعدة وغيرها. والرابع عشر في الحميات والبراز والقيء وغيرها، والخامس عشر في الحمى المطبقة والأمراض الحادة والحادثة عن السدد وسقي الماء البارد وغيرها، والسادس عشر في حميات الدق والذبول والناقض الحميات التي لا تسخن وفي الحميات الوبيئية وغيرها، والسابع عشر في الحبة والجدري، والثامن عشر في البحران[1] وما يتعلق بها، والتاسع عشر في البول وما يتعلق به والنهش والسموم، أما الأجزاء الأخرى العشرون والواحد والعشرون بقسميه الأول والثاني فإنها تتناول الأدوية المفردة، واختص الجزء الثاني والعشرون بالصيدلة وفي استنباط الأسماء والأوزان والمكاييل، ويقع الجزء

(1) في هذا الكتاب يصف الرازي الرجيع، وكميته وقوامه. (المحقق)

الثالث والعشرون في قسمين: الأول في قوانين استعمال الأطعمة والأشربة وفي النوم واليقظة وفي الأمراض التي تعدي وتتوارث وغيرها، والثاني في ما يعرض للجلد من البهق والبرص والجذام وفي خصاب الشعر واليد[1].

وكتاب **الرازي** هذا موسوعة علمية في الطب السريري وأساليب تشخيص الأمراض وأنواع العلاجات بالأغذية والأدوية، كما يقدم معلومات دقيقة عن الأعضاء المصابة وتشريحها مما يشير بوضوح إلى اهتمام **الرازي** بعلم التشريح ووظائف الأعضاء في دراسته للأمراض وعلاقتها بالأعضاء وما تظهره من أعراض سريرية دالة عليها.

كما وبرز في علم الجراحة الطبيب العربي **أبو القاسم خلف بن عباس الزهراوي** (ت1013م)، وقد اشتهر بكتابه التصريف لمن عجز عن التأليف، الذي يقع في ثلاثين مقالة تتناول جملة واسعة من المسائل الطبية. فكانت المقالة الأولى في المبادئ والأمزجة وتركيب الأدوية وغير ذلك لتصلح مدخلًا للكتاب، والمقالة الثانية في تقاسيم الأمراض وعلاماتها والإشارة إلى علاجها، والثالثة في صفات المعاجين القديمة التي تخمر وتدخر، والرابعة في صناعة الترياق الكبير وسائر الترياقات[2] والأدوية المفردة في جميع السموم، والخامسة في صفات الأيارجات القديمة والحديثة وادخارها وتخميرها، والسادسة في صفات الأدوية المسهلة من الحبوب المُرَّة المدبرة في جميع الأمراض، والسابعة في صفات أدوية القيء والحقن والغرزجات والشيافات والفتل، والثامنة في الأدوية المسهلة اللذيذة الطعم المألوفة المأمونة، والتاسعة في أدوية القلب من الشيافات وأدوية المسك ونما أشبه ذلك، والعاشرة في صفات الأطريفلات والبنادق المسهلة، والحادية عشر في أدويه الباه والمسمنة لأبدان والمهزلة

---

(1) طبعت هذه الأجزاء من الحاوي بمطبعة مجلس دائرة المعارف العثمانية، بحيدر آباد، الدكن. (المؤلف)

(2) الترياق أو الدرياق، هذا اللفظ فارسي مركب، وقد عرفه اليونانيون باسم ترياء، وهو دواء مركب من مفردات طبية كثيرة قد تصل إلى ما يزيد على التسعين عدًّا، تدخل فيه الحشائش المسكنة والمكيفة، ويقال إن أول من اخترعه العالِم اليوناني ماغنس، ثم طوره أندروماخوس بزيادة لحوم الأفاعي عليه، وتفنن الهنود به بعد ذلك، وغير جالينوس من مركبات الترياق الأول ليكون أكثر فعالية للبدن، وقد وجد الترياق لأول مرة لتداوي لسع الأفاعي والتسممات الأخرى، وصار لكل حالة من هذه ترياق خاص بها، وأنواعه: الترياق الكبير أو الفاروق، كما سمي ترياق العراق، وترياق الملح وترياق عزرا. يُراجع، د. كمال السامرائي، موجز تاريخ الطب عند العرب، ج2، ص360. (المحقق)

والمدرة للبدن ونحو ذلك، والثالثة عشرة في الأشربة والسكنجبينات والربوب، والرابعة عشرة في النخانخ والمطبوخات والنقوعات المسهلة وغير المسهلة، والخامسة عشرة في المربيات ومنافعها وحكمة تربيتها وادخارها، والسادسة عشرة في السفوفات المسهلة وغير المسهلة، والسابعة عشرة في الأقراص المسهلة وغير المسهلة، والثامنة عشرة في السعوطات والفطورات والبخورات والدرورات والغراغر، والتاسعة عشرة الطب والزينة وصناعة الغوالي وما أشبهها، والعشرون في الأكحال والشيافات واللطوخات، والحادية والعشرون في السنونات وأدوية الفم والحلق وما أشبه ذلك، والثانية والعشرون في أدوية الصدر والسعال خاصة، والثالثة والعشرون في الضمادات لجميع علل البدن من القرن إلى القدم، والرابعة والعشرون في صناعة المرهم النخلي وسائر المراهم **لجالينوس** وغيره، والخامسة والعشرون في الأدهان ومنافعها وأحكام استخراجها، والسادسة والعشرون في أطعمة المرضى وكثير من الأصحاء مرتبة على الأمراض، والسابعة والعشرون في طبائع الأدوية والأغذية وإصلاحها وقواها وخواصها، والثامنة والعشرون في إصلاح الأدوية وحرق الأحجار المعدنية وما يتصرف في الطب من ذلك، والتاسعة والعشرون في تسمية العقاقير باختلاف اللغات وبدلها وأعمارها والعقاقير المركبة وغيرها وشرح الأسماء المركبة الواقعة في كتب الطب والأكيال والأوزان، والمقالة الثلاثون في العمل باليد من الكي والشق والبط والجبر والخلع مشروحًا مختصرًا[1].

يظهر لنا بوضوح أن كتاب **الزهراوي** مهتم بثلاثة موضوعات رئيسية هي: الطب والعلاج ثم في الأدوية والعقاقير، وخصص المقالة الثلاثين في علم الجراحة، وهي من أنفس ما كتب في الجراحة، ويقول فيها: وقد قسمت هذه المقالة على ثلاثة أبواب، الأول في الكي بالنار والكي بالدواء الحاد مبوب مرتب من القرن إلى القدم، وصور آلات وحدائد الكي وكل ما يحتاج إليه في العمل باليد، والباب الثاني في الشق والفصد والحجامة والجراحات وإخراج السهام ونحو ذلك كله، مبوب مرتب وصور الآلات، والباب الثالث في الجبر والخلع وعلاج الوثي ونحو ذلك مبوب مرتب من القرن إلى القدم وصور الآلات[2].

---

(1) يُراجع، الموجز في تاريخ الطب والصيدلة عند العرب، بإشراف الدكتور محمد كامل حسين، المنظمة العربية للتربية والثقافة والعلوم، ص409-411. (المؤلف)

(2) Albucasis, on Surgery and Instrument, the will come Institute of the history of Medicine, p 7.

ومن المصنفات المعروفة في علم الجراحة كتاب العمدة في الجراحة، لمؤلفه **أبي الفرج ابن موفق الدين يعقوب بن إسحق المعروف بابن القف** (ت685هـ)، ويقع في عشرين مقالة، الأولى في حد الجراحة وذكر الأخلاط، والثانية في أمزجة الأعضاء وفي تشريح الأعضاء البسيطة، والثالثة في تشريح الأعضاء المركبة، والرابعة في ذكر ما يجب على الجرايحي أن يعرفه من أنواع المرض وتعريف الورم وكيفية حدوثه ومعرفة الأوقات الأربعة وعلامة علة كل واحد من المواد، والخامسة في ما يحدث من الدم من الأورام وعلامة كل واحد منها، والسادسة في ما يحدث من البلغم من الأورام وعلامة كل واحد منها، والسابعة في ما يحدث من الصفراء من الأورام وعلامة كل واحد منها، والثامنة ما يحدث من السوداء من الأورام وعلامة كل واحد منها، والتاسعة في ما يحدث في أكثر من مادة واحدة من الأورام وعلامته، والعاشرة في أمور كلية محتاج إلى معرفتها في المعالجة، والحادية عشرة في ذكر المفردات المحتاج إليها الجرايحي في معالجته، والثانية عشرة في علاج ما هو حادث من الدم، والثالثة عشرة في علاج ما هو حادث عن البلغم، والرابعة عشرة في علاج ما هو حادث عن الصفراء، والخامسة عشر في علاج ما هو حادث عن السوداء، والسادسة عشرة في علاج ما هو حادث عن أكثر من مادة واحدة، والسابعة عشرة في علاج ما هو حادث عن الجرح والكسر والخلع، والثامنة عشرة في الكي على سبيل التفصيل، والتاسعة عشرة في علاج القروح والدبيلات والعمل بالجديد والخصي والتطهير، والعشرون في الأقراباذين[1].

كما اشتهر بطب العيون أو الكحالة عدد كبير من **الأطباء العرب** نذكر منهم على سبيل المثال **حنين بن إسحق العبادي** الذي ألف كتابًا في الكحالة هو كتاب العشر مقالات في العين، الأولى في طبيعة العين وتركيبها، والثانية في طبيعة الدماغ ومنافعه، والثالثة في العصب الباصر والروح الباصر وفي نفس الإبصار وكيف يكون، والرابعة في جمل الأشياء التي لا بد منها في حفظ الصحة واختلافها، والخامسة في أسباب الأعراض الكائنة في العين، والسادسة في علامات الأمراض التي تحدث في العين، والسابعة في قوى جميع الأدوية عامة، والثامنة في أجناس الأدوية للعين خاصة، وأنواعها. والتاسعة في مداواة أمراض العين، والعاشرة في الأدوية المركبة الموافقة لعلل العين، ويقول **ابن أبي أُصيبعة** بعد ذلك: ووجدت مقالة

(1) يُراجع، ابن القف، كتاب العمدة في الجراحة، حيد آباد 1356هـ، ج1، ص3-4. (المؤلف)

أخرى حادية عشرة **لحنين** مضافة إلى هذا الكتاب، يذكر فيها علاج الأمراض التي تعرض في العين بالحديد[1].

ومن الكتب المهمة والجيدة في طب العيون كتاب تذكرة الكحالين **لعلي بن عيسى الكحَّال** (ت1010م)، الذي يذكر في صدر الكتاب: وأجعله ثلاث مقالات وأسميه تذكرة الكحالين، لأني بينت فيه جميع ما يحتاج إليه في علاج أمراض العين، وذلك أنه قد تدعو الضرورة في بعض الأوقات إلى النظر في الكتب في علاج مرض من الأمراض ليستغني به عن النظر في الكتب الكبار ويصلح أيضًا للأسفار ويغني عن حمل الكتب الكثيرة، وقد ذكرت فيه جميع الطرق الطبية المحتاج إليها في علاج أمراض العين مع ذكر الدلائل والأسباب والمداواة لجميع أمراضها المتشابهة الأجزاء منها والآلية وما يكون فيها من تفرق الاتصال[2].

وقد ذكر **الكحَّال** في المقالة الأولى حد العين وتركيبها وتشريحها وعدد طبقاتها ورطوباتها وأعصابها وعضلاتها، ومن أين نبات كل طبقة وابتداؤها، وإلى أين انتهاؤها وأين مواضعها في العين، وما منفعتها ومن أين يأتي غذاؤها، ولماذا أعدت، ويذكر في المقالة الثانية أمراض العين الظاهرة للحسّ وأسبابها وعلاماتها وعلاجاتها، ويذكر في المقالة الثالثة علل الأمراض الخفية عن الحس وأسبابها وعلاماتها وعلاجها وأدويتها.

إن الحكم على المستوى الطبي الذي بلغه **الأطباء العرب** يتعدى الاقتصار على الذين تركوا لنا ثروة مكتوبة من الكتب والمقالات والرسائل، لأن الطب علم له أصوله وفروعه ولا يكتب فيه إلا من بلغ الذروة واطلع على مؤلفات من سبقوه من القدماء والمحدثين، والطب ممارسة يمتهنها الفرد فيكون له دوره الفعال في المجتمع لمعالجة المرضى ووصف العلاج وإجراء العمليات الجراحية وغير ذلك.

وليس ضروريًا أن يدون ما يقوم به من وسائل طبية، ومن المعروف بالقياس أن عدد الذين يزاولون مهنة الطب أكثر بكثير من أولئك الذين يكرسون حياتهم في كتب ورسائل، ولذلك فإنه من الخطأ أن نحكم على المستوى الطبي عند العرب من خلال ما تركوه من

---

(1) يُراجع، ابن أبي أُصيبعة، عيون الأنباء، ص272. (المؤلف)

(2) يُراجع، علي بن عيسى الكحَّال، تذكرة الكحَّالين، حيد آباد 1964، ص2. (المؤلف)

آثار علمية فقط، كما أن إتقان الطبيب لعمله العلاجي والجراحي هو في الوقت نفسه يشير إلى معرفة ومهارة، إذ ما الفائدة من كتاب جيد في الطب في مجتمع ليس فيه أطباء ماهرون، فالعبرة في الطب أن يحقق الصحة لأفراد المجتمع بالوقاية والعلاج، ولا يتحقق هذا الهدف إلا من خلال تطور المؤسسات العلاجية والتعليمية والاهتمام بالمرضى وتقدم أساليب العلاج، فضلًا عن المعرفة بأصول علم الطب وفروعه.

وقد زودتنا المصادر والمراجع بمعلومات كثيرة عن اهتمام **الأطباء العرب** بالحالات التجريبية وطرق استقصاء علل الأمراض والتشخيص وكل ما له علاقة بصحة الجسم الإنساني وما يعتريه من أمراض، فضلًا عن الاهتمام الواسع بإقامة المستشفيات والأجنحة المتخصصة لأنواع الأمراض، وتنوع دور العلاج وتقديم أساليب لمعالجة الأطباء وتدريبهم على مزاولة الطب بعد مراحل معينة من الدراسة النظرية والعملية.

لم يهتم **الأطباء العرب** بالنظريات الفلسفية والطبيعية لذاتها في مصنفاتهم الطبية على الرغم من معرفتهم بضرورة تعلمها لمن أراد مزاولة الطب، فهي تزود الطبيب بمبادئ وكليات عامة، ولكن الأهم من ذلك هو الخبرة الطبية والمعرفة التجريبية القائمة على دراسة دقيقة للحالات المختلفة، لذلك نجدهم يضعون الخبرة في المقام الأول قبل الكليات، ولا يَسعَونَ إلى تأويل الخبرة لتوافق الكليات بل يرون العكس تمامًا. فإذا تعارضت الخبرة التجريبية والحالات المدروسة بعناية مع الكليات، فعلى الطبيب أن يحتفظ بصدق الخبرة ويقوم بتأويل الكليات في الحدود الممكنة.

إن الإنجازات الطبية التي تحققت عند **الأطباء العرب** كانت نتيجة للدراسة التجريبية والدقة في المراقبة وملاحظة الفروق بين الأمراض، والتشخيص السريري لمختلف أنواع الأمراض، والاستدلال على المرض من خلال دراسة الأعراض، فرسالة **الرازي** في الحصبة والجدري من الرسائل الطبية المهمة لأنها أثبتت الفروق بين الأعراض واختلاف الحصبة عن الجدري، وهذا فتح جديد في عالم الطب.

واستطاع الأطباء العرب من خلال مؤلفاتهم الطبية أن يصححوا الكثير من الأخطاء التي كانت شائعة عند الأطباء اليونان، ونذكر على سبيل المثال اكتشاف **أبي الحسن علاء**

الدين ابن أبي الحزم المعروف بابن النفيس (ت1288م)، للدورة الدموية الصغرى الرئوية، ومن مؤلفاته المهمة في الطب كتاب شرح تشريح القانون، وقد برهن ابن النفيس على خطأ **جالينوس** و**ابن سينا في** تشريح القلب والدورة الدموية، وقد صحح **ابن الهيثم** (ت1038م)، الاعتقاد الذي كان سائدًا في عملية الإبصار، وكذب نظرية الشعاع التي تقول إن شعاعًا يخرج من العين ليلامس الأشياء فيحدث الإبصار، وأثبت عكس ذلك في المقالة الأولى من كتابه المناظر أن الضوء يصدر عن الأشياء أو المرئيات ليصل إلى العين فيحدث الإبصار، وفي مجال التشريح سنجد **الأطباء العرب** قد استطاعوا تجاوز تعاليم **اليونان** ليضعوا خلال تجاربهم الخاصة آراء صحيحة بعد أن أثبتوا خطأ ما ذهب إليه **الأطباء اليونان**[1].

(1) مما يلاحظ على ما ذكره الفيلسوف ياسين خليل بصدد تاريخ الطب والمشتغلين فيه من الأطباء العرب، أنه قد أشار إلى ابن النفيس وأهمل ذكر ابن رشد وابن طفيل، وهما قد توفيا قبله، إذ ألف الأول الكليات في الطب وله تعاليق على كتب ابن سينا الطبية، فضلًا عن كونه طبيب الأمير الموحدي يوسف بن عبد المؤمن وابنه يعقوب بن يوسف، كما أن لابن طفيل ارجوزة في الطب وتعاليق على كتاب القانون لابن سينا. وهو الآخر إلى وفاته كان طبيب الأمير الموحدي يوسف بن عبد المؤمن ثم تسلم المنصب منه ابن رشد. (المحقق)

الفصل الثاني
مناهج البحث الطبي

المبحث الأول: في تحديد علم الطب وأقسامه

الطب كما يعرفه **ابن سينا**، علم يعرف منه أحوال صحة بدن الإنسان من جهة ما يصح ويزول عن الصحة، ليحفظ الصحة الحاصلة ويستردها زائلة[1]. وهو كغيره من العلوم أفاد من الفلسفة التي اشتملت على العلم الرياضي والعلم الطبيعي والعلم الإلهي. ومن المنطق بخاصة. وخبرات العاملين فيه من الأطباء، من أجل أن تكون له مناهجه العلمية الخاصة في البحث النظري والعملي[2].

ولقد ساهم **الأطباء العرب** مساهمات جادة في توضيح معالم المناهج الخاصة بالطب والأساليب الواجب اتباعها في سبيل إثراء المعرفة الطبية، فاتجهوا بالطب صوب الخبرة وإن لم يهملوا الأصول النظرية فيه، وحسبنا الآن أن نكشف عن هذه المناهج من خلال مؤلفاتهم وما أفادوه من علم المنطق والعلم الطبيعي والعلوم الأخرى.

يجدر بنا أول الأمر أن نتعرف تقسيم فروع الطب كما طرحها **علي بن العباس المجوسي** لاعتبارات منهجية وعلمية، فهي تبين موضوعات الطب من جهة، وتكشف عن الأصالة في ترتيب وتنظيم الفروع الداخلة في الطب من جهة أخرى، فالطب ينقسم قسمين أحدهما العلم، والآخر العمل. والعلم هو الطب النظري، والعمل هو الطب العملي، والعلم ينقسم

---

(1) يُراجع، ابن سينا، القانون في الطب، ج1، ص3. (المؤلف)

(2) إنّ مفهوم الفلسفة بحسب ما هو متداول عنها أنها علم كلي شمولي، وكان يطلق عليها أم العلوم، مما يعني أن الفيلسوف كان يلم بكل أطراف المعرفة الإنسانية من نظرية إلى عملية تجريبية، ولم يشذ عن هذه القاعدة الفلاسفة من أمثال ابن سينا أو غيره، فلهذا نجدهم قد ألفوا في الفلسفة كما ألفوا في الطب والكيمياء وغيرها من العلوم النظرية والعملية. وأفادوا من البحث الفلسفي في العلوم الأخرى ولا سيما الطب. (المحقق)

إلى ثلاثة أقسام، أحدها العلم بالأمور الطبيعية، والثاني العلم بالأمور التي ليست طبيعية، والثالث العلم بالأمور الخارجة عن الأمر الطبيعي.

الأمور الطبيعية هي الغريزية التي يكون بها النبات والحيوان وسائر الأجسام التي هي في هذا العالَم الذي إذا ارتفع منها واحد لم يتم كون الشيء من النبات والحيوان والمعادن[1].

وتنقسم الأمور الطبيعية إلى سبعة أقسام هي: الأستقصات (العناصر الأربعة: النار والهواء والماء والتراب)، والأمزجة والأخلاط والأعضاء والقوى (التي بها يمكن الأعضاء أن تفعل فعلها الطبيعي)، والأفعال (التي بها يمكن الأعضاء أن تفعل فعلها الطبيعي)، والأرواح.

وتنقسم الأمور التي ليست بطبيعية إلى ستة أقسام هي الهواء المحيط بأبدان الناس، والحركة والسكون والأطعمة والأشربة، والنوم واليقظة، والاستفراغ، والاحتباس.

وتنقسم الأمور الخارجة عن الأمر الطبيعي إلى ثلاثة أقسام هي: الأمراض وأسباب الأمراض والأعراض الدالة على الأمراض.

أما الطب العملي أو العمل فإنه ينقسم إلى قسمين هما الأول حفظ صحة الأبدان الصحيحة، والثاني حفظ صحة الأبدان التي تحيد عن حالة الصحة، والثالث حفظ صحة الأبدان الضعيفة مثل أبدان الأطفال والشيوخ ومن هم في دور النقاهة.

وتنقسم مداواة الأمراض إلى قسمين: الأول المداواة بالأغذية والأدوية، والثاني العمل باليد (الجراحة)، وينقسم العمل باليد إلى قسمين: الأول يكون في اللحم كالبط والقطع والخياطة والكي، والثاني يكون في العظام وذلك بجبر العظم المكسور وبِرَد العظم المخلوع.

ومن أجل توضيح هذا التقسيم للطب قصدنا إلى رسم تخطيطي تام له في الصفحة التالية، وأن نقوم بشرح بعض العبارات والمصطلحات لتعرّف هذا التقسيم بشكل أفضل.

فالمقصود بالأمور الطبيعية جميع المسائل ذات العلاقة بالمبادئ الأربعة (النار والهواء والماء والتراب)، وكيفياتها. وما يناظرها من عناصر الجسم الإنساني والحيواني من أمزجة وأخلاط. كما تشمل كذلك كل ما يتصل بتشريح الأعضاء ووظائفها، وكذلك القوى والأفعال

---

(1) يُراجع، كامل الصناعة الطبية، مصدر سبق ذكره، ج1، ص14. (المؤلف)

والأرواح باعتبارها أقسام قصد منها: القوى الطبيعية والحيوانية والنفسانية، وما يتصل بالبصر والسمع والشم والذوق واللمس. وقصد بالأفعال الطبيعية في الجسم الإمساك والهضم والدفع، أما الروح فيقصد به ما يتولد في الأعضاء، فالروح الطبيعي يتولد في الكبد وينفذ منه في الأوردة إلى سائر البدن، والروح الحيواني يتولد في القلب وينفذ في الشرايين إلى جميع أنحاء البدن، والروح النفساني يتولد في الدماغ وينفذ في العصب إلى سائر البدن.

أما الأمور التي ليست طبيعية، فيقصد منها المسائل التي يتعلق بالمحيط مثل: طبائع الأهوية وأثر فصول السنة والأمراض المرتبطة بالفصول، والمسائل المتعلقة بتقوية البدن مثل أصناف الرياضة والأغذية والأشربة، والمسائل المتعلقة ببعض الأفعال مثل النوم واليقظة، وفعل الجِمَاع والاستفراغات الطبيعية وأجناسها والأعراض النفسية.

أما الأمور الخارجة عن الأمر الطبيعي فيقصد منها جميع المسائل المتعلقة بالبدن في حالاته غير الطبيعية، وهي الأمراض وأعراضها المختلفة بالنسبة للأعضاء والدلائل العامة على الأمراض والعلل، والاستدلال على الأمراض الظاهرة للحس وأسبابها والاستدلال على الأمراض والعلل الباطنة.

إن هذه القسمة للطب تبين بوضوح إفادة **المجوسي** من المنطق وطريقة القسمة بالذات دون سائر الطرق. كما يظهر لنا أثر العلم الطبيعي في معالجته لعلم الطب وما يحتاج الطبيب إلى معرفته، وأشار **المجوسي** إلى أهمية فروع العلم الرياضي للطبيب، وهي الحساب والهندسة والنجوم والألحان، وذلك أن المنطق هو ميزان الكلام ومعياره وهو نافع في كل علم وكذلك التعاليم، وقد ينتفع بها في سائر العلوم والصناعات[1].

(1) المصدر السابق، ج1، ص12.

الطب

العلم (الطب النظري)

العمل (الطب العملي)

العلم بالأمور الطبيعية

حفظ الصحة

1. الأستقصات
2. الأمزجة
3. الأخلاط
4. الأعضاء
5. القوى
6. الأفعال
7. الأرواح

1. الأبدان الصحيحة
2. الأبدان التي تحيد عن الصحة
3. الأبدان الضعيفة

المداواة

الأغذية والأدوية

العمل باليد

1. اللحوم
2. العظم

العلم بالأمور التي ليست طبيعية

1. الهواء
2. الحركة والسكون
3. الأطعمة والأشربة
4. النوم واليقظة
5. الاستفراغ
6. الاحتباس

العلم بالأمور الخارجة عن الأمر الطبيعي

1. الأمراض
2. أسباب الأمراض
3. أعراض الأمراض

المبحث الثاني: الكليات العامة في الطب اليوناني

نتناول الآن الأستقصات[1] والأمزجة والأخلاط، لأنها تمثل الكليات العامة في **الطب اليوناني** ومقدمة ضرورية لعلم الطب بعامة.

اعتمد **الطب اليوناني** على مبادئ كلية عامة استقاها **الأطباء اليونان** من العلم الطبيعي الذي تطور بفضل الفلاسفة لفهم ما يجري في الطبيعة من تغيرات، وكشف العناصر الأولية التي تتألف منها الموجودات الطبيعية جميعًا، ثم أصبحت هذه المبادئ وغيرها بفضل الإضافات التي أوجدها الطب اليوناني حجر الزاوية في فهم وظائف الأعضاء وفي المعالجة والمداواة وتعليل الأمراض، وفي تقسيم طبائع العقاقير الطبية، وأساسًا لفهم حالتي الصحة والمرض والاستدلال على الأمراض بما يصيب العضو من اختلال في الوظائف الحيوية التي يقوم بها.

وفي سبيل فهم هذه النظرية العامة الفلسفية ـ الطبية، لا بد لنا أن نتعرف على الأصول في الفكر الفلسفي أولًا، والفكر **الطبي اليوناني** ثانيًا.

يطلق على المبادئ الكلية العامة اسم الأركان أو الأستقصات، ويقصد بالأستقص الجوهر البسيط المتشابه الأجزاء، فهو بذلك أبسط أجزاء الجسم المركب، منه تتركب الأجسام أو الموجودات الكبيرة المختلفة، ويمكن تقسيم الأستقصات إلى ثلاثة أصناف هي على التوالي.

أولًا. الأستقصات لبعيدة أو العامة: وهي الأركان العامة المشتركة، لجميع الموجودات في الكون التي تخضع للكون والفساد، وهي: النار والهواء والماء والتراب. فبامتزاج هذه العناصر يتكون النبات، والنبات هو غذاء الحيوان، ومن الأخلاط

---

(1) الأسطقس، مصطلح فلسفي يوناني، معناه الأصل الذي تقوم منه الأشياء هكذا عند أرسطو في مقالة الدال من كتاب الميتافيزيقا، ويعرفه الفيلسوف الكندي، هو ما يكون منه الشيء ويرجع إليه منحلًا، وهو عنصر الجسم، وهو أصغر الأشياء من جملة الجسم، يُراجع، رسالة الحدود، ضمن كتب المصطلح الفلسفي عند العرب، ط1، بغداد 1986، ص193. كذلك يُراجع، الصفحات 246، 290، 292، 310، 355، من كتاب المصطلح الفلسفي، بصدد معنى الأسطقس عند ابن سينا والغزالي والآمدي، وللتفصيلات عن هذا المصطلح عبر تاريخ الفلسفة والعلم، يُراجع، كتابنا، العلوم الطبيعية في فلسفة ابن رشد، بيروت 1995، الفصل الثاني. (المحقق)

تكون الأعضاء المتشابهة الأجزاء، ومن الأعضاء المتشابهة الأجزاء تكون الأعضاء الآلية، ومن الأعضاء الآلية تكون جملة البدن[1].

ثانيا. الأستقصات القريبة أو الخاصة بالجسم المركب: وهي بالنسبة للإنسان والحيوان الأعضاء المتشابهة الأجزاء، إذ تتركب منها الأعضاء المركبة أو الآلية ومن هذه يتكون الجسم.

ثالثًا. الأستقصات المتوسطة: وهي واقعة بين الأستقصات البعيدة العامة والأستقصات القريبة الخاصة، وهي بالنسبة للإنسان والحيوان والأخلاط الأربعة التي تتكون منها الأعضاء المتشابهة الأجزاء، ومنها تتركب الأعضاء الآلية التي يتركب الجسم بدوره منها.

فمن الناحية الفلسفية كانت المشكلة التي واجهها الفكر اليوناني في البحث عن جوهر العالَم هي: مم يتكون الكون؟ وما هي عناصره وأركانه الأساسية[2]؟ وكانت الأجوبة المتعددة، فمنهم من قال إنه الماء[3] هو الجوهر الأصلي للعالَم، ومنهم من قال إنه الهواء[4]، بينما قال آخر إنه النار[5]، وقال **أمباذوقليس**[6] (ت435ق.م)، بالأركان الأربعة وهي النار والماء والهواء والتراب، وهي العناصر الأساسية التي تتألف منها الموجودات جميعها بنسب متفاوتة. فكل ما في الكون من حيوان ونبات وجماد يتألف من نسب معينة من العناصر الأربعة عن طريق امتزاج بعضها ببعض وتحفظ هذه النسب توازن الموجودات، فإن أصابها التغيير واختل توازنها خرجت عن وضعها الطبيعي.

---

(1) المصدر السابق، ج1، ص15.

(2) وصيغة السؤال الذي واجه به الفيلسوف اليوناني العالَم هي: ما أصل العالم؟

(3) وهذا هو قول طاليس من ماليس الملطي (ت546 ق.م)، أول فيلسوف يوناني تؤرخ به بداية الفلسفة اليونانية، بحسب مؤرخي الفلسفة من الأوربيين والعرب المعاصرين، يُراجع، يوسف كرم، تاريخ الفلسفة اليونانية، بيروت 1977. (المحقق)

(4) وهذا هو رأي الفيلسوف اليوناني أنكسيمينس (ت524 ق.م). (المحقق)

(5) وهذا هو رأي الفيلسوف اليوناني هيراقليطس (ت470 ق.م)، والذي يسمى بفيلسوف التغير والصيرورة. (المحقق)

(6) وهو الفيلسوف اليوناني (ت430 ق.م)، ويسمى بفيلسوف الكثرة والتعدد. وهذه الأركان الأربعة التي قال بها إنما تجتمع وتفترق بفعل قوتين كبيرتين يسميهما المحبة والكراهية. (المحقق)

دافع الطبيب **أبقراط** عن نظرية الأركان الأربعة، وبين أنه من الخطأ الاعتقاد أن جميع الأشياء تتكون من جوهر واحد سواء كان ذلك الجوهر ماءً أو هواءً أو نارًا، فالإنسان لا يمكن أن يكون من جوهر واحد ولا يمكن أن يكون من طبيعة واحدة، إذ كيف نستطيع فهم التنوع، وكيف يمكن أن يتولد عن الشيء الواحد شيء آخر يخالفه، فلا بد أن يكون الشيء المتولد قد مازجه شيء آخر، ويحاول **أبقراط** أن يبرهن على أن الإنسان لا يتكون من شيء واحد من خلال ملاحظات طبية، إذ لو كان من جوهر واحد لكان شفاؤه بدواء واحد، ولكن نظرًا لتنوع الآلام والشفاء منها بأدوية مختلفة فلا بد أن نسلم أن الإنسان يتكون من أكثر من جوهر واحد.

وللعناصر الأربعة كيفيات هي الحرارة والبرودة واليبوسة والرطوبة، فطبيعة النار الحرارة، وطبيعة الهواء الرطوبة، وطبيعة الماء البرودة، وطبيعة التراب اليبوسة، وكثيرًا ما يتحدث **القدماء** عن الأربعة فيقولون: الحار والرطب والبارد واليابس ويريدون بها النار والهواء والماء والتراب.

لقد وجدت نظرية الأركان الأربعة الفلسفية طريقها في **الطب اليوناني** لفهم ما يطرأ على الإنسان والأعضاء في حالتي الصحة والمرض من تغيرات، فالأركان الأربعة يمتزج بعضها ببعض بنسب غير متساوية حسب الحاجة، فإذا اختلت هذه النسب في عضو من الأعضاء أو في الجسم أصابه المرض، فالاعتدال في الجسم أن تكون النسب من العناصر الأربعة متوازنة، فلا يغلب في الامتزاج بعضها على بعض ويخرج الجسم عن الاعتدال إذا غلب أحد العناصر على غيره، فيقال إن المزاج حار، عندما يغلب العنصر الناري على سائر العناصر الأخرى، ويكون مزاج الجسم باردًا عندما يغلب العنصر المائي على سائر العناصر الأخرى، ويكون مزاج الجسم رطبًا إذا كانت الغلبة للعنصر الهوائي على العناصر الأخرى، ويكون مزاج الجسم يابسًا إذا كانت الغلبة للعنصر الترابي.

وقد ترتبط هذه الكيفيات[1] لتحدث أمزجة أخرى، فيقال هذا الجسم مزاجه حار

---

(1) الكيفيات ومفردها كيف Quality، وهي مقولة فلسفية تعني هيئة قارة في الشيء لا يقتضي قسمة ولا نسبة، فيقول هيئة يشمل الأعراض، فالكيف هو مقولة تشمل الأعراض مثل: الصفرة والحمرة والخضرة وغيرها، أما الكيفيات فهي على أنواع منها: الانفعالية مثل الحلاوة والمرارة والبياض والسواد أما كونها انفعالية فذلك من قِبل أنها تحدث في الحواس انفعالًا أو من قبل أنها أنفسها إنما تولدت عن انفعال. (المحقق)

يابس، إذا كانت الغلبة للعنصر الناري الترابي، ويقال هذا الجسم مزاجه بارد رطب، إذا كانت الغلبة للعنصر المائي الهوائي، ويقال هذا الجسم مزاجه بارد يابس، إذا كانت الغلبة للعنصر المائي التراب، ويقال هذا الجسم مزاجه حار رطب، إذا كانت الغلبة للعنصر الناري الهوائي.

وربط **القدماء** الكيفيات البسيطة والمركبة بالأغذية والأدوية وأعضاء الجسم، فمن الأغذية ما تحدث في الجسم بعد تناولها حرارة أو برودة أو غيرها، لذلك وجب التمييز فيما بينها على هذا الأساس عند المعالجة ووصف الأغذية للمريض، ومن الأدوية ما هو حار أو بارد أو رطب، ويمكن معرفة هذه الكيفيات في الأدوية عن طريق الاختبار باللمس أو عند وضعه على الجلد مدة طويلة لمعرفة ما يتركه من آثار أو عند تناوله من قبل شخص صحيح الجسم وتقصي ما يحدثه من آثار.

ونسبت إلى أعضاء الجسم كيفيات مركبة، فيقال: عن الكبد إنه حار رطب، وعن الدماغ أنه بارد رطب، وعن القلب أنه حار يابس، وعن العَظُم أنه بارد يابس...وهكذا.

وتتفاوت الأعضاء في الكيفيات المفردة كذلك، فمنها ما هو حار يليه أقل حرارة فأقل، ومنها ما هو يابس يليه أقل يبوسة فأقل وهكذا، فالقلب مثلًا أكثر الأعضاء سخونة وأقل منه الكبد، والشَعَر أكثر الأجسام يبوسة ويليه العَظُم والغضروف والرباط والوتر والغشاء... وهكذا.

والأركان الأربعة التي يشترك فيها الإنسان والحيوان الذي له دم هي الأخلاط الأربعة، فجميع أعضاء الجسم الذي له دم تتكون من الأخلاط، وهي: الدم والبلغم والمرة الصفراء والمرة السوداء، وبين الأخلاط والأركان الأربعة تناظر، فالنار نظيرة الصفراء إذ هي حارة يابسة، والهواء نظير الدم إذ هو حار رطب، والماء نظير البلغم إذ هو بارد رطب، والتراب نظير السوداء إذ هي باردة يابسة، ولكي يحفظ الجسم صحته واعتداله لا بد أن تكون الأخلاط معتدلة في الكيفية والمقدار، فلا يغلب أحدهما على الأخر، ولا يزيد بعضها على سائر الباقي، ويكون المرض عندما يختل هذا الاعتدال أو التوازن، فينقص بعضها ويزيد الآخر، أو تكون لأحدهما الغلبة على سائر الأخلاط، أو تغيرت كيفيته فخرج عن طبيعته.

فالغذاء الذي يتناوله الجسم عن طريق الفم سرعان ما يتحول إلى مادة مطبوخة بفعل الحرارة الغريزية حتى يتم نضجها لتتحول إلى دم يقوم بتغذية الأعضاء المختلفة حسب حاجتها وطبيعتها، ومنه ما يتحلل، ومنه ما يزيد في نحو الأعضاء.

ونظرًا لاختلاف وظائف الأعضاء واختلاف طبيعتها، فقد قسم القدماء الغذاء المهضوم الذي يطلق عليه اسم **الكيموس**(1)، إلى أربعة أجناس مختلفة، وهذه الأجناس هي:

1. جنس الدم الذي يعرف أنه رطب سيَّال، أما لونه فهو أحمر ومذاقه حلو الطعم، والذي يجري في الشرايين رقيق أحمر ناصع، والدم الذي يجري في الأوردة فقوامه معتدل بين الرقيق والغليظ، وهو شديد الحمرة.

2. جنس المرة الصفراء وهو كيموس يتميز طعمه بالمرورة، أما لونه فمختلف بين أحمر ناصع رقيق، وهذا هو الطبيعي، أو أصفر رقيق، أو أخضر غليظ، وهذا ما هو خارج عن المجرى الطبيعي.

3. جنس المرة السوداء، وهو كيموس ذو لون أسود، وطعمه مائل إلى الحموضة وقوامه غليظ، وهذا هو الطبيعي، وقد يكون حامضًا وأشد سوادًا، له بريق كبريق القار، وهذا ما هو خارج عن المجرى الطبيعي.

4. جنس البلغم، وهو كيموس أبيض لزج ذو قوام مختلف، بين رقيق وغليظ، ومنعقد وسيَّال، والبلغم الخارج عن الطبع فمه ما هو حامض وكيفيته بارد يابس، ومنه ما هو مالح وكيفيته حار يابس، ومنه حلو وكيفيته حار رطب، ومنه ما هو زجاجي يميل إلى الحموضة، وكيفيته بارد رطب غليظ.

وتصور **القدماء** أن لكل كيموس من هذه الأجناس الأربعة ما يخصه من الأعضاء الحيوية في الجسم، فالكبد يختص بالدم، والمرارة للمرة الصفراء، والطحال للمرة السوداء، والمعدة للبلغم.

(1) يُراجع، الرازي، الحاوي، ج12، ص53، ففيه ذكر عن الكيموس الجيد، وهو مقالة في الأطعمة المولدة الكيموس الجيد والرديء. (المحقق)

وامتد هذا التقسيم الوظيفي لأعضاء الإنسان إلى تقسيم أحوال الإنسان النفسية إلى أمزجة كذلك، فمن الناس من تغلب عليه صفة الدموية فيكون أحمر الوجه ذو عاطفة شديدة، ومن الناس من تغلب عليه الصفراء فيكون سريع الغضب والانفعال، ومن الناس من تغلب عليه السوداء فيكون ميالًا إلى الحزن والعزلة، ومن الناس من تغلب عليه البلغم فيكون غير منفعل هادئ الطبع[1].

المبحث الثالث: دور نظرية الكليات العامة في تطور البحث الطبي عند العرب (العلاقة بين النظر والعمل)

لعبت هذه النظرية دورًا كبيرًا في البحث الطبي، إذ كانت المنهاج الذي استعان به الطبيب القديم من أجل معرفة ما يجري في الكائن الحي من أفعال ووظائف مختلفة، كما أقام على أساسها مجمل التعليلات للأمراض وأفعال الأدوية والأغذية، والنظرة في جملتها تؤلف الأساس للطب النظر والتجريد الذهني الذي يقوم بربط الحالات الجزئية المختلفة في وحدة متناسقة.

والفكر **اليوناني** كما هو معلوم ميال إلى التجريد النظري سواء في العلوم الرياضية أو الطبيعية، وقد حافظ على هذا الاتجاه في الطب، إذ قام بتنظيم المعرفة الطبية في إطار نظرية عامة، وحاول أن يفرض على الجزئيات مبادئ كلية، وأن يفهم الحالات الفردية أو الجزئية في ضوء المبادئ العامة، لأن المهم هو المبدأ ولا يجوز التفريط به[2] في حالة تعارض حالة فردية أو أكثر، وعلى الرغم من أن نظرية الأخلاط **اليونانية** بقيت مؤثرة في **الطب العربي**،

---

(1) لمعرفة التفاصيل بصدد هذه النماذج الأربعة من الشخصيات وعلاقة ذلك بالوضع الجسمي النفسي، وتأثير الجسم على النفس وبالعكس، ورأي أبقراط وبافلوف وفرويد ويونغ، يُراجع، علي كمال، النفس انفعالاتها وأمراضها وعلاجها، ط4، بغداد 1988، ج1، ص79 وما بعدها، ولي تعليق بصدد الشخصية السوداوية وكيف ينظر إليها على أن سمات صاحبها تميل إلى العزلة والانطواء، فهل يعني ذلك أن بعض فلاسفتنا كانوا يميلون إلى العزلة والانطواء والتأمل أنهم من هذه الشخصية.

(2) هذا الحُكم من قبل الفيلسوف ياسين خليل فيه الكثير من الدقة والصحة العلمية، إذ كثيرًا ما يوسم الفكر اليوناني أنه تأملي نظري ويستهين بالتجربة العملية، والأمثلة من تاريخ الفلسفة اليونانية كثيرة، ولا سيما أرسطو الذي اعتبر العمل من مهمة الطبقة العاملة والتي لا يحق لها التفلسف والتأمل النظري، وحصر ذلك بفئة النبلاء والأغنياء. (المحقق)

فإن الخبرة والممارسة الطبية قد زودت **الطبيب العربي** بمعلومات وحالات جديدة استطاع من خلالها أن يخطط جديدًا في البحث مخالفًا ما تعارف عليه الطب اليوناني من إيمان بالكليات والتجريد، وأن يجعل للخبرة والممارسة المقام الأول في اهتمامه.

إن طب العصر الوسيط ـ وكان كله **طبًا عربيًا** ـ احتفظ بالكليات الطبية كما عرفها **الأطباء اليونانيون**، إذ حسبوها غير قابلة للنقد لما ثبت عندهم من أنها تقوم على براهين طبيعية، وأنه ليس للطبيب من جهة ما هو طبيب، أن يجادل في صحتها.

على أنهم في عصر الفيلسوف الطبيب **الرازي** كانوا قد اقتنعوا لأن للخبرة شأنًا عظيمًا في العلوم الطبية، وكانوا من قبل يرون الحق كله في الكليات وأن الخبرة في المحل الثاني، وكتاب **الرازي** الموسوم بالحاوي برهان قاطع على هذا التحول، فالخبرة عنده في المقام الأول وفيها الحق كله، ويجب تأويل الكليات إذا كانت بينها وبين الخبرة خلاف، وكانوا من قبل يرون تأويل الخبرة حتى تطابق الكليات[1].

الطب بالنسبة **للأطباء العرب** صناعة تهدف إلى حفظ الصحة ووقاية الإنسان من الأمراض والعلل، ومعالجة من أُصيب بالمرض بالغذاء والدواء والجراحة، وقد قال **ابن أبي أُصيبعة** في هذه الصناعة: وبعد، فإنه لما كانت صناعة الطب من أشرف الصناعات وأربح البضائع، وقد ورد تفضيلها في الكتب الإلهية، والأوامر الشرعية، حتى جعل علم الأبدان قرينًا لعلم الأديان، وقد قالت الحكماء: إن المطالب نوعان: خير ولذة، وهذان الشيئان إنما يتم حصولهما للإنسان بوجود الصحة لأن اللذة المستفادة من هذه الدنيا، والخير المرجو في الدار الآخرة، لا يصل الواصل إليهما إلا بدوام صحته وقوة بنيته، وذلك إنما يتم بالصناعة الطبية لأنها حافظة للصحة الموجودة، واردة للصحة المفقودة، فوجب إذ كانت صناعة الطب من الشرف بهذا المكان، وعموم الحاجة إليه داعية في كل وقت وزمان أن يكون الاعتناء بها أشد، والرغبة في تحصيل قوانينها الشكلية والجزئية آكد وأجد[2].

---

(1) د. محمد كامل حسين وزميله، طب الرازي، دراسة وتحليل لكتاب الحاوي، ص6. (المؤلف)

(2) يُراجع، عيون الأنباء، ص7. (المؤلف)

إن الخبرة والممارسة الطبية من دواعي الطبيب الناجح، وأن الاهتمام بالعلم النظري الذي تعززه التجربة ضرورة لازمة لكل طبيب، فالنظرية والتجربة يمثلان قطبا المعرفة الحقة، وقد تزود **الطبيب العربي** من تعاليم الأوائل، ولم يقف عندها بل جعل التجربة هي المحك لامتحان الآراء والفروض، وبذلك وضع اللبنة الأولى في صرح المنهج الطبي.

وإذا أردنا تتبع الطرق الكثيرة التي طرحها **الأطباء العرب** في البحث الطبي، فلا بد لنا أن نبحث عنها عند أولئك الذين جمعوا بين النظر والعمل، وأفادوا من العلوم الطبيعية والرياضية والمنطق، فوضعوا المصنفات الطبية التي تشد لهم بالإنجاز وسعة الاطلاع والتنسيق في عرض المعلومات.

لا يمكن حصر الخبرة الطبية التي نجدها في مؤلفات **الأطباء العرب** في عصر من العصور أو في مصدر واحد، فبالإضافة إلى الخبرة الذاتية للطبيب المؤلف توجد خبرات كثيرة استقاها من الأطباء الآخرين، ومن الخبرات المحلية، وما هو موروث في العلاج والمداواة، ومن الأطباء الأوائل، لذلك نجد على سبيل المثال أن كتاب الحاوي تضمن كل ما وجده **الرازي** متفرقًا من الأمراض وطرق مداواتها في كتب القدماء والمحدثين، وكان أمينًا على ذكر صاحب الفضل في هذا وذلك، فينسب كل شيء نقله إلى قائله.

ومن الطبيعي أن نفرق بين الخبرة الطبية المنقولة شفهيًا، وتلك المدونة في الكتب والرسائل والمقالات، كما يجب أن نفرق بين الطبيب المزاول لصناعته والطبيب العالِم، وأن نتحرى الدقة في تحديد أدوارهما، فمن الأطباء من اهتم بالطب كممارسة وصناعة، وكانت غايتهم المعالجة للمرضى وحفظ صحة الأبدان، ومن هؤلاء طائفة كبيرة من الذين خدموا في قصور الخلفاء والأمراء والسلاطين، أمثال عائلة **بختيشوع** التي حظيت بمنزلة كبيرة لدى خلفاء **بني العباس**، فكان **جورجيوس بن جبرائيل** الذي عرف بخبرته في صناعة الطب والعلاج ومعرفته بالمداواة أول من خدم الخليفة العباسي **أبا جعفر المنصور**، **وبختيشوع بن جورجيوس** الذي خدم الخليفة **هارون الرشيد** بصناعة الطب، **وجبرائيل بن بختيشوع بن جورجيوس، وبختيشوع بن جبرائيل بن بختيشوع وجبرائيل بن عبيد الله بن بختيشوع** وغيرهم[1].

---

(1) إلى جانب آل بختيشوع نجد طائفة أخرى من الأطباء على رأسهم حنين بن إسحق وإسحق بن حنين وغيرهم، كما لازم عدد آخر من الأطباء قصور الخلفاء والأمراء والسلاطين. (المؤلف)

وإلى جانب هؤلاء طائفة أخرى من الأطباء الذين مارسوا الطب والجراحة والمداواة في المستشفيات وكانت لهم معرفة وسعة اطلاع بالطب والأدوية فضلًا عن المعلومات المكتسبة بفضل مراقباتهم لسير المرض وتتبع تأثير الدواء، وهي معرفة لا تحصل إلا لمن لازم العمل في المستشفيات من الأطباء، ونذكر منهم على سبيل المثال من كان في البيمارستان (المستشفى) العتيق الذي أنشأه **أحمد بن طولون** عام 872 م، **بالفسطاط** في **مصر**، أمثال **محمد بن عبدون الجيلي العذري**، و**سعيد بن نوفل**، و**شمس الدين محمد بن عبد الله بن عبد الرحمن المصري**[1].

وكان من الأطباء من جمع بين الممارسة والتأليف، فوضعوا مصنفاتهم في الحالات التي راقبوها وما شاهدوه من حالات مرضية وجراحية وغيرها، وقد برز في هذا الاتجاه عدد كبير من الأطباء أمثال **يوحنا بن ماسويه**، وكان طبيبًا له تصانيف كثيرة منها: كتاب إصلاح الأغذية وكتاب الحميات وكتاب علاج الصداع وغير ذلك، و**حنين بن إسحق** الذي عرف بفضله في الترجمة وصناعة الطب، و**ثابت بن قرة** وغيرهم.

ويمثل كتاب الحاوي قمة هذا الاتجاه لاهتمامه بالحالات المرضية السريرية وتتبع العلاج وسير المرض، فاقتصر على تسجيل الحالات السريرية للأمراض المختلفة مع ذكر ما قالوه الأطباء وأساليب المعالجة من السابقين، فكان هذا الكتاب موسوعة علمية في الطب السريري (الإكلينيكي).

وكان من الأطباء من ربط بين المعارف المختلفة فأفاد منها في تطوير المناهج الطبية، وهكذا ظهرت مؤلفاتهم بتنسيق وتنظيم بديعين وقد تخللتها الحجة والبرهان والتعليل المنطقي والعقلي، وقد تأثرت مؤلفات هؤلاء الأطباء بمبادئ ومناهج العلوم الطبيعية والمنطقية، فضلًا عن تعلقهم بالكليات **اليونانية**، وقد اكتسبت مؤلفاتهم شهرة واسعة لما عُرف عنها من حسن التبويب والتنظيم حتى أصبحت من أمهات المراجع الطبية في تعليم وتدريس الطب، نذكر منها كتاب كامل الصناعة الطبية **لخلف بن العباس المجوسي**، وكتاب القانون في الطب **لابن سينا**.

---

(1) يُراجع، أحمد عيسى، تاريخ البيمارستانات في الإسلام، ص3. (المؤلف)

عرف **ابن سينا** بنبوغه الفلسفي ومزاولته للطب، فهو فيلسوف أولًا، وطبيب ثانيًا، وأن الطب عنده موضوع ينضوي تحت لواء الفلسفة، فكان كتابه القانون خير ممثل للأسلوب الفلسفي- الطبي، وبذلك يكون **ابن سينا** قد تفوق على **المجوسي** في الجانب الفلسفي، وتفوق **المجوسي** على **ابن سينا** في الجانب الطبي.

المبحث الرابع: المناهج الطبية في مؤلفات الأطباء العرب

وفي سبيل تقديم صورة واضحة عن مختلف المناهج الطبية في المؤلفات التي تركها **الأطباء العرب**، أرى ضرورة تعيينها بدقة أولًا ثم نتناولها بالشرح والتفصيل ثانيًا، وهذه المناهج هي:

1. المنهج الفلسفي الاستدلالي.
2. المنهج الوظيفي التشريحي.
3. منهج الخبرة العملية ويشمل التشخيص والتشخيص التفريقي.
4. منهج العلة والمعلول.
5. منهج اختبار الأدوية.
6. المنهج التعليمي.

لقد حقق **الأطباء العرب** تطورًا كبيرًا في المعرفة الطبية بكل فروعها، في التشريح وعلاج الأمراض وأساليب تشخيص العلة وإجراء العمليات الجراحية المختلفة لمن لا ينفع في علاجه الدواء والمداواة بالأدوية والأغذية وغير ذلك. ويعود الفضل في هذا التطور إلى عدة جوانب تحققت نتيجة لتطور المجتمع وتقدمه في شتى مجالات الحياة، واتساع رقعة الثقافة العربية، وتعدد الشعوب التي انضوت تحت لواء الحضارة الجديدة، **ويمكننا** حصر الأوجه التي أدت إلى هذا التطور الكبير في المعرفة الطبية بما يلي:

أولًا. اطِّلاع **الأطباء العرب** على التراث الطبي **اليوناني والسرياني والفارسي** وما تبع ذلك من تطبيقات عملية في المعالجة والتشريح والتشخيص وغير ذلك، وتطور في أساليب تحضير العقاقير الطبية، النباتية والحيوانية والمعدنية والتأكد من صحة أقوال **قدماء اليونان** في التشريح والجراحة والمداواة، وتعديل الآراء والفروض

التي لا تتفق وحالات الخبرة الطبية، واكتشاف ما هو جديد لم يعرفه **اليونان** من قبل، وتطوير الأجهزة الجراحية المختلفة واستعمالها على نطاق واسع مع بيان اختصاص كل آلة وفائدتها وطريقة استعمالها بصورة أفضل.

ثانيًا. تطور المؤسسات العلاجية التي منحت **الطبيب العربي** فرصة الدراسة والمباشرة لمختلف الحالات المرضية بصورة مستمرة، وتوفير الأساليب المختلفة للعلاج وتتبع آثار الأدوية في الأمراض، وما توفره هذه المؤسسات من الراحة في فترة المرض والنقاهة، ومعرفة بالآثار النفسية التي تحدثها الأزمات والأوهام والقلق وغير ذلك على صحة الأبدان، وأهمية الأساليب الترويحية والترفيهية في علاج بعض الأمراض.

ثالثًا. تطور الأساليب التعليمية في الطب وعدم الاكتفاء بالدراسة النظرية فقط وضرورة مزاولة دارس الطب لصناعته بصورة عملية، والحصول على الإجازة الطبية لممارسة المهنة بعد أداء الامتحان أمام لجنة مؤلفة من أطباء أكفاء، وظهور التخصص في الفروع الطبية المختلفة، والعمل على إشراك عدد من الأطباء على هيئة لجان استشارية لمعاينة المرض أو لإجراء العمليات الجراحية، واعتماد الطبيب الجراح على قرار الطبيب المعالج أو المباشر، ومن الأمثلة على ذكر ما ذكره **ابن القف** في إخراج الجنين الميت فيقول: وأما الميت فهو أن الجنين إذا مات ويعرف هذا بخروج دم صديدي من الرحم وببطلان حركة الجنين ونهوضه، فإذا حصل ذلك فينبغي للجرّاح أن يسأل الطبيب المباشر عن قوة المرأة، فإن كانت قوية مستقلة بعمل الحديد في إخراج الجنين فليقدم على العمل، وإن كانت ضعيفة خفية الصوت عندما نودي لها ويعتريها غشي واسترسال، والنبض ضعيف فإياك معالجتها بالحديد، فإنها إذا هلكت نسب ذلك إلى المعالجة[(1)].

ولقد توضحت مناهج البحث في الطب من خلال هذا التطور، وتوطدت في جوانب المعرفة الطبية جميعها، صحيح أن المناهج الستة التي ثبتناها لم تظهر في المؤلفات والأعمال

---

(1) يُراجع، ابن القف، العمدة في الجراحة، حيد آباد 1356هـ، ج2، ص216. (المؤلف)

الطبية بهذه الأسماء، وبهذا الوضوح، إلا أنها على الرغم من ذلك يجدها الباحث بسهولة عندما يطالع الكتب الطبية العربية الرئيسية، و**غايتي** الآن تحديد هذه المناهج من خلال الأقوال والأفعال في شتى النواحي الطبية.

نقصد بالمنهج الفلسفي الاستدلالي: الطريقة التي عالج بها الأطباء من القدماء والمحدثين الحالات المرضية عن طريق افتراض مبادئ كلية، هي الأستقصات وما يناظرها من مبادئ في الأمزجة والأخلاط، بحيث يكون فهم كل الحالات وتعليل حدوثها من خلال ما تفترضه المبادئ العامة، وقد سبق لنا شرح هذا المنهج فيما سبق، وما علينا إلا إيراد بعض الأمثلة، فنذكر أولًا ما قاله **ثابت بن قرة** في المني والدم لصلتهما بالعناصر الأربعة، فالمني يقوم مقام الفاعل وهو مركب من العناصر الأربعة التي هي: الحار والبارد والرطب واليابس، وكذلك الدم قد تجتمع فيه في الأكثر هذه الطبائع الأربع، إلا أن يكون في المني جوهر النار والهواء وهما متخلخلان، والأكثر في الدم جوهر الأرض والماء متكاثفان، فحفظ الصحة يكون بإقامة هذه الجواهر على اعتدالها وإقامة اعتدال الجوهر المائي[(1)].

وإذا أصيب أحد الأعضاء بالمرض فمعنى ذلك استنادًا إلى المنهج الفلسفي الاستدلالي أن العضو قد أصابه سوء مزاج فخرج عن الاعتدال، مثال: أن بعض الأعضاء حار كاللحم الأحمر وبعضها بارد كاللحم الغددي وبعضها رطب كالشحم وبعضها يابس كالعظام، فما كان منها حارًا وحصل له سوء مزاج حار فإنه يحتاج من المبدلات إلى ما يبرد تبريدًا يسيرًا وأن حصل له سوء مزاج بارد فإنه يحتاج من المبدلات إلى ما يسخن تسخينًا قويًا لأنه قد خرج من مزاجه خروجًا كثيرًا، وكذلك الحال في باقي أمزجة الأعضاء[(2)].

وبناءً على ذلك يمكن صياغة قاعدتين في المنهج لحالتي البدن في الصحة والمرض.

الأولى: يكون البدن في حالة الاعتدال (الصحة) إذا كانت المبادئ المكونة له في حالة توازن وبنسب ثابتة، بحيث يحتفظ كل عضو من الأعضاء فيه بمزاجه الخاص به، وأن تكون الأخلاط سليمة، فلا يزيد يبعضها على البعض الآخر في الكمية والكيفية.

---

(1) يُراجع، كتاب الذخيرة في علم الطب، القاهرة 1928، ص1. (المؤلف)

(2) يُراجع، ابن القف، العمدة في الجراحة، ج1، ص164. (المؤلف)

الثانية: يصاب البدن بالمرض إذا ما خرج عن الاعتدال بأن يختل توازن النسب للمبادئ في الجسم، ويسوء كزاج الأعضاء، وتكون الأخلاط رديئة ولا يعود البدن إلى حالته الطبيعية إلا بالمعالجة لرد الاعتدال إليه.

ونقصد بالمنهج الوظيفي- التشريحي: الطريقة التي عالج بها الأطباء من القدماء والمحدثين الحالات التي تطرأ على البدن من خلال معرفة دقيقة بتشريح الأعضاء وما تؤديه من وظائف، فإن أصيب عضو من الأعضاء كان التشريح هو الدليل لمعرفة الإصابة وفقدان العضو لوظيفته الحيوية، وإن كانت المعالجة بالجراحة فمن الضروري أن يكون الطبيب الجراح عارفًا بعلم التشريح.

ومن الواضح أن لهذا المنهج علاقة بالمنهج السابق من جهة وظائف الأعضاء والأمزجة والأخلاط، ولكننا سنحاول اختيار أمثلة لا علاقة لها بالمنهج السابق للدلالة على استقلاليته.

يذكر **أبو بكر الرازي** مثالًا يقول فيه: رجل سقط عن دابته فذهب حس الخنصر والبنصر ونصف الوسطى من يده، فلما علمت أنه سقط على آخر فقار (يعني فقرة) الرقبة علمت أن مخرج العصب الذي بعد الفقرة السابقة أصابها ورم في أول مخرجها، لأني كنت عالمًا من التشريح أن الجزء الأسفل من أجزاء العصبة الأخيرة من العصب النابت من العنق يصير إلى الإصبعين الخنصر والبنصر، ويتفرق في الجلد المحيط بهما في النصف من جلد الوسطى[1].

ويذكر **الزهراوي** صراحةً ما يجب على الطبيب معرفته، فالضرورة توجب على الطبيب أن يكون عالمًا بالتشريح ليقف بنفسه على العلاج وأسباب المرض، ويتجنب ما يحدث عند أولئك الذين يجهلون علم التشريح فيقول: والسبب الذي لا يوجد صانع نحسن بيده في زماننا هذا لأن صناعة الطب طويلة وينبغي لصاحبها أن يرتاض قبل ذلك في علم التشريح الذي وضعه **جالينوس**، حتى يقف على منافع الأعضاء وهباتها ومزاجها واتصالها وانفصالها ومعرفة العظام والأعصاب والعضلات وعددها ومخارجها والعروق والنوابض والسواكن (يقصد الشرايين والأوردة) ومواضع مخارجها، لأن من لم يكن عالمًا بما ذكرنا من التشريح لم يخل أن يقع خطأ يقتل الناس به، كما شاهدت كثيرًا من يتصور في هذا العلم وادعاؤه

---

(1) يُراجع، الحاوي في الطب، حيدر آباد 1974، ج1، في أمراض الرأس، ص5-6. (المؤلف)

بغير علم ولا دراية، ولذلك أني رأيت طبيبًا جاهلًا قد شق على ورم خنزيري في عنق امرأة، فأصاب بعض شريانات العنق، فنزف دم المرأة حتى سقطت ميتة بين يديه[1].

ونقصد بمنهج الخبرة العملية: الطريقة التي عالج بها **الأطباء العرب** الحالات التي تطرأ على البدن من خلال المراقبة والملاحظة المستمرة لأعراض الأمراض الظاهرة والباطنة، وما تدل عليه من إصابة العضو، ومن أجل التشخيص الدقيق للمرض، ومحاولة التمييز أو التفريق بين الأمراض وعند ظهور أعراض متشابهة، وذلك عن طريق إبراز العلامات المميزة لكل مرض منها.

وقد برز في هذا المنهج الطبيب **الرازي** مؤسس الطب السريري، ففي مجال التشخيص يتبع ثلاث خطوات رئيسية هي على التوالي:

الأولى: معرفة العلامات أو الأعراض الدالة على المرض وضرورة التعرف على جميع الأعراض الخارجية أو الداخلية، لأن ذلك ما ينبغي للطبيب معرفته بغية تحديد العضو المصاب أو العلة التي يشكو منها المريض.

الثانية: تحديد نوع المرض أو العلة أو العضو المصاب بالاستناد إلى الأعراض الدالة عليه، شريطة أن يكون الطبيب على معرفة بتشريح العضو ووظائف الأعضاء في البدن لكي يحدد سبب المرض أو الإصابة.

الثالثة: إذا اشترك مرضان أو أكثر بعلامات متشابهة قد تؤدي بالطبيب إلى استنتاج خاطئ، فمن الضروري إبراز العلامات المميزة بين المرضين سواء عن طريق ملاحظة هذه العلامات وتسجيلها أو عن طريق معرفة بالتشريح ووظائف الأعضاء، وذلك من أجل التفريق بين المرضين أو الأمراض المتشابهة في العلامات.

يذكر **الطبيب أبو بكر الرازي** في كتابه الحاوي جملة الأعراض الدالة على كل مرض ليكون الطبيب على بينة واضحة من العلاقة بين الأعراض والمرض أو العضو المصاب، وغالبًا ما يتقدم بإعطاء معلومات تشريحية للعضو وما يصيبه من أمراض ليصل في النهاية إلى

---

(1) Albucasis, p5.

تشخيص المرض بدقة، وتفريقه عن بقية الأمراض إن احتاج الأمر. ولقد تأثر بهذا المنهج **خلف بن العباس المجوسي** في كتابه كامل الصناعة الطبية.

وحسبنا الآن أن نتقدم ببعض الأمثلة للدلالة على خطوات المنهج، ولما كانت غاية **الرازي** في كتابه تعليمية، فإننا نجده يبدأ بالكلام عن الأعضاء الآلمة ثم يذكر أعراضها وما يميزها عن أعراض أمراض أخرى مثال ذلك قوله: إنه لا يمكن وجع القولنج[1] من الجانب الأيسر، ولعمري إنه في الأيمن أكثر، والفرق بين وجع القولنج ووجع الكلى في أول الأمر عسير إلا أنك في ذلك الوقت وهو وقت النوبة لا تختلف مداواتها، ولكن سل وتفقد الأعراض الغالبة واعلم أن فيها قيئًا وتهوعًا، إلا أنه في القولنج أشد وأدوم، ويتقيؤون أكثر، والخارج بالقيء هو شيء بلغمي فاسد، وطبائعهم تحتبس أكثر، حتى أنه لا يخرج منهم ريح، فضلًا عن غيرها ولا يتجشؤون ويجدون كثيرًا الوجع وكأنه يدور في أجوافهم ويلتوي ويأخذ موضعًا أكثر، وربما كان الوجع في أجزاء مختلفة أشد، والوجع من الكلى لا يزال مرتكزًا ففي مكان واحد، وإذا كان موضع الوجع أعلى من موضع الكلى، فظاهر أنه قولنج[2].

ويقصد بالقولنج مرض في الأمعاء الغليظة (القولون)، وإن غاية **الرازي** التفريق بينه وبين الألم الناتج عن الحصى في مجاري البول والكلى، ففي هذا المثال نجد الأعراض المشتركة بين وجع القولون ووجع الكلى، ثم ما يفرق بين الوجعين مع معرفة دقيقة بتشريح الأعضاء ومواقعها في الجسم.

---

(1) القولنج: مرض في الأمعاء، يحدث وجعًا شديدًا يحتبس معه في الأكثر ما جرت العادة باستفراغه بالطبع، وعلى الخصوص أكثر ما يعرض هذا الوجع في المعي المسمى قولون، ومنه اشتق اسم هذا المرض، وسببه على الأكثر احتباس رطوبات لزجة بلغمية في المعي تنفذ في طبقات هذا المعي، وتمدده تمديدًا يحس المعي كأنه يتمزق، أو لاحتباس ريح يفعل ذلك الفعل، أو لثغل (غائط) يابس متحجر حبسته الرطوبات اللزجة الملبسة عليه، أو بسبب ورم يحدث في المعي نفسه فيسد الطريق، ...وعلاماته الوجع الشديد في البطن، واحتباس الثقل، والريح والغشي والتهوع والقيء الشديد الذي لا يكاد يثبت معه شيء، ويحس الإنسان كلما تحرك كأن في بطنه مسلة، أو كأنما تثقب أمعائه بمثقب، وعلاجه يكون باستعمال الأدوية المسهلة كالغاريقون والصبر والمصطكي والقرنفل وغيرها. يُراجع، د. كمال السامرائي، مختصر تاريخ الطب العربي، ج2، ص277-279. (المحقق)

(2) يُراجع، الرازي، الحاوي، حيدر آباد 1959، ج8، ص173-174، في قروح الأمعاء والزحير .... (المؤلف)

مثال آخر على خطوات المنهج قوله: صرت إلى رجل فلما دخلت الباب رأيت غلامًا معه طست يمر به إلى الخلاء فيه صديد رقيق يشبه غسالة اللحم الطري الذبح، وهي علامة صحيحة غاية الصحة على علة الكبد فتغافلت ومددت يدي إلى عرق العلل لأعرف ما قد صح عندي أن الكبد عليلة، هل فيها ورم، ورأيت فيها ورمًا، وكان في طاق البيت قديرة فيها زوفًا وماء العسل فعلمت أن العليل يظن أن به ذات الجنب لأنه يشتكي عند ضلوع الخلف ويسعل سعلات صفارًا وكان طبيبًا، وكان نفسه متواترًا وهذه علامات بعض ذات الجنب ووجع الكبد، ولما تحققت ذلك كله وضعت يدي على كبده وقلت: ها هنا تشتكي فأقر بذلك، فأردت أن أقول له إن ترقوتك تنجذب إلى أسفل ولكن لما كان هذا ليس يلزم أبدًا وجع الكبد إنما يتبع الأورام الحارة أو الصلبة إذا كانت عظيمة لم أقل ذلك مطلقًا، لكن قلت: ستجد ترقوتك تنجذب فأقر بذلك أيضًا[1].

يتبين لنا بوضوح أن معرفة الأعراض الدالة على المرض ضرورية وتحديد العضو المصاب، على أن يكون للطبيب معرفة بالتشريح ووظائف الأعضاء، والتفريق بين الأمراض المتشابهة، فلا يخلط بين وجع القولون ووجع الكلى، وبين مرض الكبد وذات الجنب.

ولم يكتف **الطبيب العربي** بالأعراض التي يلاحظها ظاهرة على المريض بل جعل من الأعراض التي يبديها المرض على باقي أعضاء الجسم علامات للتشخيص، وهذا معناه أن الفحص الطبي يقدم معلومات أخرى إضافية عن الإصابة بالمرض، مثال ذلك فحص نبض المريض وحرارته وفحص البول والبراز والنفث والبصاق وغير ذلك.

ونقصد بمنهج العلة والمعلول: الطريقة التي عالج بها الأطباء العرب الحالات التي تطرأ على البدن من خلال الارتباط السببي بين المرض وأسبابه، وذلك بتقصي العلة إن كانت واحدة، أو وضع تدرج للعلل إن كانت كثيرة، ومعرفة العلاقة بين العلة والمرض في حالتي الضعف والشدة.

لقد استخدم هذا المنهج في أعمال **الأطباء العرب الكبار أمثال**: **الرازي والمجوسي وابن سينا**، وهو منهج أساسه العلوم الطبيعية، ولكن فائدته في الطب كما يبدو من تطبيقه

(1) المصدر السابق، حيدر آباد 1958، ج7، ص50. (المؤلف)

أكبر، فهو لا يقتصر على علة واحدة بسيطة، بل يتجاوز ذلك إلى فحص علل كثيرة ليصل في النهاية إلى العلة الأقوى أو المؤثرة، ومعالجة بقية العلل.

كما يظهر في الطب أن الارتباط السببي ليس على درجة واحدة، وإنما يعتمد على قوة العلة وتأثيرها في المعلول، وقد وجد هذا المنهج تطبيقًا له في الأدوية ودراسة ما تحدثه من آثار علاجية، وفي الدساتير الخاصة بالدواء.

وفي سبيل توضيح جوانب المنهج نلجأ إلى وضع قواعد مستخلصة من الأمثلة والأقوال والأعمال في مؤلفات الأطباء العرب، ثم ندعمها للتوضيح بأمثلة للتدليل عليها.

الأولى: أن يكون الطبيب على بينة بالعلاقة بين العلة (السبب) التي أدت إلى إصابة العضو بالمرض، والمعلول (النتيجة) المرتبط بها، وهو العضو المصاب، لأن الاستدلال بالمعلول من أجل اكتشاف أو تعيين العلة خطوة ضرورية في المعالجة، فإذا عرف الطبيب العلة بشكل ثابت أمكنه علاج المرض، وإن استرداد العضو المصاب لصحته معناه غياب العلة التي أدت إلى الإصابة، فغياب العلة يؤدي إلى غياب المعلول[1].

وفيما يلي أحد النصوص المؤيدة للقاعدة: ينبغي أن تكون عالمًا بالعصب الذي يأتي إلى كل واحد من الأعضاء وما منها عصب حسي، وما منها عصب حركي، فالعصب ينبت في الجلد يحس والذي يكون منه في الوتر يحرك، وفعل العصب يبطل إما ببتره البتة بالعرض أو رَضِّه أو سده أو ورم يحدث فيه لبرد شديد يصيبه، إلا أن الورم والسدة والبرد قد يمكن أن يرجع فعله إذا ارتفعت علله، وإن حدث قطع في نصف العصب عرضًا استرخت الأعضاء التي في تلك الناحية، وإن شُقّ العصب بالطول لم ينل الأعضاء ضرر البتة[2].

---

(1) تسمى هذه العلاقة بين العلة والمعلول بقانون الدور أو التلازم فيما بينهما، بمعنى إذا حضرت العلة حضر المعلول وإذا غابت العلة غاب المعلول. وقد ناقش هذه العلاقة فلاسفتنا ومناطقتنا وأصوليونا بشكل مفصل في كتبهم المنطقية والطبيعية، كما أشار إليها الفيلسوف الإنجليزي فرنسيس بيكن في مؤلفاته العلمية والمنطقية. ولهذا يبدو أن الأطباء العرب قد استفادوا من أقوال الفلاسفة والمناطقة العرب في زمانهم إلى هذا التلازم وطبقوه على الأمراض التي تصيب الإنسان. (المحقق)

(2) يُراجع، الرازي، الحاوي في الطب، ج1، ص2-3. (المؤلف)

الثانية: إذا اجتمعت عدة أسباب لإحداث مرض، فمن الضروري أن نبحث عن العلة الأقوى فنعرف بالضبط سبب الإصابة ثم نبدأ بمعالجتها، وقد أوصى **الرازي** في ذلك بقوله: ينبغي على الطبيب ألا يدع مسألة المريض عن كل ما يمكن أن تتولد عنه علته من داخل ومن خارج ثم يقضي بالأقوى[1].

والأمثلة على هذه القاعدة كثيرة، نختار منها ما قاله **المجوسي** في السكتة والصرع، فأما السكتة والصرع فحدوثهما يكون من سدة تحدث في بطون الدماغ، أما السكتة فتكون إذا انسدت بطون الدماغ الثلاثة بأسرها كل دفعة فتمتنع القوى الحساسة والمحركة بإرادة من النفوذ إلى الأعضاء الحساسة والمتحركة بإرادة فتعطل الحركة وتنقص الأفعال الحساسة حتى يكاد أن تعطل، وحدوث السدة من هذه العلة يكون إما من خلط بلغمي غليظ لزج وإما من بلغم يخالط السوداء وإما من دم غليظ، وربما كان ذلك من مرة سوداء وربما حدث عن الامتلاء من الشراب والسُكر العنيف منه[2].

يظهر من هذا النص أن السكتة والصرع نتائج لانسداد في بطون الدماغ، ويعزى هذا الانسداد إلى عدة أسباب: من خلط بلغمي غليظ لزج، من بلغم يخالط السوداء، من دم غليظ...إلخ، وعلى الطبيب أن يتحرى العلة الحقيقية للإصابة، وذلك من طريق ملاحظة الأعراض الظاهرة على المريض.

وينطبق المنهج في المعالجة عند ظهور أعراض مرضية كثيرة، فالمفروض أن يعالج السبب قبل العرض، وأن يبدأ الطبيب بعلاج الأهم والسبب الحقيقي، من ذلك قول **ابن سينا**: إذا اجتمع الورم والقرحة عالجنا الورم أولًا، وإذا اجتمعت السدة والحمى عالجنا السدة أولًا، ولا تبالِ بالحمى، لأن الحمى يستحيل أن تزول وسببها باق، وإذا اجتمع المرض والعرض، فإنا نبدأ بعلاج المرض[3].

الثالثة: تتفاوت الأسباب (العلل)، في قوتها وضعفها، فيزداد تأثير العلة في حالة القوة،

---

(1) يُراجع، ابن أبي أُصيبعة، عيون الأنباء، ص421. (المؤلف)

(2) يُراجع، كامل الصناعة الطبية، مصدر سبق ذكره، ج1، ص330. (المؤلف)

(3) يُراجع، القانون في الطب، ج1، ص221. (المؤلف)

ويقل تأثيرها في حالة الضعف، والعلة الشديدة تقل معها فرصة العلاج، والعلة الضعيفة يكون علاجها أنفع.

والأمثلة على هذه القاعدة كثيرة نختار منها ما يأتي: رأيت رجلًا به ذات الجنب سهل النفث جدًا، إلا أنه شديد انصباغ الماء وسرعة النبض وخشونة اللسان ودامت به شدة الحرارة ولم تكد تقل ولا تجف مات في اليوم الرابع عشر، ولم تكد تطفىء عنه تطفئة قوية بليغة، فموت هذا كان من الحمى المحرقة التي به لا من ذات الجنب، فإنه قد كان اجتمع عليه حمى ذات الجنب وعفن قوي في العروق ولما سقطت قوته لم يمكنه أن ينفث[1].

ويمكن فهم القاعدة كذلك في ضوء تقسيم **الأطباء العرب** الأمراض إلى أمراض حادة وأمراض متطاولة، والمقصود بالأمراض الحادة تلك التي تؤدي بصاحبها إلى الصحة دفعة واحدة أو التي تؤدي به إلى الموت في زمان يسير، والمقصود بالأمراض المتطاولة تلك التي يحتاج صاحبها إلى الشِفاء مدة طويلة أو تلك التي يبقى صاحبها مدة طويلة حتى يدركه الموت. ففي الأمراض الحادة يتوقف الشِفاء أو الموت على شدة المرض أو ضعفه، فإذا كان التغير نحو الشِفاء قليلًا قليلًا من دون أن يصاب المريض بنكسة أخذ المرض بالضعف والنقصان وزيادة في قوة المريض، أما إذا كان التغير قليلًا قليلًا وذلك بنقصان قوة المريض وزيادة المرض، أدى ذلك بالمريض إلى الموت.

ونقصد بمنهج اختبار الأدوية: مجموعة القوانين أو القواعد التي يضعها الطبيب على هيئة دستور يبين فيه قوة الدواء وضعفه ومنفعته في حالة القلة والكثرة ومشاركته في المنفعة مع غيره من الأدوية وانفراده لها. وموضع العضو العليل والمَضَرة التي قد يؤدي بها وغير ذلك.

إن التجربة إنما تهدي إلى معرفة قوة الدواء بالثقة بعد مراعاة شرائط.

أحدها: أن يكون الدواء خاليا عن كيفية مكتسبة، إما حرارة عارضة أو برودة عارضة أو كيفية عرضت لها باستحالة جوهرها أو مقارنة لغيرها، لأن الماء وإن كان باردًا بالطبع فإذا سخن ما دام سخينًا.

---

(1) يُراجع، الرازي، الحاوي في الطب، حيد آباد، ج4، ص186. (المؤلف)

والثاني: أن يكون المُجَرَب عليه علة مفردة، فإنها وإن كانت علة مركبة وفيها أمران يقتضيان علاجين متضادين فجرب عليهما الدواء فنفع لم يدرِ ذلك بالحقيقة.

والثالث: أن يكون الدواء قد جرب على المضادة حتى أن كان ينفع منهما جميعًا لم يحكم أنه مضاد المزاج لمزاج أحدهما وربما كان نفعه من أحدهما بالذات ومن الآخر بالعرض.

والرابع: أن تكون القوة في الدواء مقابلًا بها ما يساويها من قوة العلة فإن بعض الأدوية تقصر حرارتها عن برودة علة ما فلا يؤثر فيها البتة، وربما كانت عند استعمالها في برودة أخف منها فعالة للتسخين فيجب أن يجرب أولًا على الأضعف ويتدرج يسيرًا يسيرًا حتى تعلم قوة الدواء ولا يشكل.

والخامس: أن يراعي الزمان الذي يظهر فيه أثره وفعله، فإن كان مع أول استعماله أقنع أن يفعل ذلك بالذات، وإن كان أول ما يظهر منه فعل مضاد لما يظهر أخيرًا أو يكون في أول الأمر لا يظهر منه فعل، ثم في آخر الأمر يظهر منه فعل موضع اشتباه وإشكال عسى أن يكون قد فعل ما فعل بالعرض.

والسادس: أن يراعى استمرار فعله على الدوام أو على الأكثر، فإن لم يكن كذلك فصدور الفعل عنه بالعرض، لأن الأمور الطبيعية تصدر عن مباديها إما دائمة وإما على الأكثر.

والسابع: أن تكون التجربة على بدن الإنسان، فإنه إن جرب على غير بدن الإنسان جاز أن يتخلف من وجهين، أحدهما أنه قد يجوز أن يكون الدواء بالقياس إلى بدن الإنسان حارًا وبالقياس إلى بدن الأسد والفرس باردًا، والثاني أنه قد يجوز أن يكون له بالقياس إلى أحد البدنين خاصية ليست بالقياس إلى البدن الثاني[1].

ونقصد بالمنهج التعليمي: مجموعة الطرق التي استخدمها **الأطباء العرب** في مؤلفاتهم الطبية، من أجل توصيل المعلومات بدقة ومنطقية أكبر إلى المتعلمين ومجموعة الطرق

(1) يُراجع، ابن سينا، القانون في الطب، ج1، ص225-256. (المؤلف)

التي زاولها الأساتذة من الأطباء في حلقات الدرس والمستشفيات من أجل إعداد أطباء وإجازتهم بممارسة مهنة التطبيب.

لقد أفاد الأطباء من الطرق المنطقية في عرض المعلومات في مؤلفاتهم، فعرفوا عدة طرق منها طريقة التحليل وطريقة التركيب وطريقة تحليل الحد، وطريق الرسم (الوصف) وطريقة القسمة.

ويحدد طريق التحليل أن ينظر المرء إلى الشيء الذي يريد عمله فيصفه في ذهنه من أوله إلى آخره، ثم يعود فيبدأ من حيث انتهى التحليل بالذهن راجعًا إلى أوله، مثال ذلك أن نبدأ ببدن الإنسان الذي ينحل إلى الأعضاء الآلية، وتنحل هذه بدورها إلى الأعضاء المتشابهة الأجزاء، وتنحل هذه إلى الأخلاط والأخلاط إلى النبات والنبات إلى الأستقصات.

أما طريق التركيب فهو خلاف التحليل، يبدأ المرء بالأستقصات حتى يصل بدن الإنسان.

والطريق بالحد يكون بحصر الشيء الذي تريد عمله في حد واحد ثم يقسم الحد إلى الجنس الأعلى يلي ذلك الفصول والأنواع. وتقوم العملية على أساس قسمة الشيء إلى ما ينسب إليه نزولًا إلى الأنواع[1].

أما طريق الرسم فهو أن يتم وصف الشيء بكيفياته وصفاته دون ذكر لجوهره، مثال ذلك: أن نَصفَ الإنسان أنه منتصب القامة يمشي على قدمين، وطريقة القسمة هو الطريق الذي اتبعه **المجوسي** ويرى فيه: أن الأشياء المقسومة تنقسم على سبع جهات، إحداها: قسمة الجنس إلى أنواع كقسمة الحمى إلى الحمى التي تأخذ في الروح، وإلى التي تأخذ في الأخلاط، وإلى التي تأخذ في الأعضاء الأصلية، والثانية: قسمة النوع إلى الأشخاص، كقسمة حمى الغب

(1) بصدد هذه الطرق المنطقية في الوصول إلى حقيقة الشيء، يُراجع، رسالة ابن سينا في الحدود والرسوم، ضمن كتاب المصطلح الفلسفي عند العرب. والتعريف بالحد يكون بالجنس القريب والفصل القريب، مثل قولنا الإنسان حيوان ناطق، وهذا هو التعريف التام لأي شيء نريد أن نعرفه. أي أن التعريف بالحد يشمل الخواص الذاتية للشيء لا العرضية، بخلاف الرسم والقسمة. (المحقق)

الخالصة إلى العارضة لزيد وعمر، أو الثالثة: قسمة الكل إلى الأجزاء، كقسمة بدن الإنسان إلى الرأس واليد والرجل، والرابعة: كقسمة الاسم المشترك إلى معان مختلفة، كقولك اسم الكلب ينصرف على الكلب المصور وعلى كلب الصيد وعلى كلب الجبار، والخامسة: قسمة الأعراض إلى الجواهر، كقولك الأبيض إما ثلج وإما قطن والأسود إما غراب وإما قار، والسابعة قسمة الأعراض إلى الأعراض المتباينة كقولك اللون ينقسم إلى الأحمر والأبيض[1].

وقد استعمل **المجوسي** جميع هذه الفروع أو الجهات في كتابه حسب ما يحتاج إليها أو إلى أحدها، مثال ذلك: قسمة الكل إلى الأجزاء، إذ ينقسم بدن الإنسان إلى الأعضاء الآلية كالرأس واليد والرجل، وهذه تنقسم إلى الأعضاء المتشابهة الأجزاء وهي العظام والغضاريف واللحم والعصب وغيرها، والقاعدة المنطقية المتبعة في القسمة هي:

قاعدة القسمة: أن تبدأ بقسمة الجنس الأعلى، وهو مجموعة واسعة، إلى أنواع، وهي مجموعات جزئية، بحيث يحتفظ كل نوع من الأنواع بخصائص أو صفات تميزه بوضوح عن الأنواع الأخرى، فيمتنع بذلك الاشتراك بين الأنواع.

أما من الناحية الأخرى في المنهج التعليمي، فإنها تستدعي تعرّف وضع المستشفيات وما فيها من اختصاصات بشكل موجز، وذلك لأن المستشفى لم يكن مجرد مؤسسة علاجية فقط، بل كان معهدًا علميًا كذلك للتدريس وتخريج الطلبة لمزاولة الطب.

إن من أبرز الظواهر الحضارية والعلمية التي شهدتها الحضارة العربية الإسلامية، التطور الكبير الذي أصاب المؤسسات العلاجية على المستويين الشعبي والرسمي، فبالإضافة إلى اهتمام الدولة بإقامة المستشفيات وتجهيزها بكل ما تحتاجه من الوسائل الصحية والعلاجية وتعيين الأطباء وجراية الأرزاق لهم، شهدت الحضارة العربية الإسلامية اهتمامًا زائدًا بإقامة المستشفيات من قبل الأفراد من أهل الخير خدمة للخير وتخليدًا للذكرى الطيبة، وكما تحول المسجد إلى معهد تعليمي لتدريس علوم العربية المختلفة، فقد تحولت المستشفيات كذلك إلى معاهد تعليمية لتدريس الطب وتخريج الأطباء باختصاصات مختلفة بعد إتمام مستلزمات الدراسة وحصولهم على الإجازة لممارسة الطب.

---

(1) يُراجع، كامل الصناعة الطبية، ج1، ص11. (المؤلف). وقد أغفل المؤلف ذكر القسمة السادسة. (المحقق)

لقد أملت الضرورة على المسلمين في عصر النبوة أن يقيموا الأماكن الخاصة لمعالجة الجرحى والمصابين في الحروب، وقد ذكر **ابن إسحق** في السيرة أنه: كان **رسول الله** صلى الله عليه وسلم، قد جعل **سعد بن معاذ** في خيمة لامرأة من أسلم يقال لها **رفيدة** في مسجده، كانت تداوي الجرحى وتحتسب بنفسها على خدمة من كانت به ضبعة[1] من المسلمين، وقد كان **رسول الله** قد قال لقوم حين أصابه السهم بالخندق: اجعلوه في خيمة **رفيدة** حتى أعود من قريب[2].

وكان للتطور الحضاري وازدحام الناس في المدن وتفشي الأمراض أكبر الأثر في التفكير بإقامة دور للمرضى والمصابين ومعالجتهم بإشراف أطباء على الدوام، فكان أول مستشفى بني في الإسلام عام 88هـ/ 706م، وقد أقامه الخليفة الأموي **الوليد بن عبد الملك**، وعين له الأطباء وأجرى لهم الأرزاق، وزود المستشفى بأنواع العلاجات من الأدوية وغيرها.

واقتضت الضرورة أن ينشأ في الحضارة العربية الإسلامية نوعان من المستشفيات: تلك التي تكون ثابتة في المدن والحواضر وقد زودت بقاعات فسيحة وغرف للمرضى والأطباء وغير ذلك، مع نظام صارم يتقيد به المرضى والأطباء والمشرفون على أمور المستشفى، وتلك التي تكون متنقلة من مكان إلى آخر، وقد زودت هي الأخرى بما تحتاجه من الأدوية والأدوات، وقد نشأ النوع الثاني من المستشفيات نتيجة لأسباب كثيرة منها: الحروب وضرورة معالجة المصابين بسرعة لتقليل الخسائر، وانتشار الأوبئة في المناطق البعيدة، وعدم وجود مستشفيات وأطباء في مناطق أخرى، بحيث لا يستطيع المصاب أن ينتقل إلى المستشفى في المدينة بسهولة، وبالفعل فقد كان الخلفاء والسلاطين والأمراء يرسلون الأدوية والأغذية إلى المناطق البعيدة أو المنكوبة أو الموبوءة لمعالجة المصابين بإشراف عدد من الأطباء ومن يساعدهم.

وسرعان ما انتشرت المستشفيات في جميع مدن وحواضر العالم العربي الإسلامي، وازداد الاهتمام بها حتى بلغت بعض المدن شهرة واسعة باعتبارها دورًا للمعالجة ومعاهد تعليمية، فالمستشفى العضدي الذي بناه **عضد الدولة** (ت983م)، والمستشفى الناصري الذي

---

(1) الضبعة: الرمية التي تصيب. (المحقق)

(2) يُراجع، ابن هشام، السيرة، طبعة كوتنجي، ج1، ص688. (المؤلف)

أقامه السلطان **صلاح الدين الأيوبي** (ت1191م) في القاهرة، والمستشفى النوري الذي بناه السلطان **نور الدين زنكي** بدمشق عام 1145م، وغيرها من المستشفيات الكثيرة تمثل أرقى المؤسسات العلاجية بما وفرته من قاعات فسيحة وعناية طبية ومباحث ودراسات.

لقد أتاحت المستشفيات الفرصة **للأطباء العرب** لمعرفة الأمراض والعلاجات والجراحات، وتطوير معلوماتهم العملية والنظرية، واتباع أساليب البحث الطبي السريري في التشخيص والمعالجة، وتأثير الأدوية في الأمراض مع الاهتمام بالتشريح لإدراك العلل من جهة ولإجراء العمليات الجراحية من جهة أخرى.

إن التقدم الكبير الذي أحرزته المؤسسات العلاجية لم يحدث قفزة واحدة، بل إنه كغيره من مناحي الحياة العلمية والفكرية بدأ بداية بسيطة ثم سرعان ما تطور بفضل الحاجة وتطور المجتمع واحتكاك **العرب** بثقافات أجنبية، وأن التعليم العالي بدوره لم يحقق أهدافه طفرة واحدة، بل بدأ بسيطًا حتى وصل إلى مرحلة عالية من التقدم، وتعليم الطب ومزاولة صنعته بدأ حثيث الخطى حتى أصبحت له مناهجه وشروطه وواجبات من يزاول الطب مهنة، ومن الطبيعي أن نجد في البدايات الأولى لتعليم الطب أن معظم الأطباء يأخذون علمهم بقراءة الكتب الطبية على أحد الأطباء البارزين، فإذا وجد في نفسه القدرة على تحمل مسؤولية مزاولة المهنة، أخذ بمزاولتها من دون إجازة أو شروط، وكانت التجربة والخبرة في المعالجة والمداواة هي الدليل على حسن المزاولة والمعرفة الطبية، ولكن لهذه الطريقة في تخريج الأطباء خطرها الكبير على المجتمع، إذ من الممكن أن ينتحل أيّ فرد صفة الطبيب فيزاول المهنة دون قيد أو شرط، علمًا أن لهذه المهنة آثارها المباشرة في الإنسان، فإذا لم يحسن الفرد عمله هلك الذين يطلبون العلاج عنده، وقد حدث ذلك بالفعل في عهد الخليفة العباسي **المقتدر بالله جعفر بن المعتضد** (تولى الخلافة سنة 295هـ)، مما دعاه إلى أن يكون الامتحان في الطب الأساس لمن أراد مزاولة هذه الصنعة، ويؤيد ذلك ما ذهب إليه **أبو سعيد سنان بن ثابت** بقوله: ولما كان في سنة تسع عشرة وثلاثمائة اتصل **بالمقتدر** أن غلطًا جرى على رجل من العامة من بعض المتطببين فمات الرجل، فأمر **إبراهيم بن محمد بن بطحا** بمنع سائر المتطببين من التصرف إلا من امتحنه والدي **سنان بن ثابت**، وكتب له رقعة بخطه بما يطلق له من الصناعة، فصاروا إلى والدي وامتحنهم، وأطلق لكل واحد منهم ما يصلح أن يتصرف

فيه، وبلغ عددهم في جانبي بغداد ثمانمائة رجل ونيفًا وستين رجلًا، سوى من استغنى عن محنته باشتهاره بالتقدم في صناعته، وسوى من كان في خدمة السلطان[1].

وعندما تحولت المستشفيات بمرور الزمن إلى معاهد لتعليم الطب، كان التلاميذ يتلقون فيها دروسهم النظرية والعملية وينزلون بمعية أحد الأطباء المتخصصين في المستشفى لدراسة الحالات السريرية المختلفة، ولم يكن التلاميذ على درجة واحدة من الدراسة والتحصيل، ومما تذكره المراجع العربية أن الطبيب **الرازي** كان يجلس في مجلسه ودونه التلاميذ ودونهم تلاميذهم ودونهم تلاميذ آخرون، وكان يجيء الرجل فيصف ما يجد من يلقاه منهم، فإن كان عنده علم وإلا تعداه إلى غيره فإن أصابوا وإلا تكلم **الرازي** في ذلك[2].

وعلى الرغم من عدم وجود تخصص طبي ضيق بالمعنى المألوف لدينا الآن، فإننا نجد بعض الأطباء وقد جعل مركز اهتمامه طب العيون (الكحالة) وآخرون في الجراحة، وآخرون في الأمراض، وغير ذلك. وقد في بعض المستشفيات المشهورة أن تكونت أجنحة خاصة بالكحالة والجراحة والأمراض الباطنية، وقاعة للتجبير، كما قسمت الأمراض الباطنية إلى أقسام أخرى، قسم للمحمومين (المصابين بالحمى)، وقسم لمن به إسهال وقسم لمن بهم مرض عقلي وهكذا.

وتدرج الأطباء في المنزلة، فللمستشفى رئيس يتولى جميع أقسام المستشفى وشؤونها المختلفة، وهو رئيس الأطباء ويأذن للأطباء بالتطبيب، ويوجد رئيس لكل جناح أو قسم في المستشفى مثل: رئيس الكحالين ورئيس الجرائحيين ورئيس قسم الأمراض الباطنية ويرأس كل واحد منهك عدد من الأطباء ويأذن لهم بالتطبيب.

(1) يُراجع، ابن أبي أُصيبعة، عيون الأنباء، ص302. (المؤلف)

(2) يُراجع، القفطي، أخبار الحكماء، ص179. (المؤلف)

الفصل الثالث
علم التشريح

المبحث الأول: المؤلفات الطبية العربية في علم التشريح

لم يكن التشريح عند **قدماء اليونان** و**الأطباء العرب** علمًا مستقلًا بذاته، بل كان مجرد فرع من فروع الطب لا بد للطبيب من معرفته بعناية نظرًا لأهميته وصلته المباشرة بفروع الطب الأخرى، إذ لا مناص لمن يريد تشخيص الأمراض من الأطباء أن تكون له معرفة بالأجهزة الداخلية للبدن ووظائفها الحيوية، كما لا يمنك للطبيب الجراح إجراء عمليات جراحية من دون أن تكون له معرفة دقيقة بالأجهزة الهضمية والعصبية والشرايين والأوردة وغيرها.

لقد أدرك **الأطباء العرب** من خلال أعمالهم الطبية ضرورة وأهمية التشريح لجميع فروع الطب، فهو في نظرهم مقدمة لازمة لكل الشؤون الطبية، تدل على ذلك المكانة التي احتلها علم التشريح في مصنفاتهم وأعمالهم على أساس أنه ضرورة لكل من يريد تعلم الطب ويمارسه، فضلًا عما يتمتع به من أهمية بالنسبة للتشخيص المرضي والعمليات الجراحية للأعضاء المختلفة وعند معالجة الأمراض الباطنة.

المعلومات التشريحية التي نجدها في جميع المصنفات الطبية تشير بوضوح إلى إدراك للعلاقة الوثيقة بين المرض والعضو المصاب على أساس المعرفة التشريحية والوظائفية للعضو.

وقد ذكر **علي بن العباس المجوسي** العلل التي تصيب الأعضاء الباطنة معتمدًا في ذلك على معرفة تامة بأعضاء الجسم الإنساني ووظائفها، فيقول: إن العلل التي تحدث في الأعضاء الباطنة منها ما تحدث في الأعضاء النفسانية التي هي الدماغ والنخاع وما ينشأ منها من الأعضاء وآلات الحس، ومنها ما يحدث في آلات التنفس وهي: الصدر والحجاب

والقلب والرئة وقصبتها والحنجرة، ومنها ما يحدث في آلات الغذاء وهي: المريء والمعدة والكبد والطحال والمرارة وغير ذلك من آلات الغذاء، ومنها ما يحدث في أعضاء التناسل وهي الفرج والرحم والإحليل والإنثيان[1].

وإذا أردنا البرهان على إدراك **الأطباء العرب** لأهمية التشريح في الطب، لا بد لنا من دراسة ما ورد في مصنفات أبرز الأطباء، منهم الذين أصبحت مؤلفاتهم مراجع في علم الطب سواء في ممارسة الأعمال الطبية أو في حلقات الدرس والمناظرة، ففي كتاب الحاوي **لأبي بكر الرازي** مثلًا نجد معلومات تشريحية كثيرة يذكرها هذا الطبيب عند تشخيص الأمراض وبيان أسبابها وعلاجها، وحسبنا أن نذكر هنا بعض الأمثلة للتدليل على ذلك: رجل ابتل رأسه بالمطر وبرد بردًا شديدًا فذهب حس جلدة رأسه، وكان الأطباء يسخنون جلدة الرأس، **فلعلمي** أن جلدة الرأس تقبل الحس من أربعة أعصاب تخرج من الفقرات الأولى من فقرات الصلب، داويت تلك المواضع فبرأ[2].

وفي حالة الصداع يعتمد **الرازي** كذلك على معلومات تشريحية فيقول: الصداع المسمى بيضة (يقصد ما يصيب الرأس جميعه)، له نوائب وهدوء ولا يدوم منه شيء، ونوائبه عظيمة شديدة جدًا حتى أن صاحبه لا يحتمل أن يسمع صوت شيء يفزع ولا كلامًا عظيمًا ولا ضوءًا ساطعًا، وأحب الأشياء إليه الاستلقاء في بيت مظلم، ويتمدد الوجع حتى يبلغ في كثير منهم إلى أصول العين، وهذا الوجع قد يكون في أغشية الدماغ وعلامته أن يبلغ إلى أصول العينين، ويكون في الغشاء المغشي على القحف خارجًا ولا يبلغ الوجع إلى أصول العين[3].

وإننا لنجد في كتاب الحاوي ما يدل على معرفة دقيقة بوظائف الأعضاء، فضلًا عن دقة المعرفة بالتشريح عند تشخيص الأمراض التي تصيب الجهاز التنفسي، والجهاز الهضمي والجهاز التناسلي، والقلب والشرايين والأوردة وغير ذلك.

---

(1) يُراجع، كامل الصناعة الطبية، ج1، ص323. (المؤلف)، والإنثيان: هما الخصيتان والمبيضان. (المحقق)

(2) يُراجع، الحاوي في الطب، ج1، في أمراض الرأس، ص9. (المؤلف)

(3) المصدر السابق، ج1، ص384-385. (المؤلف)

وفيما يلي حالة نختارها توضح صواب معرفة **الرازي** بالتشريح، وهي تشريح الكلى في حالة البول الدموي الناتج عن نزف الكلى فيقول: من بال دمًا بغتة فإن عرقًا في كلاه الصدع، وليس يمكن أن يكون ذلك من أجل المثانة، وذلك لأنه ليس يمكن في عروق المثانة أن تتصدع من أجل كثرة دم ينصب إليها كما يعرض ذلك في الكلى، وذلك أنه ليس يتصفَّى الدم في العروق التي في المثانة كما يتصفَّى في العروق التي في الكلى، وإنما يجيء من الدم إلى المثانة ما يكفيها فقط وتتغذى به، فأما الكلى فلأن الدم يتصفّى فيها وقد يجيء إليها عروق كبار ودم كثير، فضلًا عن غذائها كثير جدًا[1].

وكتاب **على بن العباس المجوسي** المعروف بكامل الصناعة الطبية يحتوي هو الآخر على معلومات قيمة في المعارف الطبية المختلفة، وهو بحق كتاب منهجي منظم بشكل دقيق، إذ جعل فيه المقالة الثانية والمقالة الثالثة من بين مقالات الكتاب مختصة بكل ما من شأنه داخلًا في علم التشريح، إذ يتناول فيهما الهيكل العظمي بتفصيلاته والشرايين والأوردة والجلد والشَعَر، وتفصيل القول في العضلات والنخاع وجميع الأعضاء في الرأس وأجهزة التنفس والقلب والجهاز الهضمي والكبد والطحال والمرارة والكلى والمثانة وأعضاء التناسل.

واعتمد **المجوسي** في عرضه لأنواع الأمراض المختلفة وأسبابها وعلاجها على معرفة دقيقة بعلم التشريح ووظائف الأعضاء، إذ لا نجد تشخيصًا لمرض من الأمراض إلا وكانت المعلومات التشريحية موجودة يستعين بها لمعرفة أسباب المرض سواء كان ذلك السبب في مزاج الأعضاء أو في تركيبها وهيئاتها.

ويصدق الشيء نفسه في طب العيون وحاجة الطبيب الكَحّال إلى علم التشريح لمعرفة الأمراض وأسبابها وعلاجها، وتبلغ المعلومات التشريحية في هذا الباب مبلغًا دقيقًا نظرًا لأهمية العين في البدن ودقة وظائفها الحيوية وما تحويه من تراكيب كثيرة لها وظائف معينة.

كما أن تِعداد الأمراض والعلل أو الإصابات التي تحدث للعين قد دفع الطبيب الكحَّال إلى الاهتمام بتقسيم هذه الأمراض والعلل وبيان صلتها بالتراكيب الكثيرة للعين ليسهل عليه معالجتها. فالعين عضو مركب من طبقات وأغشية ورباطات وأوردة وشرايين

(1) المصدر السابق، ج10، ص10. (المؤلف)

وأعصاب وعضلات، وإن الواجب الطبي يشترط من دون شك أن يكون الطبيب الكَحَّال سواء اقتصر على العلاج بالأدوية أو استخدام الجراحة عند الضرورة. عارفًا بدقة وظيفة هذه التراكيب والأمراض التي تصيبها، ولقد أدرك **الكَحَّال العربي** ضرورة تقدمة المعرفة[1] بالتشريح على كل ما سواها. فذكر **علي بن عيسى الكَحَّال** في كتابه تذكرة الكَحَّالين ثلاث مقالات، كانت الأولى: مختصة بكل ما يتعلق بتشريح العين وما تؤديه من وظائف وتراكيبها الداخلية، فكانت هذه المقالة الدعامة التي أقامها لفهم الأمراض الظاهرة للحس والأمراض الخافية عن الحس، ولجأ في كل ذلك إلى معلومات تشريحية عند بيان أسباب المرض أو الإصابة أو العجز أو التقصير. وبلغت الدقة التشريحية عند **الأطباء العرب** إلى تفصيل القول في كل جزء من أجزاء العين ابتداء من الوصف الخارجي وانتهاء بالوصف التشريحي مع بيان المنفعة لكل جزء وما يؤديه من وظائف بالنسبة للعين ككل وبالنسبة للأجزاء الأخرى القريبة منه، وفيما يلي بعض الأمثلة على اهتمام الطبيب الكحال بالتشريح، فنختار قوله في الأجفان والأهداب: أما الأجفان فإن الجفن الأعلى ثلاث عضلات، واحدة تشيله نهارًا وترفعه لئلا يقع ثقله على العين عند النوم، وموضعها بالقرب من عظم الحاجب، وعضلتان تحطانه ليلًا عند النوم، وعند الإرادة تحطانه نهارًا، ومنفعته ذلك لئلا يتراكم على العين البخار والغبار فيؤذي ذلك العين، وموضعها من الجفن في المآقي مما يلي من أصول الشَعَر.

وأما الجفن الأسفل فلا عضل فيه، فإن تحرك فعضل الخد يحركه، وأما منفعتها فهي أن تحفظ العين في وقت النوم من التراب وفي وقت الحر من حرارة الهواء والسمائم لئلا

---

(1) تقدمة المعرفة هو كتاب طبي من تأليف الطبيب اليوناني أبقراط، ويسمى أيضًا كتاب التكهنات، يذكر فيه أبقراط العلامات والأعراض السريرية التي يستدل منها على احتمال تردي صحة المريض أو تحسنها في مستقبل الأيام، ويعتبر الإلمام بهذا الموضوع ضروريًا في الممارسة ولسمعة الطبيب المعالج معًا، وفي هذا الكتاب وصف دقيق لما نسميه اليوم سحنة أبقراط التي يتقمصها المريض قبل الوفاة، يقول فيها: الأنف مدبب، والعينان غائرتان، والأذنان باردتان، والصدغان منخفضان، والوجه مخضر ورصاصي اللون، وجلدة الجبهة ناشفة ومنبسطة، وقد أشار إلى الوصف الرازي الطبيب في كتابه الحاوي، ترجم الكتاب إلى السريانية حنين بن إسحق ونقله إلى العربية حبيش الأعسم، وقد طبع الصيغة العربية المحامي صادق كمونة في بغداد 1938. يُراجع، د. كمال السامرائي، مختصر تاريخ الطب العربي، ج1، ص109-110. (المحقق)

تذوب رطوبتها، وأما أشفارها فلها منفعتان: إحداهما أن تدفع عن العين ما لطف من الآفات مثل الغبار وما أشبه ذلك، والثاني أن تقوى العين بسوادها، ويختم علي بن عيسى الكَحَّال المقالة الأولى بقوله: فهذا ما أمكن ذكره من تشريح العين، وآخذ الآن في علاج أمراض العين وبالله التوفيق[1].

ويعتمد التشخيص المرضي والعلاج على معرفة تامة بتشريح العين، كما أن التفريق بين الإصابات المتشابهة هو إحدى المهمات التي يتولاها الطبيب الكَحَّال، فمن الضروري أن يميز مثلًا بين النتوء الحادث في القرنية والبثرة، وذلك على أساس صلابة الأول، وقد يحصل في بعض الأوقات نتوء في القرنية، وأكثر ما يعرض ذلك عن سبب بادٍ، ولصغر شكل النتوء يتوهم أنه بثرة، والفرق بينهما أن النتوء الحادث في القرنية يكون صلبًا جاسئًا، وإذا غمزت عليه بالميل لم ينخفض لصلابته، فأما البثرة فتتبعها دمعة وضربان، ويكون لونها أحمر إلى البياض[2].

ولا يختلف الأمر بالنسبة للطبيب الجراح سواء كان مختصًا بجراحة العيون أو بجراحة الأعضاء الأخرى في البدن، فإن علم التشريح بالنسبة لجميعهم ضرورة لا يمكن الاستغناء عنه، بل إن اهتمام أطباء الجراحة بعلم التشريح أكبر لما له من علاقة مباشرة بعملهم، لأن الحرص على معرفته ضمان لنجاح العمليات الجراحية ووقاية من مخاطرها.

وقد ذكر **أبو القاسم الزهراوي**[3] أهمية التشريح في الجراحة، واشترط على من يرتاض بعلم الطب أن يقف على منافع الأعضاء وهيئاتها تجنبًا للأخطار وما يمكن أن تؤدي عدم المعرفة بالتشريح إلى نتائج قد تقضي على حياة المريض.

---

(1) يُراجع، تذكرة الكحالين، ص38-39. (المؤلف)

(2) المصدر السابق، ص242. (المؤلف)

(3) هو أبو القاسم خلف بن عباس، من أعلام الطب في كل زمان، وأشهر جراحي القرون الوسطى دون منازع، وأحد الأطباء العرب القلائل الذين عرفتهم أوربا اللاتينية واعتمدوا على كتبه في تدريس الطب وممارسته ما يزيد على خمسة قرون، ويرجح أنه نشأ في قرطبة وأمضى حياته كلها فيهان فقد قرأ ما كتبه الرازي في الحاوي وابن سينا في القانون والمجوسي في كامل الصناعة وعلي بن عيسى الكَحَّال في التذكرة. يُراجع، عنه مفصلا ابن أبي أُصيبعة، عيون الأنباء. (المحقق)

وكتاب العمدة في الجراحة **لابن القف**[1]، اختصت فيه المقالة الثانية بعرض نظرية أمزجة الأعضاء وتشريح الأعضاء البسيطة، واختصت فيه المقالة الثالثة بتشريح الأعضاء المركبة، وفي المقالتين نجد معلومات تشريحية قيمة في كل ما يتعلق بالجسم الإنساني: تشريح عظم القحف والفكين والأنف والأسنان والفقرات وتشريح عظم الترقوة والقص والكتف والأضلاع، وتشريح عظام اليدين وعظم العانة وعظام الرجلين، وتشريح العضل في الجبهة والعينين والخدين والأنف والشفتين والفك الأسفل واللسان...إلخ، بحيث نجد في المقالتين أوصافًا دقيقة لكل عضو وارتباطه بالأعضاء الأخرى.

وللتدليل على أهمية التشريح والحذر في الجراحة، نختار المثال الآتي في شق الحنجرة: إذا حصل ورم في الحلق أو في المريء وتعذر إدخال الهواء البارد إلى جهة القلب وخفت على العليل الهلاك ومع ذلك لم تكن في الرقبة آفة فشق حينئذ قصبة الرئة، وكيفية عمل ذلك هو أن تمد الحلق بصنارة ثم تشق حتى تظهر العروق والشرايين التي هناك، ثم بعد هذا شق الغشائين والغضاريف ثم اترك ذلك إلى حين تصلح العلة ثم تجمع شفتي الجلد وتخيط وتداوي بما يلحم ذلك ولا تتعرض لخياطة الغضروف أصلًا والله أعلم[2].

وما يصدق على التشخيص المرضي وطب العيون وعلم الجراحة من ضرورة في معرفة علم التشريح، يصدق كذلك على العلاج بالأدوية والأغذية لاعتماده هو الآخر على تشريح الأعضاء ووظائفها في حالة الصحة، وما يصيبها من عدم توازن وأورام في حالة المرض، واحتمال الأعضاء للأدوية الحارة أو الباردة، والتحذير من استخدام بعض أنواع الأدوية للأعضاء الحساسة مثل العين لئلا تصاب بفعل الدواء بخدوش أو التهابات حادة.

المبحث الثاني: هل زاول الأطباء العرب تشريح الإنسان والحيوان؟

والسؤال الذي قد يتطرق إلى الأذهان بعد هذا العرض لأهمية علم التشريح بالنسبة

(1) هو أبو الفرج أمين الدولة بن موفق الدين يعقوب بن إسحق بن القف، من نصارى قرية الكرك بلبنان، تعلم على يدي ابن أبي أُصيبعة الطب، وقرأ على يديه فصول أبقراط ومسائل حنين وكتب الرازي، وله من المؤلفات: كتاب الشافي في الطب، وشرح الكليات من كتاب القانون لابن سينا، وشرح الفصول والعمدة في صناعة الجراح. (المحقق)

(2) يُراجع، ابن القف، العمدة في الجراحة، ج2، ص200. (المؤلف)

لكل الفروع الطبية المعروفة آنذاك هو: هل زاول الأطباء العرب تشريح الإنسان والحيوان من أجل التعرف على الأعضاء الباطنة والأجهزة المختلفة ووظائف كل عضو وارتباطه بالأعضاء الأخرى؟

إذ من الثابت لدينا الآن أن بعض **الأطباء العرب** قد مارسوا بالفعل تشريح الحيوانات من كافة الأنواع، كما تدل النصوص الطبية والنتائج التي توصلوا إليها ومعارضتهم **لأطباء اليونان** إلى حقيقة أنهم مارسوا التشريح على الإنسان كذلك، وفيما يلي مجموعة الأدلة لإثبات ما نذهب إليه:

أولًا: كان **يوحنا بن ماسويه** طبيبًا خدم **الأمين** و**المأمون** وبقي على ذلك إلى أيام **المتوكل**، واشتهر بمعرفته الطبية، وقد وضع مجموعة قيمة من المصنفات في الطب، ومارس تشريح القردة، كما تذكر المصادر قصة مؤداها: دخل غلام من الأتراك ومعه قرد من القرود التي أهداها ملك النوبة، وقال له: يقول لك أمير المؤمنين: زوج هذا القرد من حماحم قردتك، وكان **ليوحنا** قردة يسميها حماحم، كان لا يصبر عنها ساعة، فوجم لذلك ثم قال له: قل لأمير المؤمنين اتخاذي لهذه القردة غير ما توهمه أمير المؤمنين، وإنما دبرت تشريحها ووضع كتابًا على ما وضع **جالينوس** في التشريح[1].

ورزق **ابن ماسويه** ابنًا بليدًا حتى قال فيه: ولولا كثرة فضول السلطان ودخوله فيما لا يعنيه لشرحت ابني هذا حيًا مثل ما كان **جالينوس** يشرح القرود والناس، فكنت أعرف بتشريحه الأسباب التي كانت لها بَلادَتُه، وأريح الناس من خلقته وأكسب أهلها بما أضع في كتابي في صفة تركيب بدنه، ومجاري عروقه وأورادِه وعصبه عِلمًا، ولكن السلطان يمنع ذلك[2].

ويذكر **الرازي** في كتابه الحاوي نصوصًا لها دلالة قاطعة على القيام بتشريح الحيوانات من القردة والديكة وغيرها لمعرفة أسباب المرض فيقول: وليس بعجيب أن يجتمع في بعض الأوقات في غلاف القلب رطوبة تمنع من انبساطه، فإنه قد نرى رطوبة في غلاف القلب في الحيوانات التي نشرح مرارًا كثيرة[3].

---

(1) يُراجع، ابن أبي أُصيبعة، عيون الأنباء، ص250. (المؤلف)

(2) المصدر السابق، ص252. (المؤلف)

(3) يُراجع، الحاوي في الطب، ج7، ص32. (المؤلف)

ثانيًا: لم يمنع تحريم **الفقهاء** تشريح جثة الإنسان الأطباء من مزاولة ذلك سرًا، فكثيرًا ما نصادف في أقوال الأطباء العرب فقرات تدل بوضوح على اهتمامهم بتشريح الإنسان لمعرفة العلل التي تصيب الأعضاء، وفي كتاب الحاوي **للرازي** ما يثبت تشريحه للأموات، فهو يقول: من تشريح للأموات: الضيق، مجاري الكبد متى حدث فيها ورم انسدت بسهولة من الغذاء غير الموافق[1]. كما ويذكر في موضع آخر في الاستقساء وضيق أفواه العروق في الكبد ما نصه: أن المجرى الذي يجيء من الكلى لدفع البول إنما يجيء إلى الجانب المحدب، والعروق في ذلك كثيرة والسدد فيها تقع والغلظ والورم يعني الحدبة تكون في الأكثر لضيق العروق، وقد تبين ذلك في التشريح للعروق[2].

ثالثًا: لم يكن **الأطباء العرب** مجرد نقلة لكل ما ورد في كتاب التشريح **لجالينوس**، بل كان للامتحان والاختبار دوره الأساس في التثبت من الآراء السابقة وتصحيح الأخطاء التي وقع فيها **الأقدمون**، ولا يمكن لمثل هذا العمل أن يتم من دون القيام بتشريح الجثث ومراجعة ما ورد في كتاب **جالينوس** وغيره من الكتب القديمة.

يرد **ابن القف** على أقوال **القدماء** في تشريح الأوردة والشرايين فيقول: وهذا قول فاسد من وجهين، أحدهما أن التشريح قد دل على أن مخالفة الأوردة للشرايين ليس هو بغلظ الجوهر أو رقته، بل إن الأوردة مركبة من طبقة واحدة والشرايين مركبة من طبقتين، **فنقول**: طبقات الشرايين أصلب من طبقات الأوردة على ما ثبت في التشريح[3].

كما ويذكر **ابن القف** مخالفة أخرى لآراء القدماء من **أطباء اليونان** في تشريح الأعصاب، **فيقول**: والأعصاب الدماغية سبعة أزواج وإن كان بعض **أطباء اليونان** ظن أنها ثمانية وجعل الزائدتين الشبيهتين بحلمتي الثدي من جملة الأعصاب[4].

كما اختلف **الأطباء العرب** في إحصاء عدد العظام والعضلات في جسم الإنسان، مما يدل على أن هذا الاختلاف لم يكن من قبيل الاجتهاد الفلسفي، بل اعتمد على التشريح

---

(1) المصدر السابق، ج7، ص84. (المؤلف)

(2) المصدر السابق، ج7، ص270. (المؤلف)

(3) يُراجع، كتاب العمدة في الجراحة، مصدر سبق ذكره، ج1، ص48-490. (المؤلف)

(4) المصدر السابق، ج1، ص40. (المؤلف)

وممارسته، فيذكر **جالينوس** أن عدد العضلات في جسم الإنسان هي أربع مائة وتسعة وثمانون عضلة، بينما يرى المحدثون من **الأطباء العرب** أنها خمسمائة وتسعة وثمانون عضلة، ويذكر **أبو البركات البغدادي**[1] أن عددها خمسمائة وثلاث عشرة عضلة[2].

ويصدق الشيء نفسه على إحصاء عدد العظام في بدن الإنسان، فيذكر **المجوسي** أن مجموع عظام البدن مائتان وثمانية وأربعون عظمًا[3]. بينما يذكر **ابن القف** أن عدد العظام في البدن مائتان وتسعة وخمسون عظمًا، وهذا هو ما تحقق عنده من أمر العظام من كلام **جالينوس**[4].

رابعًا: وتدل المصنفات الطبية التي خلفها **الأطباء العرب** على معرفتهم الدقيقة بكل الأعضاء الموجودة في بدن الإنسان، صغيرها وكبيرها، فكانوا على معرفة دقيقة بتشريح العظام والمفاصل والشرايين والأوردة وأعضاء التنفس والدورة الدموية وأعضاء الهضم والتناسل. وهذه الوسائل لا يعقل أن تبقى محصورة في إطار النقل والبحث النظري والاعتماد على ما جاء به **جالينوس** في التشريح، إذ لا بد من أجل التوغل في المعرفة عملوا في تشريح الموتى أو الاستمرار بتشريح الإنسان الذي مات نتيجة لإجراء عملية جراحية مثلًا، فضلًا عن ذلك كله إن إدراك **الأطباء العرب** للعلاقة بين الأعراض المرضية والعضو المصاب قد دفعهم ولا شك إلى ضرورة التأكد من هذه الصلة، واكتشاف العضو المصاب بعد تشريح الجسم، فيذكر **الرازي** تشريحه للحيوان والإنسان لمعرفة سبب الموت، **فيقول:** وقد يعرض على القلب دق فإنه كان عندي قرد لا يزال يهزل فلما شرحته وجدت أعضاءه سليمة، إلا

---

(1) فيلسوف عربي معروف ومشهور في كتابه المعتبر في الحكمة، وقد ورد ذكره في الكتاب الأول والثاني من هذا المجلد عند الحديث عن آرائه الفلسفية والعلمية وغيرها، وهنا نذكره باعتباره طبيبًا، يلقب أبو البركات بأوحد الزمان واسمه هبة الله بن علي ملكا، ولد ببلد قرية صغيرة قريبة من الموصل، ونشأ ببغداد، وكان يهوديًا وأسلم بعد أن دخل في خدمة الخليفة المستنجد بالله (ت566هـ/ 1170م)، لكي يحظى بموقع أعلى في مجلسه، تعلم الطب على يد أبي الحسن سعيد بن هبة الله بن الحسين (ت489هـ/ 1095م)، إلا أنه عرف فيلسوفًا أكثر منه طبيبًا، وقد توفي بحدود عام 560هـ/ 1172م. يُراجع، ابن أبي أُصيبعة، عيون الأنباء، ص376.(المحقق)

(2) يُراجع، المعتبر في الحكمة، مصدر سبق ذكره، ج2، ص259. (المؤلف)

(3) يُراجع، كامل الصناعة الطبية، ج1، ص62. (المؤلف)

(4) يُراجع، العمدة في الجراحة، ج1، ص39. (المؤلف)

أني وجدت على غلاف قلبه غلظًا خارجيًا عن الطبع فيه رطوبة محتقنة شبيهة بالرطوبة التي تكون في النفاخات، وأما ديك شرحته فإني وجدت على غلاف قلبه غلظًا صلبًا متحجرًا ليس فيه رطوبة، وأما الورم الحار فرأيناه قد حدث بقوم من المقاتلة ممن جرحوا فتبعهم الموت من ساعتهم بالغشي الشديد القوي[1].

خامسًا: وتدل الإضافات العلمية التي نجدها في المصنفات الطبية العربية سواء ما جرى منها مجرى تفنيد أقوال **جالينوس** و**الأطباء الأقدمين** أو اكتشاف ما هو جديد لم يتوصلوا إليه من قبل، أن **الأطباء العرب** لا يمكن لهم أن يصلوا إلى مثل هذه النتائج إلا إذا افترضنا قيامهم بتشريح جثث الموتى، فمن المعروف أن **ابن النفيس**[2] (ت1288م)، قد وضع الأسس العلمية للدورة الدموية الصغرى، وإننا لنجد اكتشافه هذا في كتابه شرح تشريح القانون، كما نجد من قبل وصفًا دقيقًا للدورة الكبرى في كتاب كامل الصناعة الطبية **للمجوسي**، كما وبين الطبيب **موفق الدين عبد اللطيف البغدادي**[3] خطأ **جالينوس** في اعتقاده أن عظم الفك الأسفل يتألف من عظمين يلتحمان عند الذقن، فقال: انه عظم واحد، ومفاد القول أن هذه المسائل لا يمكن التوصل إليها عن طريق آخر غير طريق

---

(1) يُراجع، الحاوي في الطب، ج7، ص32. (المؤلف)

(2) هو أحد مشاهير الأطباء العرب بمصر الإسلامية في القرن السابع الهجري، الثالث عشر ميلادي، ومن الأطباء الخالدي الذكر في الاكتشافات العلمية، اسمه أبو العلاء علاء الدين بن أبي الحزم القرشي المشهور بابن النفيس، وكان ابن النفيس على جانب تنطسه في الطب فيلسوفًا وعالمًا بالتاريخ، وفقيهًا في الشريعة الإسلامية، كان يميل على أفكار أبقراط ويجلها ويعتمدها في علاجاتها وتدريسه ومؤلفاته، وكذلك مع ابن سينا في كتابه القانون، وكان رأيه في جالينوس سلبيًا، ويعتبر ابن النفيس والدورة الدموية الصغرى مرادفين في تاريخ الاكتشافات الطبية، ومن مؤلفاته: كتاب الشامل في الطب، كتاب موجز القانون أو الموجز في الطب، شرح تقدمة المعرفة لأبقراط وغيرها. (المحقق)

(3) ويعرف بابن اللباد، من مشاهير مفكري الإسلام وموسوعيٍّ كبير في العلوم العقائدية والطبيعية، أصل أسرته من الموصل وولد ونشأ في بغداد في بيت علم ودين، درس الطب على أمين الدولة ابن التلميذ البغدادي (ت560هـ)، ومن مؤلفاته الطبية: اختصار منافع الأعضاء لجالينوس واختصار كتاب المني لجالينوس واختصار كتاب الحيوان للجاحظ وكتاب في المزاج وكتاب في الحميات واختصار الأدوية المفردة لابن سمجون ومقالة في البول، ومقالة في الشراب والكروم، ورسالة في المرض المسمى ديابيطس، وغيرها، ومن أشهر كتبه كتاب الإفادة والاعتبار في الأمور المشاهدة المعاينة بأرض مصر، وهو مطبوع من قبل الدكتور على محسن ببغداد عام 1987. . (المحقق)

التشريح، فهي ليست مناظرات فكرية أو فلسفية، بل تعتمد على دقة في العمل وممارسة فنية في تشريح الأعضاء.

المبحث الثالث: علم تشريح الإنسان عند الأطباء العرب

ننتقل الآن إلى عرض بعض المسائل في علم التشريح عند **الأطباء العرب** للبرهنة على دقة معرفتهم وقدرتهم الفائقة على استيعاب علم الطب، ونظرًا لسعة موضوع علم التشريح رأينا أن نقتصر على ذكر النواحي البارزة فيه دون الدخول في التفصيلات الدقيقة جدًا إلا عند الضرورة.

تناول علم التشريح عند **الأطباء العرب** جميع الأعضاء البسيطة والمركبة في الجسم الإنساني، والمقصود بالأعضاء البسيطة تلك التي لا تتألف من أجزاء مختلفة، بل تكون جميع الأجزاء فيها متشابهة مثال ذلك العظام، ويقصد بالأعضاء المركبة تلك التي تتألف من أجزاء متشابهة، وهي الأعضاء الآلية، مثال ذلك الأعضاء في ظاهر البدن مثل الرأس واليدين والرجلين، والأعضاء في باطن البدن مثال ذلك الدماغ والنخاع.

وقسم البدن بناءً على الأفعال الغريزية فيه وهي: الأفعال النفسانية والأفعال الحيوانية والأفعال الطبيعية، فمن الأعضاء ما هي آلات لهذه الأفعال، فيقال: لها أعضاء نفسانية وأعضاء حيوانية وأعضاء طبيعية، والأعضاء النفسانية أعدت للحس والحركة الإرادية بالنسبة لجميع الحيوانات وللفعل في الإنسان، وهي أعضاء الدماغ والحواس والخمس والعصب والعضل، أما الأعضاء الحيوانية وهي التي يكون بها التنفس فهي الصدر والأغشية والقلب والرئة والقصبة الهوائية والحنجرة والحجاب والشرايين، والأعضاء الطبيعية مختصة بأفعال الغذاء وأفعال التوليد والتناسل، وهي الفم والأسنان والمريء والمعدة والكبد والطحال والمرارة والكليتان والمثانة والأوردة، ثم أعضاء التوليد وهي الرحم والذكر والإنثيان.

ونبدأ الشرح للهيكل العظمي جريًا على طريقة **الأطباء العرب**، فجميع عظام البدن على هذه الصفة مائتان وأربعون عظمًا، منها: عظام الرأس ستة، وعظام الزوج أربعة، وعظام اللحي (الفك) الأعلى أربعة عشر، والأسنان في هذا اللحى ستة عشر، والعظم الشبيه بالوتد واحد، وعظام اللحى الأسفل اثنان، والأسنان في هذا اللحى ستة عشر، وفقار الصلب أربعة

وعشرون، وعظام العجز ثلاثة، وعظام العصعص ثلاثة، والأضلاع أربعة وعشرون، وعظام القص سبعة، والكتفان عظمان، ورأسا الكتفين اثنان، والترقوتان اثنان، والعضدان اثنان، والزندان الأعليان اثنان، والزندان الأسفلان اثنان، وعظام رسغي الكتفين ستة عشر، وعظام مشط الكفين ثمانية، وعظام الأصابع من اليدين ثلاثون، وعظام الوركين اثنان، وعظام الفخذين اثنان، وعظام الركبتين اثنان، وقصب الساق أربعة، والكعبان اثنان، والعقبان اثنان، والعظام الزورقية اثنان، ورسغي القدمين ثمانية، وعظام مشطي القدمين عشرة، وعظام أصابع الرجلين ثمانية وعشرون[1].

يتألف الرأس من عظم القحف والأنف والأسنان، وتشريح عظم القحف يشير إلى أنه يتألف من ستة عظام تفصل بينها دروز، وتختلف من حيث الصلابة والليونة، وهي: عظما اليافوخ اللذان يفصل بينهما طولًا درز في وسط الرأس يسمى السهمي، وعظمان من جنبي الرأس يفصل بين كل واحد منهما وبين اليافوخ درزان فوق الأذنين، وعظم الجبهة ويفصل بينه وبين اليافوخ الدرز الاكليلي، وعظم مؤخرة الرأس الذي يفصله درز مع عظمي اليافوخ يسمى الدرز اللامي، وتختلف عظام القحف بعضها عن البعض من حيث الصلابة، فالعظم في مقدمة الرأس هو عظم الجبهة يختلف عن عظم مؤخرة الرأس بأن الثاني أكثر صلابة من الأول، وعظمتا جنبتي الرأس حجريان لصلابتهما، في كل واحد منهما ثقب السمع، وقد جعلت هذه العظام كثيرة ومختلفة لأسباب كثيرة منها ما له علاقة بالأعضاء البصرية والسمعية ومنها ما له علاقة بالصدمات وضرورة المحافظة على بقية العظام إن أصاب أحدها طارئ.

أما الفك الأعلى فهو متصل بالقحف يحدده درز يبتدأ من الدرز الاكليلي في موضع عظم الصدغ، وهو مركب من عظام ثمانية، منها اثنان فيهما للعينين، واثنان للخدين، وعظمان للأنف، وعظم فيه ثقب المنخرين، وعظم فيه الثنايا والرباعيات العليا (الأسنان)، وبين عظم القحف والفك العلى خمسة عظام مشتركة هي عظم الشبيه بالوتد وأربعة عظام هي عظام الزوج.

ويتألف الفك الأسفل برأي **جالينوس** وعدد كبير من **الأطباء العرب** منهم **المجوسي**

---

(1) يُراجع، المجوسي، كامل الصناعة الطبية، ج1، ص62. (المؤلف)

وابن سينا وابن القف وغيرهم، من عظمين يتصل أحدهما بالآخر اتصالًا التحاميًا من جهة الذقن، أما الأسنان في الفكين فهما اثنتان وثلاثون سنًا، في كل فك ستة عشر، منها القواطع والأنياب والأضراس والطواحن.

ويتصل بمؤخرة الرأس العمود الفقري (عظم الصلب)، ويتألف من فقرات تبدأ من حد عظم الرأس المؤخر وتنتهي عند عظم العصعص، وفيه تجويف يسمح للنخاع أن يمر فيه لحاجة الأعضاء إلى عصب يأتيها من الدماغ، إذ يتفرغ من النخاع جميع الأعصاب التي تأتي الأعضاء ما تحت الرأس، وتختلف فقرات عظم الصلب من حيث الحجم وسعة التجاويف فيها والغلظ والرقة وينقسم الصلب إلى خمسة أقسام هي: العنق أو الرقبة والظهر والقطن والعجز والعصعص، ويتألف العنق من سبع فقرات والظهر من اثنتي عشرة فقرة، والقطن من خمس فقرات، والعجز من ثلاث فقرات، والعصعص من ثلاث فقرات، فيكون المجموع ثلاثون فقرة.

أما الوصف التشريحي للفقرات فقد اهتم به **الأطباء العرب**، فذكروا إلى جانب الاختلافات بين الفقرات وأوصافها الغاية والمنفعة لكل فقرة، فتتميز فقرات العنق بأنها أصغر الفقرات في عظم الصلب واسعة التجويف رقيقة وصلبة، ويعود سبب سعة التجويف فيها إلى أنها مسلك لمبدأ النخاع.

وتتميز فقرات الظهر أنها أكبر من فقرات العنق وأضيق تجويفًا وصلبة، وتتميز فقرات القطن أنها أكبر وأضيق تجويفًا من فقرات العنق والظهر، وفقرات العجز أكبر من سابقاتها وأضيق تجويفًا كذلك، وتختلف فقرات العصعص عن غيرها أنها غضروفية خالية من الزوائد، وهكذا تترتب الفقرات من الأصغر فالأكبر، ومن الأوسع تجويفًا إلى الأضيق، فبينما الأجزاء العليا رقيقة وواسعة التجويف تكون الأجزاء السفلى غليظة ضيقة التجويف.

لا بد من الإشارة إلى أن الوصف الدقيق لكل فقرة وما فيها من زوائد وسناسن واضحة قد أخذ حيزًا كبيرًا في وصفهم للعمود الفقري، مثال ذلك: فقرات الظهر أن لكل فقرة منها سن وأربع زوائد اثنان إلى الأعلى واثنان إلى الأسفل، أما الأجنحة في الفقرات فتقتصر على عشرة فيها، بينما تخلو الفقرتان الباقيتان من الأجنحة، وتكون الأضلاع المتصلة بها ناقصة

الطول، ويضم القفص الصدري عظام الصدر وهي عظام الأضلاع والقص، وهي على هيئة مستديرة تحتوي وتحمى إلى الداخل القلب والرئة والأغشية.

ومجموع الأضلاع أربعة وعشرون ضلعًا، هي: أضلاع الصدر وأضلاع الخلف، وأضلاع الصدر أربعة عشر ضلعًا متصلة بالعمود الفقري بفقرات، في كل جانب سبعة أضلاع متصلة من الأمام بعظم القص وتسمى الأضلاع التامة، ويتألف عظم القص من سبعة عظام غضروفية يتصل بعضها ببعض، وفي طرف القص غضروف شبيه بالحنجرة مشرف على فم المعدة للمحافظة على المعدة والحجاب والقلب، أما أضلاع الخلف فإنها عشرة أضلاع مرتبطة بالعمود الفقري، من كل جانب خمسة أضلاع يتصل بالخمس الأواخر من فقرات الظهر، وتتميز هذه الأضلاع أنها قصيرة لا تبلغ إلى عظم القص، وأطرافها غضروفية وتسمى الأضلاع الناقصة.

ومن العظام في الجسم الإنساني عظم الكتف وعظم الترقوة، ولعظم الكتف منافع في توقي الصدر من الآفات الواردة عليه من الخلف، وهو عظم له تقعير من الباطن وتحديب من الظاهر، فيه نقرة غير عميقة تدخل فيها زائدة العضد، وهذا الطرف يسمى عنق الكتف، أما الترقوة فهي عظم محدب من الظاهر مقعر من الباطن مرتبط من الأمام بعظم القص ومن الخلف بالكتف.

وتتألف الأطراف العليا للإنسان من عظام اليدين، وتتألف كل يد من ثلاثة أجزاء هي العضد والساعد والكف، والعضد عظم كبير مجوف له تحديب من الجانب الوحشي وتقعير من الجانب الإنسي، ويقصد بالجانب الإنسي ما يلي مقدم البدن، والوحشي ما يلي الظهر والصلب، ويتألف الساعد أو الذراع من عظمين أحدهما فوق وهو الأصغر ويسمى الزند الأعلى والآخر من أسفل يقال بله الزند الأسفل، ويتألف الرسغ من ثمانية عظام ملتصقة ببعضها، وهي صغيرة ومختلفة الأشكال تفيد كثرة الحركة للكف، وهي مُنضدة في صفين، كل أربعة منها في صف، والمفصلان اللذان بين الرسغ وعظمي الذراع أحدهما كبير والآخر صغير، وأما المفصل الكبير فيكون بدخول ثلاثة أعظم من عظام الرسغ الذي في الصف الأعلى في حفرة محفورة في عظم موصول برأسي عظمي الزندين ويقال له الكوع، وبهذا المفصل يكون انبساط الكف وانقباضه، وأما المفصل الصغير فيلتئم بدخول زائدة موصولة في طرف

الزند الأسفل، كما يلي الخنصر يقال له الكرسوع في نقرة في العظم المحاذي له من عظام الرسغ الذي يلي الصف الأسفل، ولهذا المفصل تكون حركتا الكف إلى قدام وإلى خلف[1].

ويتألف الكف من جزأين هما مشط الكف والأصابع، ومشط الكف مؤلف من أربعة عظام تتوسط عظام الرسغ وعظام الأصابع، والأصابع خمس يتألف كل واحد منها من ثلاثة عظام يقال لها السلاميات يتصل بعضها ببعض بمفاصل، والأصابع الموصولة بعظام مشط الكف هي: الخنصر والبنصر والوسطى والسبابة واتصالها اتصالًا مفصليًا، ويتصل الإبهام بعظام الرسغ التي في الصف الأسفل.

ويتألف الحوض من قسمين يرتبطان ببعضهما في موضعين عند العانة وعظم العجز، كل واحد من العظمين يتألف من ثلاثة أجزاء، الأعلى الذي يلي عظم العجز وهو عظم الورك ويتميز أنه أكبر الأجزاء وأصلبها، والأمامي رقيق محدَّب هو عظم الخاصرة، ثم عظم العانة، ويتم اتصال هذه العظام ببعضها على شكل مستدير للحفاظ على الأجزاء أو الأعضاء التي بداخله.

أما الرِجل فتتألف من ثلاثة أجزاء هي الفخذ والساق والقدم، والفخذ عظم كبير في رأسه زائدة مستديرة وفي الأسفل زائدتان كبيرة وصغيرة.

ويتألف الساق من عظمين يقال لهما القصبتان، إحداهما في الجانب الإنسي وهي القصبة الكبرى والأخرى في الجانب الوحشي وهي القصبة الصغرى، ويرتبط العظمان برباط وثيق، أما الرضفة فهي غضروف مستدير الشكل تحفظ المفصل من الخلع في حالات الانحناء والسجود.

وتنقسم القدم إلى الكعب والعقب والعظم والزورقي والرسغ والمشط والأصابع، والكعب عظم صلب بارز من الجانبين، والعقب عظم موضوع تحت الكعب صلب الجوهر، والعظم الزورقي عظم شبيه بالزورق يحتوي على طرف الكعب من أعلاه ومن جانبيه ومن خلف، أما عظام الرسغ فأربعة ثلاثة منها متصلة بالعظم الزورقي. ومن قدام مرتبطة بثلاثة عظام من عظام مشط القدم، والعظم الرابع مما يلي الخنصر هو عظم مسدس يسمى الفردي،

---

(1) يُراجع، المجوسي، كامل الصناعة الطبية، ج1، ص59. (المؤلف)

ويتركب مشط القدم من خمسة عظام موصولة بالعظام الأربعة في الرسغ، ثلاثة منها موصولة بثلاثة عظام من عظام الرسغ، ومنها عظمان متصلان بالعظم الفردي، أما الأصابع الخمسة فكل واحدة منها مؤلفة من ثلاثة عظام هي السلاميات ما عدا الإبهام فإنه يتألف من عظمين أكبر من عظام الأصابع الأخرى.

ومما يلي العظام في الصلابة الغضاريف، وهي عظام رطبة كما يصفها **الأطباء العرب** لليونة الموجودة فيها، ويدخل في مجموعة الغضاريف القص والأضلاع ويبعض العظام العجز والعصعص وأطراف زوائد العظام التي تكون بها المفاصل وطرف الأنف والأذنان والحنجرة والقصبة الهوائية.

وتقوم الرباطات بربط العظام ببعضها في مواضع المفاصل، وتتميز أنها أقل صلابة من العظم وأصلب من الأعصاب، وهي عديمة الحس، وأقل بياضًا من العظم، وأشد بياضًا من العصب، وتقوم فضلًا عن ربط العظام بربط العضل بالعظام، وهكذا يكون العظم جوهرًا صلبًا ثم الغضروف وهو أقل صلابة من العظم ثم الرباط وهو أقل صلابة من العظم والغضروف، ثم الوتر وهو مركب من العصب والرباط، وهو أقل صلابة من الرباط، ثم الغشاء وهو أقل صلابة من الوتر، ثم العصب.

إنّ حاجة البدن إلى الأعصاب هي حاجته إلى الحس والحركة الإرادية، وأصل العصب من الدماغ والنخاع، على أساس أن الأعصاب إما من الدماغ نفسه وإما من الدماغ يتوسط النخاع، ويرى **الطبيب العربي** إن منشأ الأعصاب في الرأس والرقبة هو الدماغ، في حين يكون منشأ الأعصاب البعيدة عن الدماغ مثل: اليدين والرجلين هو النخاع، وتختلف الأعصاب القادمة من الدماغ عن تلك القادمة من النخاع، إن الأولى لينة والثانية صلبة، والأعصاب التي تنشأ من الدماغ سبعة أزواج، هي على التوالي: أحدهما يصير إلى العينين ويأتيهما بحاسة البصر، والثاني يأتي العينين ويعطي عضلهما الحركة، والزوج الثالث بعضه يأتي للسان ويوصل إليه حس المذاق، وبعضه يأتي إلى الصدغين والماضغين وطرف الأنف والشفتين، وبعضه يأتي للثة والأسنان بحاسة اللمس، والرابع ينقسم في أعلى الحنك ويأتيه بحاسة المذاق، والزوج الخامس بعضه يصير إلى الأذنين ويأتيهما بحس السمع، وبعضه يأتي العضلة العريضة من الصدغ ويؤدي إليها قوة الحركة، والزوج السادس بعضه يصير

إلى الأحشاء ويعطيها الحس وبعضه يصير إلى عضل الحنجرة ويعطيها الحركة، والزوج السابع يأتي اللسان وعضل الحنجرة ويعطيها قوة الحركة، وكل واحد من هذه الأعصاب قبل أن يخرج من القحف فيغشى بغشاءين منشؤهما من غشاء الدماغ أحدهما رقيق فيه عروق تغذيه، والآخر غليظ يقيه ويحفظه في ممره بعظام القحف[1].

والذي ينبت من النخاع أحد وثلاثون زوجًا من أزواج العصب وفرد لا أخ له، منها في الرقبة ثمانية أزواج، وفي الظهر اثنا عشر زوجًا، وفي القطن خمسة أزواج، وفي عظم العجز ثلاثة أزواج، وفي العصعص ثلاثة أزواج، وفي أسفل العصعص فرد لا أخ له[2].

ويذكر **الأطباء العرب** في باب الأعصاب بكل دقة منبت كل عصب وإلى أين يصير وما يؤديه من وظيفة سواء بالنسبة للأعضاء الظاهرة للحس أو الأعضاء الباطنية، ويتبع تفرع كل عصب وإلى أين يصير ليتعرف على ما يؤديه من وظيفة في البدن.

ويطلق **الأطباء العرب** على الشرايين اسم العروق الضوارب، نظرًا لما تبديه من نبضات خلاف الأوردة أو العروق غير الضوارب، وتختلف الشرايين عن الأوردة من حيث التشريح، فالشريان يتألف من طبقتين متشابهتي الأجزاء، تكون الطبقة الداخلية ليفية مستعرضة وهي أصلب وأغلظ من الطبقة الخارجية التي تكون ليفية طوليًا، وفيها ليف يسير ذاهب على الوراب، والحاجة إلى الشرايين بهذا الشكل لتؤدي وظيفة الانبساط بواسطة الليف الطولي وحركة الانقباض بواسطة الطبقة الداخلية ذات الليف العرضي، وتوجد فضلًا عن ذلك طبقة أخرى رقيقة تشبه نشيج العنكبوت تكون ظاهرة بوضوح في الشرايين الكبيرة، ويتابع **الطبيب العربي** تفرع الشرايين والأوردة من القلب إلى أنحاء الجسم بكل دقة، ولكن غالبية **الأطباء العرب** ذكروا عدة آراء في تشريح القلب لا تتفق والحقيقة، وذلك جريًا على ما نقلوه من **جالينوس**، وإننا لنجد في ذلك ثلاثة آراء مختلفة، واحد منها هو الصحيح.

أولًا: **قول بعضهم** إن القلب يتألف من ثلاثة بطون، وهو قول **ابن سينا وابن القف** وغيرهم، وإليك النص: القلب عضو صلب القوام مخروط الشكل قاعدته في وسط الصدر

---

(1) المصدر السابق، ج1، ص59. (المؤلف)

(2) المصدر السابق، ج1، ص65. (المؤلف)

ورأسه يميل إلى الجانب الأيسر وهو أصلب جميع أجزائه، وفي القلب أصناف الألياف الثلاثة وله ثلاثة بطون، بطن في الجانب الأيمن وبطن في الوسط وبطن في الجانب الأيسر، وله أربعة منافذ في الجانب الأيمن اثنان أحدهما ينفذ فيه الدم من الكبد إلى القلب وعلى فوهة هذا المجرى ثلاثة أغشية، معلقها من خارج إلى داخل وهي أغلظ أغشية منافذ القلب، وثانيهما وهو الذي يتصل به الوريد الشرياني وعلى فوهته أغشية معلقها من خارج إلى داخل، ولم أعرف أحدًا ذكر عدد هذه الأغشية، واثنان من الجانب الأيسر أحدهما منفذ الأبهر وعلى فوهته ثلاثة أغشية معلقها من داخل إلى خارج، وثانيهما منفذ الشريان الوريدي وعلى فوهته غشاءان معلقهما من داخل إلى خارج، وعن جنبتي القلب زائدتان عصبيتان رقيقتا الجوهر تسميان أذني القلب، ويحيط بالقلب غشاء صلب يلاصقه في بعض المواضع ويعلق بالغشاء شحم كثير وتتصل رباطات كثيرة وهو بغشائه في وسط الرئة[1].

ثانيًا: قول بعضهم إن القلب يتألف من بطينين بينهما منفذ، وهو قول نجده في كتاب **المجوسي**، وهذا نصه: فأما القلب فهو مؤلف من ليف مختلف الوضع وجملة لحمه صلب، أما اختلاف وضع الليف فيه فلموضع حركته المختلفة، أعني الانبساط والانقباض، وأما الصلابة جرمه فليبعد بذلك عن قبول الآفات والرئة محتوية عليه من كل جانب كما يحتوي الكف على ما يمسكه من الأجسام، وشكله شبيه بحبة الصنوبر وأسفله العريض مما يلي أعلى البدن وهو موضوع بين تجويفي الصدر الذي يقسمه الغشاءان... ورأسه المخروط كأنه أيل إلى الجانب الأيسر وذلك أن الروح الحيواني مسكنه في هذا الجانب من القلب، والشريان الكبير الذي منه تنبت الشرايين التي في سائر البدن نباته من هذا الجانب، ولذلك يتبين النبض في الجانب الأيسر، وفي القلب تجويفان أحدهما في الجانب الأيمن والآخر في الجانب الأيسر، فأما التجويف الأيسر فإنه يبلغ إلى طرف رأسه، وأما التجويف الأيمن فإنه ينتهي إلى دون ذلك الموضع، ومن التجويف الأيمن إلى التجويف الأيسر منفذ تسميه قوم تجويفًا ثالثًا وليس ذلك كذلك... وأما المنفذ

---

(1) يُراجع، ابن القف، العمدة في الجراحة، ج1، ص107-109. (المؤلف)

الذي في التجويف الأيمن إلى التجويف الأيسر فإنه من الجانب الأيمن أوسع ثم يضيق قليلًا إلى أن ينتهي إلى الجانب الأيسر"[1].

ثالثًا: وانفرد **ابن النفيس** برفض الآراء السابقة مبينًا عدم وجود منفذ بين البطينين، وبذلك شق الطريق العلمي نحو فهم الدورة الدموية في الجسم، فيصف قول **ابن سينا** في أن للقلب ثلاثة بطون أنه كلام لا يصح، فإن القلب له بطنان فقط، أحدهما مملوء من الدم وهو الأيمن، والآخر مملوء من الروح وهو الأيسر، ولا منفذ بين هذين البطينين البتة، وإلا كان الدم ينفذ إلى موضع الروح فيفسد جوهرها، والتشريح يكذب ما قالوه[2].

وفيما يلي مجمل اكتشافات **ابن النفيس** الطبية فيما يتعلق بالقلب والدورة الدموية:

1. إن تغذية القلب تحصل بواسطة الدم الذي يجري في العروق الموزعة في أنحاء القلب كله، وليس كما ادعى الجميع حتى الآن، في البطين الأيمن من القلب، وبهذا يكون **ابن النفيس** أول من اكتشف الدورة الدموية في الشرايين الإكليلية.
2. يجري الدم إلى الرئتين ليتشبع هناك بالهواء وليس لمدهما بغذاء (وهذا ما أكده **هارفي**[3] (ت1757م) فيما بعد).
3. هناك اتصال بين أوردة الرئتين وشرايينهما يتمم الدورة الدموية ضمن الرئة (وهذا ما ادعى اكتشافه كولومبو فيما بعد كأول إنسان).
4. ليس في شرايين الرئتين أي هواء أو رواسب، كما ادعى **جالينوس**، بل دم فقط.
5. إن جدران أوردة الرئتين أسمك بكثير من جدران شرايينهما، وهي مؤلفة من طبقتين، وقد نسب زورًا بعض المؤرخين إلى **سارفيتوس**[4] هذه الاكتشافات العظيمة ولا سيما الأخيرة.

---

(1) يُراجع، كامل الصناعة الطبية، ج1، ص107-108. (المؤلف)

(2) يُراجع، الموجز في تاريخ الطب والصيدلة عند العرب، مصدر سبق ذكره، ص90-91. (المؤلف)

(3) وهو الذي قيل عنه وهمًا إنه أول من عرف الدورة الدموية المذكورة، فإن هارفي قد بحث في الدورة الدموية بعد ما يزيد على ثلاثة قرون ونصف من وفاة ابن النفيس. (المحقق)

(4) هو ميشيل سرفيتوس عالم في غير الطب، اسباني المولد والنشأة والثقافة. التحق بقسم التشريح بجامعة باريس، وهناك وضع كتابًا طبيًا أدخل فيه معلومات طبية من مصادر عربية كان منها ما قرأه في ترجمة ألباجو لكتاب ابن النفيس شرح تشريح القانون، أُعدم هذا الطبيب حرقًا عام 1553م. (المحقق)

6. ليس في جدار القلب الفاصل بين شطريه أي صمام، بل إن الدم يجري في دورة متكاملة، ليس بين هذين البطينين من القلب لأية فتحة إذ إن الحجاب الحاجز الذي يفصلها محكم الإغلاق وليس به أية مسام ظاهرة، كما اعتقد **جالينوس** وبعضهم ذلك، بل إن كثافته في هذا الموضع غليظة ويجري الدم في أوردة الرئتين لينتشر فيهما ويمتزج بالهواء حتى يتطهر أصغر عناصره من الرواسب، ثم يجري هذا الدم في شريان الرئتين ليصل إلى البطين الأيسر بعد امتزاجه بالهواء[1].

ويتألف جهاز التنفس (الرئة) من خمسة أقسام هي: تفرعات القصبة الهوائية وجرم الرئة والوريد الشرياني (الرئوي) والشريان الوريدي (الرئوي)، والغشاء المحيط بها، وتنقسم القصبة الهوائية من الأسفل قسمين نحو اليمين ونحو الشمال، ويتفرع المتوجه إلى اليمين إلى ثلاثة فروع، بينما يتفرع المتوجه إلى الشمال إلى فرعين فقط، أما جرم الرئة فإنه لحو رخو هوائي، تتخلله أوعية دموية كثيرة، والملاحظ أن تسمية الوريد الشرياني قصد منها التركيب من خاصية الوريد والشريان، فالوريد عرق غير نابض وشريان بمعناه المشابهة بالشريان من حيث تأليفه من طبقتين، وكذلك تسمية الشريان الوريدي التي قصد منها التركيب من خاصية الشريان والوريد، ذلك أن هذا العرق عرق نابض لكنه يتألف من طبقة واحدة، ويتفرع الوريد الشرياني في لحم الرئة كتفرع أقسام القصبة ويلاصقها من جهة استدارتها، وينطبق مثل ذلك على الشريان الوريدي، أما الغشاء فإنه يحيط الرئة من جميع جهاتها.

والحجاب الحاجز فإنه يقوم بالفصل بين التجويف العلوي من دون الرقبة ويحتوي على القلب والرئة، والتجويف السفلي الذي يحتوي على المعدة والأمعاء والكبد والمرارة والطحال والكلى والمثانة والرحم، وهو عضلة مستديرة من جميع جوانبها لحمية ومن وسطها وتَرِبَة، ويغشيها من الجانبين غشاءان غشاء من فوق وآخر من أسفل، وفي الحجاب ثقبان أحدهما يجري فيه المريء، والثاني يجري فيه العرق الأجوف ويلتحم فيه التحامًا كاملًا.

والمريء جسم مستطيل الشكل يتألف من لحم وطبقات غشائية مستطيلة ومستعرضة، كما يوجد فيه ليف، وبعبارة أخرى أن المريء يتألف من الخارج من طبقة لحمية ليفها ذاهب

---

(1) يُراجع، زيغرد هونكة، شمس العرب تسطع على الغرب، ترجمة فاروق بيضون، ط1، بيروت 1964، ص265-266. (المؤلف)

بالعرض، والأخرى من الداخل ليفها ذاهب بالطول، وذلك ليقوم بالانبساط والانقباض، فيتقلص ويعصر الغذاء حتى يصل المعدة، والمريء ضيق من فم المعدة ثم يتسع إلى أن ينتهي إلى الحنجرة وهو مربوط برباطات غشائية.

أما تركيب المعدة فإنها تتألف من طبقة داخلية من جنس الأغشية العصبية ولها ليف ذاهب بالطول وليف ذاهب بالعرض، وطبقة خارجية ترتبط من الخلف بالفقرات، ومن الجانب بالكبد والطحال بواسطة الأغشية.

ويذكر **ابن القف** تشريح المعدة بشكل أدق فيقول: أما تركيبها فلها من داخل طبقة عصبانية طولانية موافقة لانتساج طبقة المريء الداخلة وقوامها صلب وانتساجها ضيق، وأبلغها في ذلك فم ثم يقل فيها ذلك على التدريج إلى أسفل حتى إذا كان قعرها وجد هناك جوهر لين لحمي، ووراء هذه الطبقة طبقة أخرى ملتصقة بها التصاقا بوهم أنهما واحدة ذاهبة ورابا، وأخرى خارجية لحمية ذاهبة عرضًا وتحيط بها بعد ذلك طبقة شبيهة بنسيج العنكبوت، ويأتي إلى المعدة عروق كبدية بعضها غير نافذة إلى تجويفها وهي قليلة وبعضها نافذة بفوهاتها مصاصة لصفو الكيلوس، وهي أكثر من الأول ويحيط بها من الجانب الأيمن زوائدها الخمسة، ومن الجانب الأيسر الطحال، ومن قدام الثرب، ومن تحت الكلى والمثانة،، ومن خلف لحم الصلب، ومن فوق القلب بواسطة الحجاب[1].

وتتصل المعدة من الأسفل بالمنفذ المعروف بالبواب، إذ تكون بداية الأمعاء، بينما تكون نهايتها عند الدبر، وتتألف الأمعاء من طبقتين ليف كل طبقة منها في الغالب مستديرة بالعرض، وهي تقسم إلى ستة أقسام ثلاثة منها تسمى الدقاق، وتضم الإثني عشري والصائم والدقيق الذي يتميز بكثرة التلافيف، والثلاثة الأخرى تعرف بالغلاظ، وهي: الأعور الذي يشبه الكيس وله فم طويل، أما موقعه فهو إلى الجانب الأيمن من البدن، ثم القولون وهو إلى الجانب الأيمن والمستقيم وهو أوسع الأمعاء كلها، وفيما بين الأمعاء عروق وشرايين كثيرة معظمها من الأوردة، كما تصل إليها شعب من الأعصاب، وأكثر شعب العروق والشرايين منتشرة فيما بين الدقاق، فإذا نفذ الغذاء المنهضم من المعدة إلى الأمعاء الدقاق نفذت عصارته وصفوة ما فيه في العروق إلى الكبد.

---

(1) يُراجع، العمدة في الجراحة، ج1، ص111. (المؤلف)

والكبد جسم أشبه ما يكون بالدم الجامد، تكثر فيه العروق الدقيقة، وتقع المرارة على الطرف الأكبر من الكبد، والمرارة مؤلفة من طبقة واحدة فيها أصناف الألياف الثلاثة الطولاني والمستعرض والمؤرب، ولها مجريان أحدهما يتصل بالجانب المقعر من الكبد، وينقسم الآخر إلى قسمين متفاوتين، إذ يصب الأكبر منهما المرار في الأمعاء بينما يتصل القسم الأصغر بالمعدة ويصب المرار في قعرها.

يرتبط الكبد بالحجاب بواسطة أغشية، وترتبط من جانبها المقعر بالمعدة، والأمعاء والعروق التي تصير من الكبد إليها بالأغشية التي تغشيها، وينشأ العرق المعروف بالباب من الجانب المقعر لينقسم قبل خروجه من الكبد إلى خمسة أقسام مبثوثة في أطراف الكبد. ثم ينقسم كل منهما إلى أقسام كثيرة دقيقة تأتي إلى قعر المعدة والأمعاء الاثني عشر، أما أكبرها فإنه يأتي المعي الصائم، بينما يتوزع الباقي على سائر الأمعاء.

ويرى **الأطباء العرب** في الثرب أنه مؤلف من طبقتين جرى انطباقهما الواحدة على الأخرى، وقد جرت فيما بينهما عروق وشرايين كثيرة ويوجد بينهما شحم كثير، ويقترب شكل الثرب من الكيس إلى الجوراب يبتدئ من فم المعدة وينتهي عند الأمعاء ويلتحم بها، بينما يلتحم بأضلاع الخلف من الجانب الأيمن والأيسر.

أما الطحال فإنه يقع في الجانب الأيسر، وتكثر فيه الشرايين، وله تقعير يلي المعدة وتحديب يلي الأضلاع، يتصل به مجريان أحدهما يتصل بالكبد والآخر متصل بفم المعدة، وفائدته يقوم بتنقية الدم وتنبيه شهوة الطعام.

وتقع الكليتان على جانبي العمود الفقري، وهما ليستا على مستوى واحد، بل إن الكلية اليمنى أرفع موضعًا من الكلية اليسرى، ويكون موضعها في البدن وضعًا متقابلًا، إذ يقابل الجانبان المقعران أحدهما الآخر، ويتصل بكل واحدة منهما شعبتان من الكبد، إحداهما يأتي فيها ما يغذيها، والأخرى تنفذ فيها المائية، ولكل كلية مجرى يتصل بالمثانة هو الحالب مع شعبة شريانية وعصبة من أعصاب النخاع وتقوم الكلى بوظيفة تنقية الدم وجذب المائية من الكبد.

أما المثانة فهي موضوعة في الذكورة على المعي المستقيم وهي ذات طبقة واحدة صلبة،

احتيج إلى صلابتها لتكون صبورة على حدة المرارة المخالط للبول، وعلى فمها عضلة تضمها وتمنع من خروج البول إلا بإرادة، فالبول يتأتى إليها من الكليتين في المجريين المعروفين بالحالبين، وأما التحام هذين المجريين عند التحامهما بالمثلثة فيأخذان على التوريب ويمران طولًا وينفذان بعد ذلك إلى داخلها وقد قشر من جرمها قشرة شبيهة بالغشاء، ففي وقت دخول البول إلى المثانة يندفع هذا الغشاء إلى داخل وينفتح، وما دام لا يجري البول إلى المثانة فذلك الغشاء لاصق على فم المجريين، وينطبق عليهما انطباقًا محكمًا لا يمكن فيه نفوذ الريح لئلا يرجع شيء من البول إلى حيث يجري منه[1].

وتضم الأجهزة التناسلية عدة أعضاء، قام الأطباء بتشريحها ومعرفة هيئتها ومنافعها، وهذه الأعضاء هي: الرحم والثديان والإنثيان وأوعية المني والذكر، والرحم عضو قريب في جوهره من العصب ليكون ذو قابلية على التمدد، وهو مؤلف من طبقة واحدة، ويتألف من ليف مختلف الوضع بعضه طولاني وهو قليل وبعضه مستعرض وهو أكثر من الطولاني وبعضه مؤرب وهو أكثر الجميع.

وللرحم زائدتان عن جنبيه وفي باطنه فوهتان وهي أطراف الأوردة والشرايين المؤدية إليه يقال لها النقر، ويدخل من الزائدتين العروق والشرايين التي تأتي بالمني والروح، بينما تكون النقر أفواه العروق إذ يخرج منها دم الطمث، وللرحم تجويفان كبيران أحدهما في الجانب الأيمن والآخر في الجانب الأيسر، ينتهيان إلى رقبة الرحم التي تنتهي إلى الفرج، وفي الفرج زوائد من الجلد تسمى البظر وهي نظير القلفة في الذكر تقوم بستر الرحم ووقايته، والإنثيان من النساء موضوعتان عن جنبي الرحم إحداهما في الجانب الأيمن والأخرى في الجانب الأيسر، وبيضتا الأنثى أصغر من بيضتي الذكر وشكلهما مستدير مفرطح وجوهرهما غددي شبيه بجوهر الغدد تسندان العروق وتدعهما وهما أصلب من بيضتي الذكر، ويتصل بكل واحدة منهما عرق غير ضارب يصير من ناحية الكليتين ويدخل في الزائدتين المعروفتين بالقرنين وينشأ من كل واحدة منهما جسم يصب فيه المني إلى تجويف الرحم[2].

---

(1) يُراجع، المجوسي، كامل الصناعة الطبية، ج1، ص115-116. (المؤلف)

(2) المرجع السابق، ج1، ص117. (المؤلف)

أما الثدي فإنه مركب من لحم غددي رخو أبيض ومن عروق وشرايين، ومنفعته توليد اللبن والغذاء للطفل.

وأما الخصيتان فجوهرهما مركب من لحم غددي أبيض اللون وأوردة كثيرة مؤلفة بعضها ببعض يأتيها من جهة الكلى شرايين كثيرة وأعصاب من جهة الصلب ويحيط بكل واحدة منها غشاء منشأ الصفاق وهو عند مبدئه ضيق ثم لا يزال يتسع حتى يغشى الخصية، والخصية اليمنى في **جمهور الناس** أعظم من اليسرى.

ويبتدئ من كل خصية مجرى شبيه بالبربخ صلب الجوهر لاصق بها إلا أنه في الذكورة أطول مما في الإناث لأنهما يتباعدان من موضع منشئهما ويصيران إلى عظم العانة، ثم ينحدران إلى القضيب ويتصلان بأصله أسفل مجرى البول، وهما أوسع وأصلب من مجرى الإناث، فإنهما في الإناث قصيران ضيقان كثيفا الجوهر، وأما شكل الخصيتين فإنهما في الذكورة مستديرتان وفي الإناث فيهما أدنى تفرطح وأصغر مما في الذكورة وموضعهما خارج الرحم ويحيط ببيضتي الذكر من خارج جلد يسمى الصفن[1].

ونكتفي بهذا العرض الموجز لتشريح الأعضاء في جسم الإنسان، وسنعرض لبعض المسائل التي لم نطرحها على بساط البحث في الفصول القادمة سواء في الفصل الخاص بالأمراض أو الخاص بطب العيون أو الخاص بالجراحة، وكل الذي سعينا من أجله هو أن نثبت من خلال مؤلفات أساطين الطب دقة المعلومات التي توصل إليها **الأطباء العرب** عن طريق دراسة المؤلفات **اليونانية القديمة** وممارساتهم في تشريح الإنسان والحيوان ومقارنة الأجهزة بين الإنسان والحيوان، وبذلك يكون **الأطباء العرب** روادًا للتشريح العلمي الدقيق وللتشريح المقارن.

---

(1) يُراجع، ابن القف، العمدة في الجراحة، ج1، ص123. (المؤلف)

الفصل الرابع
علم الأمراض

المبحث الأول: تاريخ البحث في علم الأمراض

تمتد عناية الإنسان بالمرض وعلاج الأمراض إلى قرون سحيقة في التاريخ، وأن ازدياد معرفته بحالات البدن أثناء المرض قد أتاح له فرص استقراء ما يلاحظه وما يشاهده من علامات وأعراض ليستدل منها على إصابة عضو ما أو أعضاء فيصف بعدها العلاج اللازم، لكن هذه المعرفة تبقى ناقصة طالما هي مبعثرة لا يوحدها إطار عام، وإن الانتقال بها إلى طور العلم معناه تحقيق نظام وتناسق بين الحالات المختلفة وطرح أحكام كلية عامة يفهم الطبيب بمقتضاها الحالات الفردية المعروفة وتلك التي تتفق معها أو تتشابه جزئيا.

لقد حقق **الأطباء العرب** هذه الخطوة من خلال معرفتهم بنظرية الأخلاط[1]، والتشريح ووظائف الأعضاء. ولكنهم في الوقت نفسه توسعوا كثيرًا في معرفتهم بالأحوال التي يكون عليها بدن الإنسان في حالة المرض، فكانت الدقة في ملاحظة الأعراض رائدهم، وكانت الدقة في التشخيص غاية الطبيب الجيد، وكانت الدقة في التفريق بين الأمراض التي تظهر متشابهة في بعض الأعراض الأسلوب الطبي الجيد. وبذل الأطباء محاولات علمية ومنهجية في عرض ما تعلموه عن **القدماء** وما توصلوا إليه بفضل الخبرة العملية والتشخيص السريري للأمراض على صورة كليات طبية وتقسيمات دقيقة للأمراض وأنواعها. وبذلك استطاعوا تحقيق خطوات واسعة في سبيل الانتقال من الحالات التجريبية إلى وضع الفروض والمبادئ الطبية العامة لعلم الأمراض.

---

(1) أُشير إلى هذه النظرية في الفصل السابق، المبحث الأول. (المحقق)

ولما كان **اهتمامنا في** هذا الفصل منصبًا على الأمراض، فمن الضروري أن نتعرف فهم **الأطباء العرب** لحالات بدن الإنسان، والمقصود بالمرض خاصة لننتقل بعد ذلك إلى بحث تقسيم الأمراض.

يقول **ابن سينا**: أحوال بدن الإنسان عند **جالينوس** ثلاثة، الصحة وهي هيئة يكون بها بدن الإنسان في مزاجه وتركيبه بحيث يصدر عنه الأفعال كلها صحيحة سليمة، والمرض هيئة في بدن الإنسان مضادة لهذه، وحالة عنده ليست بصحة ولا مرض، أما لعدم الصحة في الغاية، والمرض في الغاية، كأبدان الشيوخ والناقهين والأطفال[1].

والذي **يعنينا** هنا هو تحديد المرض، إذ هو هيئة تعرض للإنسان فيحدث الضرر في مزاج العضو أو تركيبه، فهو بذلك حالة خارجة عن المجرى الطبيعي لأفعال بدن الإنسان، وإذا كانت الصحة تشترط الاعتدال والتوازن في الأخلاط وأداء الأعضاء لوظائفها وعدم حدوث آفة بها، فإن المرض معناه خروج البدن عن الاعتدال والتوازن واضطراب في وظائف الأعضاء سواء كان ذلك لسوء المزاج أو نتيجة لحدوث آفة وأورام فيها، وإن غاية الطبيب تقتضي المحافظة على الصحة أثناء صحة البدن، وعلاج الأعضاء المصابة بالأمراض ليعود البدن إلى حالة الاعتدال والتوازن.

لا شك أن مفهوم المرض عند **الأطباء العرب** يشمل بالضرورة مجالًا واسعًا من الحالات، فكل حالة فيها خروج عن المجرى الطبيعي للعضو تعد مرضًا، فزيادة الإصبع منذ الولادة وقطع الإصبع بحادث عارض أمثلة على المرض، كما أن جميع الحالات التي تكون عليها الأعضاء خلافًا لما هو طبيعي تعد أمراضًا مثل: ضيق المريء واتساع كيس الانثيين وغير ذلك.

إن أفضل سبيل لتحديد مفهوم المرض فضلًا عن التحديد السابق، هو في تتبع أقسامه الكبيرة والصغيرة، فنبين من خلال هذه القسمة جميع الحالات التي يطلق عليها **الطبيب العربي** اسم المرض، ونختار لتحقيق ذلك ما ورد في كتاب القانون في الطب **لابن سينا** من تقسيمات لأحوال البدن وأجناس المرض[2].

---

(1) يُراجع، ابن سينا، القانون، ج1، ص74. (المؤلف)

(2) المصدر السابق، ج1، ص76. (المؤلف)

تقسم الأمراض على قسمين رئيسيين هما: الأمراض البسيطة أو المفردة والأمراض المركبة، ويقصد بالمرض البسيط ما يصيب بنوع واحد من أنواع مرض المزاج أو نوعًا واحدًا من أنواع مرض التركيب، ويقصد بالمرض المركب ما يجتمع في بدن الإنسان من أكثر من إصابة على أن يتحد منها مرض واحد، وتنقسم الأمراض البسيطة إلى ثلاثة أجناس هي على التوالي: أمراض سوء المزاج، وهي أمراض تصيب الأعضاء المتشابهة الأجزاء، وأمراض التركيب وهي أمراض تصيب الأعضاء الآلية، والأمراض المشتركة وهي أمراض تفرق الاتصال.

نبدأ أول الأمر بأمراض سوء المزاج التي تقسم بدورها إلى قسمين: ساذج ومادي، والساذج ثمانية: أربعة مفردة وهي: الحار والبارد والرطب واليابس، وأربعة مركبة وهي الحار اليابس، والبارد اليابس، والبارد الرطب، والمادي يتنوع بحسب تنوع الأخلاط الأربعة[1].

وهذه الأنواع منسوبة إلى الأعضاء المتشابهة الأجزاء، إذ لكل منها مزاجه الخاص به وأن خروج العضو عن مزاجه معناه إصابته بمرض سوء المزاج.

وتقسم أمراض التركيب وهي الأمراض الآلية على أربعة أجناس هي على التوالي: أمراض الخلقة، وإمراض المقدار وأمراض الغدد، وأمراض الوضع.

وتنقسم أمراض الخلقة بدورها على أربعة أصناف هي: أمراض الشكل التي تحدث عندما يتغير شكل العضو عن مجراه الطبيعي فينتج عن هذا التغيير افة، مثال ذلك تغير شكل الرأس واستدارة المعدة.

والصنف الآخر من أمراض الخلقة هو أمراض المجاري التي تشمل بدورها الأمراض الناتجة عن الاتساع في المجاري مثل: الدوالي وانتشار العين والأمراض الناتجة عن تضيق المجاري مثل تضيق المريء، والأمراض الناتجة عن انسداد عروق الكبد.

أما الصنف الثالث من أمراض الخلقة فإنه يشمل أمراض الأوعية والتجاويف التي ينظر إليها كذلك من ناحية الاتساع والتضيق والانسداد مع إضافة الاستفراغ، وبناءً على ذلك

---

(1) يُراجع، ابن القف، العمدة في الجراحة، مصدر سبق ذكره، ج1، ص131. (المؤلف)

تصنف إلى أربعة أصناف هي: ما يحدث من اتساع الأوعية والتجاويف مثل اتساع كيس الانثيين، وما يحدث من تضيق الأوعية والتجاويف مثل: ضيق المعدة وضيق بطون الدماغ والصرع، وما يحدث من انسداد الأوعية والتجاويف مثل انسداد الشرايين وانسداد بطون الدماغ، وما يحدث من استفراغ الأوعية والتجاويف مثل خلو تجاويف القلب عن الدم عند شدة الفرح المهلكة.

ويشمل الصنف الرابع أمراض صفائح الأعضاء، وهي أمراض تنشأ عندما يصبح الخشن بطبيعته ملسًا وبالعكس، مثال ذلك المعدة والأمعاء إذا ما أصبحت ملساء ويفترض أن تكون خشنة، والقصبة الهوائية إذا ما أصبحت خشنة ويفترض أن تكون ملساء.

وتُقسم أمراض المقدار إلى قسمين: الأول يخص الزيادة والثاني يخص النقصان، فأما الزيادة مثل ما يعرض للعضو عند إصابته بداء الفيل، وأما النقصان مثل ضمور اللسان والحدقة والذبول.

وتكون أمراض الغدد من جنسين: جنس الزيادة وجنس النقصان، فأما الزيادة فقد تكون طبيعية مثل الإصبع الزائدة، وقد تكون غير طبيعية مثل الحصاة، وأما النقصان فقد تكون طبيعية بنقصان إصبع الولادة. أو بنقصان إصبع نتيجة القطع.

أما أمراض الوضع فهي أربعة: انخلاع العضو من مفصله، زواله عن وضعه من غير انخلاع مثل الفتق المنسوب إلى الأمعاء، حركته فيه لأعلى المجرى الطبيعي أو الإرادي مثل الرعشة، لزومه موضعه فلا يتحرك عنه مثل تحجُّر المفصل في مرض النقرس، وتضاف إلى أمراض الوضع المشاركة على صنفين: أن يمتنع العضو عن الحركة بعد أن كان ذلك ممكنًا مثل: امتناع الإصبع من الحركة، وامتناع تحرك العضو ومفارقته هذه الحركة مثل استرخاء المفاصل في الفالج.

وفي سبيل توضيح قسمة أمراض التركيب على مذهب ابن سينا نرسم المخطط التفصيلي الآتي:

أمراض التركيب (الأمراض الآلية)

- **أمراض الخِلقة**
  - **أمراض الشكل**
  - **أمراض صفائح الأعضاء**
    1. الخشن
    2. الأملس
  - **أمراض المجاري**
    1. الاتساع
    2. التضييق
    3. الانسداد
  - **أمراض الأوعية والتجاويف**
    1. الاتساع
    2. التضييق
    3. الانسداد
    4. الاستفراغ
- **أمراض المقدار**
  1. الزيادة
  2. النقصان
- **أمراض العدد**
  1. الزيادة
  2. النقصان

أمراض الوضع

- **الموضع**
  1. انخلاع
  2. زوال عن وضع
  3. حركة غير طبيعية
  4. لزوم الموضع
- **المشاركة**
  1. امتناع عن الحركة
  2. مفارقة الحركة

وقد التمس **الأطباء العرب** أمراض تفرق الاتصال في الجلد واللحم والعظم والغضروف والعضل والأعصاب والشرايين والأغشية والحجاب. وقد وضعوا لكل حالة اسمًا مناسبًا يدل على مبلغ عنايتهم بتفريق الأمراض أو الإصابات المختلفة، ولهذا الباب أهميته في علم الجراحة نظرًا لصلة موضوعاته بصناعة الجراحة.

يقصد بتفرق الاتصال الإصابة أو المرض الذي يقع في العضو، فيحدث فيه انفصالًا بعد أن كان متصلًا، مثال ذلك القطع الذي يقع في اليد أو الرِجل أو في الإصبع، ولكن ثمة حالات لا يقع هذا الاتصال بالصورة السابقة، فالجلد الذي يصيبه خدش والعصب المقطوع أمثلة على تفرق الانفصال كذلك، فإذا ما حدث تفرق في الجلد وكان قريب العهد سمي خدشًا، أما إذا كان التفرق بعد ذلك العهد سمي سحجًا، وإذا وقع في اللحم بسبب خارجي فإنه يسمى جراحة أو جرحًا، أما إذا كان سبب وقوع التفرق في اللحم داخليًا فإنه يسمى ورمًا، وإذا وقع في الجرح قيح سواء كان سبب الجرح خارجيًا أو داخليًا فإنه يسمى خراجًا، وإذا انفجر سمي قرحة، وإذا كان الجرح بعيد الغور ومضى عليه أربعون يومًا وصار على فمه صلابة وفي داخله لحم أبيض سمي ناسورًا.

وقد يقع الجرح والقرحة في غير اللحم، وذلك أن يقع في العظم مثلًا، فيقال للعظم المكسور إلى جزأين وكان سببه خارجيًا كسرًا، وإذا حدث أن تكسر العظم إلى أجزاء صغيرة سمي تفتتًا، وإذا وقع الكسر في الطول صادعًا، وإن كان من داخل وهو أن استولت عليه مادة فاسدة فإنه يسمى ريح الشوكة، وإن وقع بين عظمين ملتصقين كالزندين سمي انفصالًا، وإن كان أحدهما راكزًا في الآخر وخرج الراكز عن موضعه خروجًا تامًا سمي خلعًا، وإن لم يخرج بالتماس سمي زوالًا، ومنهم من يسميه وثيًا، وإن لم يتحرك عن موضعه لكن انرضّ ما حوله سمـي وهـنًا[1].

كما ويقع التفرق في الغضاريف والأعصاب، فإن كان التفرق قد وقع بالعُرض سمي بترًا، وإن وقع بالطول سمي شقًا، وإن وقع بالطول وكان التفرق عميقًا سمي خدشًا.

وقد يقع التفرق في العضلات كذلك، لكل حالة اسم يطلق عليها، فإن وقع على طرف

(1) المصدر السابق، ج1، ص135. (المؤلف)

العضلة سمي هتكًا، وإن وقع في عرضها سمي جزًا، وإن وقع في الطول وقل عدده وكبر غوره سمي فدغًا.

ويقع التفرق في الأوردة والشرايين، فإن وقع فيها سمي على العموم انفجار الدم، وإن وقع بالعرض سمي قطعًا وفصلًا، وإن وقع بالطول سمي صدعًا، وإن وقع في فوهات الأوردة والشرايين سمي بثقًا، وإن كان في الشريان ولم يلتحم وكان الدم يسيل منه إلى الفضاء الذي يحويه حتى يمتلئ ذلك الفضاء، وإذا عصرت عاد إلى العرق سمي أم الدم[1].

وننتقل بعد ذلك إلى الأمراض المركبة، بعد تحليلنا للأمراض البسيطة، ويقصد عادة بالمرض المركب ذلك المرض الناتج من أمراض مجتمعة، فإذا ما اجتمعت عدة أمراض في مرض واحد قيل عنه مرض مركب، مثال ذلك: الأورام الصغار وهي البثور والأورام الكبار، ففي الورم يوجد مرض سوء المزاج، ويوجد فيه مرض التركيب لحدوث اختلاف في الشكل والمقدار، كما يوجد فيه مرض تفرق الاتصال، لأن من طبيعة الورم أن تقوم المادة التي نزلت فيه بتفرقه اتصال الأجزاء بعضها عن بعض.

ويرى **ابن سينا** أن الورم يعرض للأعضاء اللينة وقد يعرض شيء شبيه بالورم في العظام، يغلظ له حجمها وتزداد رطوبتها ولا يغرب أن يكون القابل للزيادة بالغذاء يقبلها بالفعل إذا نفذ فيه أو حدث فيه[2].

بينما يذهب **أبو بكر الرازي** غير هذا المذهب لاعتقاده أن العظام لا يصيبها الورم، لأن التوريم يفتقر إلى التمدد، بينما لا يحدث ذلك في العظم، وقد أيد **ابن القف** مذهب **الرازي** ورد على **ابن سينا** من خلال التمييز بين الورم والنمو الذي يصيب العظم.

يقول **ابن القف**: واعلم أن الحق في هذه المسألة مع الرازي، فإن له أن يقول التمديد الحاصل بالنماء غير التمديد الحاصل بالورم من جهة الفاعل والمادة ونفس التمديد، أما الفاعل فإن فاعل النمو القوة النامية الموكلة بتدبير الأعضاء، وللورم المادة المورمة، وأما المادة فإن مادة النماء مادة صالحة مألوفة ومادة الورم فاسدة ردية مؤذية،

(1) يُراجع، ابن سينا، القانون في الطب، ج1، ص77. (المؤلف)
(2) المصدر السابق، ج1، ص76. (المؤلف)

وأما نفس التمدد فإنه في النمو في الأقطار الثلاثة على التناسب الطبيعي، وفي الورم ليس هو كذلك[1].

ويرى **الأطباء العرب** أن البثور أورام صغيرة، وإن الاختلاف بين الأورام والبثور إنما هو من جهة الحجم، فالأورام كبيرة والبثور صغيرة، ولكنهم في بحثهم عن المواد التي تكون عنها الأورام التزموا بنظرية الأخلاط، فاعتبروا هذه المواد ستة، الأخلاط الأربعة والمائية والريحية، فالورم بناءً على ذلك إما أن يكون حارًا أو لا يكون حارًا، والورم الحار على أنواع هي: الفلغموني والصفراوي والجمرة والمركب منهما، ويقصد بالورم الفلغموني ما يصيب العضو من سوء مزاج أو مادة حارة، ويطلق بالتخصيص على الورم الدموي الكبير الحجم، وإذا وقع الورم في الأعضاء الغددية التي هي خلف الأذنين وفي الابطين سمي طاعونًا.

والأورام غير الحارة تكون أما من مادة سوداوية أو بلغمية أو مائية أو ريحية، وتقسم الأورام الحاصلة عن مادة سوداوية إلى أورام صلبة وأورام سرطانية وأورام غددية، وتختلف الأورام السرطانية عن الصلبة، كون الأولى خبيثة متحركة متزايدة لها عروق وأصول ناشئة في الأعضاء، في حين تكون الأورام الصلبة ساكنة لا وجع معها.

وتنقسم الأورام البلغمية إلى نوعين: الورم الرخو والسلع اللينة، ويتفاصلان بأن السلع متميزة في غلف، والورم الرخو مخالط غير متميز، وأكثر أورام الشتاء بلغمية حتى الحارة منها تكون بيض الألوان[2]. ويعتبر الاستقساء[3] من الأورام المائية، والنفخة والتهيج من الأورام الريحية.

أما البثور فمنها أورام دموية مثل الجدري[4]، وصفراوية مثل الشري والحصبة ومائية كالنفاطات، وريحية كالنفاخات.

---

(1) يُراجع، العمدة في الجراحة، ج1، ص137-138. (المؤلف)

(2) يُراجع، ابن سينا، القانون في الطب، ج1، ص77. (المؤلف)

(3) سأُشير إلى مصطلح الاستقساء في الفصل الثاني، فليُراجع هناك. (المحقق)

(4) الجدري والحصبة من الأمراض الأثرية التي أصابت الإنسان، ولم يلفت الفرق بينهما أنظار المعالجين إلا في أزمان متأخرة وربما حسبوهما مرضًا واحدًا، بدرجتين من الشدة، والرازي الطبيب دون شك أول من أحسن وصف هذين المرضين وفرق بينهما سريريًا، وكتاباته في هذا الموضوع من بدائعه الرائعة في الطب، ومن ذكره للفرق بين الحصبة والجدري قوله إن: البثور التي في الجدري تغور في عمقه، ومن ملاحظاته

المبحث الثاني: استقصاء الأمراض المختلفة عند الأطباء العرب

وللأمراض على اختلاف أنواعها أعراض يمكن تقصيها ومعرفة ما أصاب العضو من مرض بالاستدلال من الأعراض الظاهرة، ولكن التشخيص المرضي عن طريق الأعراض يتعدى الأمراض الظاهرة إلى الأمراض الباطنة، وعندئذ يستخدم الطبيب الحدس والاستنتاج والتفريق بين الأمراض المتشابهة ليصل إلى معرفة العضو المصاب بالمرض، لذلك استخدم **الطبيب العربي** جميع الوسائل المتاحة لتقصي الأمراض المختلفة.

يبدأ **الطبيب العربي** بأسئلة يطرحها على المريض عن بدايات المرض، وما يحس به والأوجاع التي تظهر عليه، والمدة التي استغرقها المرض، وهكذا بحيث لا يترك شيئًا إلا ويقدم على سؤاله بكل ما يتعلق بالمرض، وعلى الرغم من عدم وجود وسائل التحليل المختبري للإبرازات والإفرازات التي يحدثها البدن، فإن دقة الملاحظة والخبرة الممتازة قد وضعته في موقف طبي جيد، بحيث أمكنه في كثير من الحالات أن يصل إلى نتائج صحيحة من خلال فحص البول والبراز والبصاق والعرق وغير ذلك.

وفي سبيل تقديم صورة واضحة عن الأعراض المرضية وأساليب التفريق بينهما، لا بد لنا أن نربط منذ البداية بين الإبرازات والإفرازات من جهة والأعضاء التي صلة بها من جهة أخرى.

الدقيقة أيضًا حدوث الرعاف عند البعض منهم والتحسن في حالة المريض بسببه، فصار الرازي يرعف المصاب بالجدري متوخيًا الفائدة التي تعقب هذه المضاعفة، كما لاحظ ما يعتري عين المجدور من مضاعفات، فأولى هذا الأمر عنايته حتى لا يصيب العين الضرر الدائم، واعتبر الجدري بعمومه سليمًا إلا إذا تضاعف بالإسهال والحمى العالية وكثرة البثور القيحية. أما الطفح في الحصبة فوصفه الرازي سطحيًا لا ينتأ على سطح الجلد، وأشار إلى أن مثل هذا الطفح قد ينشأ داخل الجوف فيسبب نزفًا معويًا، ولاحظ أيضًا أن المصابين بالحصبة لا يشكون من وجع الظهر. واستعمل الرازي في علاج الجدري شرب ماء الرمان، ونشوق ماء الورد وسويق الشعير، والأغذية القابضة، كما استعمل الفصد في بعض الحالات، والجدري والحصبة من جنس الأمراض الوافدة، ويحدثان أبدًا مع هبوب ريح الجنوب ولا سيما إن هبت في الصيف. ومن علامات الحصبة، غلظ الصوت، وتحمر العينان والوجنتان، ووجع في الحنجرة والصدر وجفاف اللسان وتنتفخ الاصداغ ويحمر الجسد وتدمع العينان والتهيج والتهوع. والحصبة تظهر بمرة، والجدري شيئًا فشيئًا، يُراجع، للتفصيلات، د. كمال السامرائي، موجز تاريخ الطب العربي، ج2، ص282 وما بعدها. والحصبة مأخوذ اسمها من الأرض الحصباء، أي ذات الحصى الناتئة على أديمها، وعالجوها ببذور الحشائش والحرمل والحنظل. (المحقق)

يقول **المجوسي** في كتابه كامل الصناعة الطبية ما نصه: استدلت الأوائل من علماء الأطباء على كثير من أحوال الصحة والمرض بأفعال هاتين القوتين، فاستدلوا من أفعال القوة الحيوانية على صحة القوة وضعفها وعلى اعتدال الحرارة الغريزية وخروجها عن الاعتدال. وما يحدثه كل واحد من الأمور الطبيعية والتي ليست بطبيعية والخارجة عن الأمر الطبيعي فيها، وفي القلب الذي هو معدن لها، وتَعرف أفعال هذه القوى يكون من حركة العروق الضوارب التي هي مساوية لحركة القلب، ويقال لذلك العلم علم النبض.

واستدلوا من أفعال القوى الطبيعية على اعتدال الأخلاط الأربعة وخروجها عن الاعتدال، واختلاف أحوالها في حالة الصحة والمرض، من النضج الذي يكون في العروق غير الضوارب، وعدمه ومن النضج الذي يكون في آلات التنفس، ومن التنفس وعدمه.

والاستدلال على هذه الأحوال يكون مما يبرز من البدن، أما النضج الذي يكون في العروق وعدمه فيتعرف حاله من البول الذي هو مائية الدم، وأما النضج الذي يكون في المعدة والأمعاء وعدمه، فيتعرف حالهما من البراز الذي هو فضل الغذاء الكائن في المعدة، فأما النضج الذي يكون في آلة التنفس وعدمه فيتعرف حاله بما يخرج بالنفس والبصاق الذي هو فضل الغذاء الذي تتغذى به هذه الأعضاء، وقد يُستدل من العرق أيضًا دلالة هي أقل عمومًا من هذه على النضج الذي يكون في سائر أعضاء البدن كافة، إذ كان فضلًا لطيفًا تدفعه الأعضاء إلى ظاهر البدن وتخرجه من مسام الجلد[1].

يشير النص السابق إلى عدة حقائق، ما يتعلق منها بالنبض في الشرايين على أساس أنه دالة يركن إليها الطبيب في حالة المرض الذي يصيب الأعضاء الخاصة بالقوة الحيوانية، وبهذه القوة يتم انبساط القلب والعروق والضوارب وانقباضها لحفظ الحرارة الغريزية في الإنسان والحيوان، وسنجد فيما بعد أن اختلاف النبض وأنواعه مرتبط بالحالات المرضية لكثير من الأعضاء في البدن، لذلك فإن جس النبض ومعرفة دلالته ضرورة طبية في التشخيص المرضي. ومن الحقائق ما يتعلق بأهمية ما يبرزه البدن في الحالات المرضية للدلالة على

(1) يُراجع، كامل الصناعة الطبية، ج1، ص253-254. (المؤلف)

المرض، فالقوة الطبيعية لها أفعال يستدل منها على عدم التوازن والاعتدال في الأخلاط، أما الأعضاء المرتبطة بها فهي الكبد والعروق غير الضوارب (الأوردة)، وآلات الغذاء جميعها من المعدة والأمعاء وغيرهما.

ويظهر هنا أن الأعراض الدالة على الأفعال الطبيعية هي البول والبراز، في حين أن البصاق مرتبط بالجهاز التنفسي يدل على الإصابة بالمرض ونوعه، أما العَرَق فإنه دلالة عامة قد ترتبط بكثير من الحالات، سواء تلك التي تصيب الأعضاء المرتبطة بالأفعال الحيوانية أو تلك المرتبطة بالأفعال الطبيعية.

وفيما يلي ندرج الأساس النظري لهذه الأعراض وتقسيماتها، ونبدأ بالبراز ثم البول والبصاق والعَرَق.

من الأشياء العامة في كل هذه الأعراض أنها معلومة في حال الصحة والاعتدال، وأن القياس يكون دائمًا بالنسبة للكمية والكيفية لهذه الإبرازات التي يكون عليها العضو في حالة الصحة، فالإبرازات تكون إما طبيعية أو خارجة عن المجرى الطبيعي، ويقاس الإبراز الطبيعي من ناحيتين: ناحية الكم وناحية الكيف، ويقاس الإبراز غير الطبيعي من هاتين الناحيتين كذلك، فينظر الطبيب في الكمية من جهة البراز الكثير والبول الكثير والطمث المفرط وغير ذلك، كما ينظر الطبيب في الكيفية من جهة اللون والقوام.

وينظر الطبيب في أمر الإبراز من ثلاث نواحٍ:

أولًا. من حيث الزمن في حالتي الإسراع والبطء، قياسًا بالزمن الطبيعي الذي يستغرقه البراز في حالة الاعتدال، والحالة الأولى أن يسرع خروج البراز قبل أن يتم هضم الغذاء، ويعود سبب ذلك إلى أمور عديدة منها ما يتعلق بطبيعة الغذاء نفسه، لأن من الأغذية ما تساعد على الإسهال مثلًا، ومنها ما يتعلق بالعضو أن أصابه لذع كما يحدث بالنسبة للطعام الذي يلذع الأمعاء فتدفعه عنها، والحالة الثانية أن يبطئ خروج البراز، ويعود سبب ذلك إلى عدة أمور منها ما يتعلق بطبيعة الغذاء، لأن من الأغذية ما هو قابض، ومنها ما يتعلق بالعضو وضعف العضل في البطن وضعف القوة الدافعة في الأمعاء.

ثانيًا. من حيث الكمية، أي في عدد المرات التي يتبرز فيها الإنسان، ويعود سبب ذلك في حالة الكثرة إلى كثرة الطعام وزيادة السوائل في الأمعاء، أو بسبب تناول دواء مسهل أو من ضعف القوة الماسكة في الأمعاء، أما في حالة القلة فلقلة الطعام ونقص السوائل في الأمعاء، أو من ضعف القوة الدافعة في الأمعاء.

ثالثًا. من حيث الكيفية، سواء ما يحدث من البراز من تغير في لونه أو قوامه، فعندما تصاب الأعضاء بالمرض تتغير كيفية البراز، مثال ذلك أن يظهر البراز مثل غسالة اللحم الطري وظهور الدم مع الإسهال، أو أن يكون لون البراز أسود، ولكل كيفية دلالة على مرض داخلي، فإصابة الكبد بالمرض وعدم أداء وظائفه تؤدي إلى تغير في كيفية البراز، كما أن ظهور الدم واللون الذي يكون عليه يدل على إصابة الأمعاء بالقروح والزحير أو الدسنطاريا[1].

كما وينظر الطبيب في أمر البول من ناحيتين: من حيث الكمية، ومن حيث الكيفية، علمًا أن الأعراض التي تظهر في البول من الناحيتين تكون إما من قبل الكلى إما من قبل المثانة، فبالنسبة للكمية يكون إما إفراط في التبول أو احتباس فلا يخرج من البول إلا قليلًا، ويسمى الإفراط في التبول السلس البولي، أما السبب في ذلك فيرجع برأي **الأطباء القدماء** إلى عدم أداء الكبد لوظائفه، ويكون احتباس البول بسبب سدة تعترض مجرى البول، وقد يصاب مجرى البول من المثانة فيحتبس البول بسبب دم جامد أو لحم زائد أو بسبب انضمام فم المثانة لورم أَلم بها.

وبالنسبة لكيفية البول، فإن الأعراض التي تظهر تكون إما في لونه أو في رائحته أو في قوامه، فقد يميل اللون نحو الاصفرار، أو مال نحو البياض أو السواد أو غير ذلك من الألوان، وقد تكون رائحته نتنة إذا كانت في الكلى أو المثانة قروح عفنة، وقد يكون قوامه رقيقًا أو ثخينًا وقد يختلط جوهر البول بالدم والقيح بسبب قروح أو ورم انفجر فسال مع البول إلى الخارج. وبذلك يستدل بالبول على العلل التي تصيب الكبد والعروق والعلل التي تكون في الكليتين ومجاري البول والمثانة.

---

(1) كلمة يونانية رسمها اللاتيني Dysentaria ديزنطاريا، بحسب ترجمة حنين بن إسحق لها. وفي اللفظ الانجليزي Dysentery، وتعني (الزحار). وفي بلدنا العراق تستعمل هذه الكلمة عند الجمهور بلفظ ديزنتري، أي أن بطن المريض تُخرج بدون توقف بسبب مرض أصابها. (المحقق)

وأما الأعضاء الأُخر بمنزلة الصدر والرئة والدماغ وأوجاع المفاصل فإن الاستدلال بالبول على ما فيها من العلل غير موثوق به، فإذا أردت أن تصح لك الدلالة بالبول فينبغي أن تأمر العليل أن يأخذ البول في قارورة بيضاء كبيرة نقية صافية، وأن يأخذ البولة كلها بعد انتباهه من نومه الأطول وقبل أن يشرب الماء، وبعد أن ينهضم غذاؤه وينحدر عن المعدة والأمعاء الدقاق ولا يأخذه عند الجوع والعطش، وأن يترك القارورة ساعة جيدة حتى يستغرق فيها الرسوب، إن كان البول من شأنه أن يرسب فيه ثقل[1].

ومن الإفرازات التي يستدل بها على الأمراض البصاق والنفث، ويختلف البصاق عن النفث، أن الأول يكون في بدايات المرض وعندما لم يكن المرض إلا في مراحله الأولى، في حين أن النفث يكون عندما يبلغ المرض مرحلته المتقدمة، ويستدل بالبصاق والنفث على أمراض الجهاز التنفسي ومنها ذات الجنب وذات الرئة.

ويكون الاستدلال على المرض بملاحظة الكمية والكيفية لهذه الإفرازات، فربما يكون النفث كثيرًا وقد يكون قليلًا، وقد يكون متوسطًا، وقد لا ينفث العليل شيئًا، فعندما لا ينفث المريض شيئًا كان ذلك دليلًا على أن المرض في بدايته، وإذا نفث العليل فمعنى ذلك أن المرض جاوز الابتداء وأنه في ازدياد، وإذا كان النفث كثيرًا فذلك دليل على أن المرض وصل منتهاه، فالعلاقة بين مراحل المرض والنفث وثيقة، وأن كميته تشير إلى المرحلة التي يكون عليها المرض.

وللكيفية التي يكون عليها النفث دلائل على المرض ومراحله كذلك، وتقاس الكيفية من حيث اللون والقوام والرائحة، فبالنسبة للون يكون النفث أصفر أو شديد الصفرة أو مائلًا إلى البياض أو الحمرة، أما بالنسبة للقوام فإن من النفث ما هو رقيق وما هو غليظ، وقد يكون معتدلًا بين الغلظة والرقة، ويختلف النفث من حيث الرائحة، فمنه ما تكون رائحته نتنة لشدة العفونة في الجهاز التنفسي، ومنه عديم الرائحة.

ويستدل بالكيفية على العلل وعلى تماثل المريض إلى الصحة، فإذا كان النفث أخضر أو شديد الصفرة وخرج بعسر، وكان رقيق القوام كريه الرائحة لعفونته فهذا دليل على حدوث

---

(1) يُراجع، المجوسي، كامل الصناعة الطبية، ج1، ص283. (المؤلف)

عطب في الجهاز التنفسي، أما إذا كان النفث أبيض اللون كثير المقدار سهل الخروج خاليًا من النتانة، فهذا دليل على سرعة انقضاء المرض.

والعَرَق الذي يخرج من مسامات الجلد يستدل به كذلك على ما يحدث في البدن، ويكون فحصه في الأحوال الاعتيادية وليس عند الرياضة أو دخول الحمامات وغيرها، ويستدل به من حيث صلته بالعضو وتواتره وكميته وكيفيته، ففي رأي **الأطباء العرب** أن العَرَق إن أصاب عضوًا دون آخر أو إن تعرقت بعض الأعضاء دون غيرها، ويكون متفاوتًا يظهر ثم ينقطع، فذلك دليل على مرض أصاب البدن. وربما تكون كمية العرق كثيرة جدًا أو قليلة جدًا، وفي الحالتين رديء. لأن الاعتدال في كمية العرق هو الدليل على صحة البدن.

وتقاس كيفية العرق من عدة أوجه، من حيث الحرارة والبرودة، واللون، والرائحة والطعم والقوام، وفي حالة الصحة يكون العرق معتدل الحرارة، أبيض اللون، وتختلف رائحته باختلاف الخلط المحدث للمرض، فمنه ما رائحته الحموضة، ومنه ما قوامه رقيق أو غليظ، ومنه ما طعمه حلو أو مالح أو حامض.

المبحث الثالث: الاستدلال على النبض عند الأطباء العرب

واهتم **الأطباء القدماء** من **اليونان** و**العرب** بأحوال النبض وأنواعه، واتخذوا منه دليلًا على معرفة صحة البدن أو مرضه، وقد جاءت ملاحظاتهم دقيقة تثير الإعجاب، كما أن التمييز بين أجناس النبض في حالات الأمراض المختلفة يجعلنا نقف مما دونوه في هذا الصدد موقف المعترف بفضلهم الكبير في ربط النبض بأحوال البدن، ولسوف نعرض جزءًا يسيرًا من ملاحظاتهم في النبض إشارة إلى أهميته في الاستدلال على الأمراض.

يشترط **الطبيب العربي** في جنس النبض أن يكون عرق الساعد لقربه من القلب، والسبب في وقوع الاختيار على جس عرق الساعد أمور ثلاثة هي: سهولة متناوله، وقلة المحاشاة عن كشفه، واستقامة وضعه بحذاء القلب وقربه منه، وينبغي أن يكون الجس واليد على جنب، فإن اليد المتكئة تزيد في العرض والإشراف وتنقص من الطول، لا سيما في المهازيل، والمستلقية تزيد في الإشراف والطول وتنقص من العرض، ويجب أن يكون الجس في وقت يخلو فيه صاحب النبض عن الغضب والسرور والرياضة وجميع الانفعالات، وعن الشبع

والمثقل والجوع وعن حال ترك العادات واستحداث العادات، ويجب أن يكون الامتحان من نبض المعتدل الفاضل حتى يقايس به غيره[1].

فالملاحظ في الشروط التي وردت في النص أن منها ما يتعلق بوضع اليد عند جس النبض، ومنها ما يتعلق بصاحب النبض وانفعالاته، وما هو عليه من حالات: الشبع أو الجوع، أو الاستحمام، أو الجماع. فمن الضروري ألا يكون الشخص مثقلًا بالشبع أو منطويًا على جوع، وألا يكون مستعملًا للشراب، وغير متعرض للحر والبرد وغير مستعمل للاستحمام أو للجماع، أما كيفية التعرف على أحوال النبض غير الطبيعي فإنه يكون بالقياس إلى النبض المعتدل، ولكن سرعان ما يعترضنا سؤال هو كيف السبيل إلى معرفة النبض المعتدل؟

والجواب عن ذلك يوجب معرفة ما يأتي:

أولًا. أن يتعرف الطبيب النبض الخاص بالشخص بجسّه في حالة الصحة، فإذا حدث تغير في النبض الطبيعي استدل على أن في المريض إصابة مرضية، وعليه أن يتحرى الدقة في جس النبض ومعرفة أحواله ليعرف بعد ذلك ما به لأن الاستدلال على المرض والعلل والأوجاع عن طريق النبض صورة من صور التشخيص المرضي.

ثانيًا. ولما كان من غير الممكن معرفة نبض كل إنسان في القرية والمدينة عندما يكون في حالة الصحة، فإن على الطبيب أن يأخذ بنظر الاعتبار عدة عوامل تؤثر في النبض لكي يميز بين ما تؤثره هذه العوامل وما هو ناتج عن أسباب مرضية، وهذه العوامل هي جنس النبض، هل هو ذكر أم أنثى، والأمزجة لاختلاف الأشخاص فيها، والسحنة لاختلاف الأبدان، فمنها الضعيفة ومنها الأبدان العبلة[2] كثيرة اللحم، والسِن لاختلاف النبض باختلاف الأعمار، والبلدان والفصول، وفي النوم واليقظة، وفي الحَمِل.

---

(1) يُراجع، ابن سينا، القانون في الطب، ج1، ص124. (المؤلف)

(2) العبل: الرجل الضخم من كل شيء. (المحقق)

ثالثًا. أن يثبت الطبيب أحوال النبض الطبيعي على أساس أنه النبض المعتدل، فهو وسط بين حالتين دائمًا، ليس بالقوي وليس بالضعيف، وليس بالطويل وليس بالقصير وليس بالسريع وليس بالبطيء وهكذا.

وبذلك يستدل الطبيب من خلال تصنيف أجناس النبض أن يقرر النبض الطبيعي المعتدل، وأن يقيس بعد ذلك كل الاختلافات التي تظهر على النبض الطبيعي ليستدل على المرض أو الإصابة التي تلحق بأعضاء بدن الإنسان.

وبناءً على ذلك يجب أن نتعرف أجناس النبض عند **الأطباء العرب**، إذ يرى **ابن سينا** أن كل نبضة فهي مركبة من حركتين وسكونيين، لأن كل نبض مركب من انبساط وانقباض، ثم لا بد من تخلل السكون بين كل حركتين متضادتين لاستحالة اتصال الحركة بحركة أخرى بعد أن يحصل لمسافتها وطرف بالفعل[1].

أما أجناس النبض فقد توسع فيها الأطباء، وجعلوا لكل جنس مقولة أو صفة، إذ يستطيع الطبيب أن يصف النبض بالاستناد إلى خصائص كل نبضة وما يستدل بها على حالة المريض، وهذه الأجناس هي: الجنس المأخوذ من مقدار الانبساط والثاني المأخوذ من زمان الحركة. والثالث من مقدار القوة، والرابع من قوام الشريان، والخامس مما يحتوي عليه جرم الشريان، والسادس من كيفية جرم الشريان، والسابع من وقت السكون، والثامن من زمان الحركات والفترات (= الفتور والراحة)، والتاسع من خاصية الكمية، والعاشر من عدد نبضات العِرق[2].

ويقصد بالجنس المأخوذ من مقدار الانبساط، حالة النبض أن كان عظيمًا أو صغيرًا أو معتدلًا. وفيما إذا كان النبض في حالة الانبساط طويلًا أو قصيرًا أو معتدلًا، وفيما إذا كان النبض في حالة الانبساط شاخصًا أو غائرًا أو معتدلًا.

ويقصد بالجنس المأخوذ من زمان الحركة حالة النبض إن كان سريعًا أو بطيئًا أو معتدلًا.

ويقصد بالجنس المأخوذ من مقدار القوة حالة النبض إن كان قويًا أو ضعيفًا أو معتدلًا.

---

(1) يُراجع، ابن سينا، القانون في الطب، ج1، ص123. (المؤلف)

(2) يُراجع، المجوسي، كامل الصناعة الطبية، ج1، ص255. (المؤلف)

ويقصد بالجنس المأخوذ قوام الشريان حالة النبض ممتلئًا أو فارغًا أو معتدلًا.

ويقصد بالجنس من كيفية جرم الشريان حالة النبض إن كان حارًا أو باردًا أو معتدلًا.

أما الجنس المأخوذ من وقت السكون فيقصد به حالة النبض فيما إذا كان متواترًا أو متفاوتًا أو معتدلًا.

والنبض الذي يكون زمان سكونه قصيرًا هو المتواتر، بينما يكون النبض متفاوتًا عندما يكون زمان سكونه طويلًا.

وأما الجنس المأخوذ من وقت الحركات والفترات فينقسم إلى النبض الحسن الوزن والسيئ الوزن، والوزن هو المقايسة والمناسبة، وهذه المقايسة تكون إما بمقايسة زمان حركة إلى زمان حركة بمنزلة ما تكون حركة الانقباض الثاني، في زمان مساوٍ لزمان حركة الانبساط الأول أو مخالف له، وإما بمقايسة زمان سكون إلى زمان سكون بمنزلة ما يكون زمان السكون الداخل مساويًا لزمان السكون الخارج أو بخلافه، وإما قياس زمان سكون إلى زمان حركة بمنزلة ما يكون زمان الانبساط مساويًا لزمان السكون الداخل أو بخلافه فالنبض الحسن الوزن هو الذي يكون بينه وبين نظير صاحبه مقايسة ومشاكله بمنزلة نبض الصبي إذا كان مشاكلًا لنبض الصبي ومناسبًا له، ونبض الشباب لنبض الشباب...[1].

والجنس المأخوذ من كيفية الانبساط يمثل حالة النبض إن كان مستويًا أو مختلفًا، والمستوى ما تكون قرعاته للأصابع دائمة على حال واحدة، والمختلف عكس ذلك تمامًا، وبذلك يكون الاستواء والاختلاف في النبض داخلان في جميع أجناس النبض، لأن المستوى لا تكون فيه نبضة صغيرة أو نبضات كثيرة. كما لا تكون فيه نبضة ضعيفة وأخرى سريعة وبطيئة، بل تكون جميع نبضاته كثيرة عظيمة متساوية.

وصنّف **الأطباء القدامى** النبض المركب، فمنه: الغزالي والدودي والنملي والمنشاري والمسلي.

أما الغزالي، فهو المختلف في جزءٍ واحد إذا كان بطيئًا ثم ينقطع فيسرع، ومنه الموجي وهو المختلف في عظم أجزاء العروق وصغرها أو شهوقها، وفي العرض وفي التقدم والتأخر

---

(1) المصدر السابق، ج1، ص257. (المؤلف)

في مبتدأ حركة النبض مع لين فيه، وليس بصغير جدًا، وله عرض ما وكأنه أمواج يتلو بعضها بعضًا على الاستقامة، مع اختلاف بينهما في الشهوق والانخفاض والسرعة والبطء.

ومنه الدودي، وهو شبيه به إلا أنه صغير شديد التواتر يوهم تواتره سرعة وليس بسريع.

والنملي، أصغر جدًا وأشد تواترًا، والدودي والنملي اختلافهما في الشهوق، وفي التقدم والتأخر أشد ظهورًا في الجس من اختلافهما في العرض، بل عكس ذلك ألا يظهر.

ومنه المنشاري، وهو شبيه بالموجي في اختلاف الأجزاء في الشهوق والعرض وفي التقدم والتأخر، إلا أنه صلب ومع صلابته مختلف الأجزاء في صلابته، فالمنشاري نبض سريع متواتر صلب مختلف الأجزاء في عظم الانبساط والصلابة واللين.

ومنه ذنب الفار، وهو الذي يتدرج في اختلاف أجزاء من نقصان إلى زيادة، ومن زيادة إلى نقصان، وذنب الفار قد يكون في نبضات كثيرة وقد يكون في نبضة واحدة في أجزاء كثيرة أو في جزء واحد، واختلافه الأخص هو الذي يتعلق بالعظم، وقد يكون باعتبار البطء والسرعة والقوة والضعف.

ومنه المسلي، وهو الذي يأخذ من نقصان إلى حد في الزيادة ثم يتناكس على الولاء إلى أن يبلغ الحد الأول في النقصان، فيكون كذنبي فأر يتصلان عند الطرف الأعظم ومنه ذو القرعتين[1].

إن هذه الدقة في تصنيف النبض بحاجة إلى مهارة وخبرة طويلة وإلى أصابع حساسة بالفرق في النبض عند الجس، لذلك لا نستغرب أن نجد **علي بن العباس المجوسي** يشير على الطبيب أن يفيد من علم الألحان أو الموسيقى بقوله: ويحتاج إلى علم الألحان ليروض أنامله في جس الأوتار وذهنه في النغم ليسهل عليه بذلك تعلم النبض وجس العروق[2].

كما يربط ابن سينا بين النبض والموسيقى[3] صراحة فيقول: وينبغي أن يعلم أن في النبض

---

(1) يُراجع، ابن سينا، القانون في الطب، ج1، ص127. (المؤلف)

(2) يُراجع، كامل الصناعة الطبية، ج1، ص12. (المؤلف)

(3) لا أظن أن كليات الطب في العراق على كثرتها، أو حتى كليات الطب في العالم العربي، قد خصصت درسًا للموسيقى والألحان ضمن نظام مقرراتها الدراسية للسنوات الست التي يدرس فيها الطالب علم الطب بكل تفصيلاته، وعلى الرغم من أن ابن سينا قد كتب في فن الموسيقى كتابًا مميزًا في تاريخ هذا العلم إلى اليوم

طبيعة موسيقاوية موجودة، فكما أن صناعة الموسيقى تتم بتأليف النغم على نسبة بينها في الحدة والثقل وبأدوار إيقاع ومقدار الأزمنة التي تتخلل نقراتها، كذلك حال النبض، فإن نسبة أزمنتها في السرعة والتواتر نسبة إيقاعية، ونسبة أحوالها في القوة والضعف وفي المقدار نسبة كالتأليفية، وكما أن أزمنة الإيقاع ومقادير النغم قد تكون غير متفقة، كذلك الاختلافات قد تكون منتظمة وقد تكون غير منتظمة، وأيضًا نسب أحوال النبض في القوة والضعف والمقدار قد تكون متفقة وقد تكون غير متفقة، وهذا خارج عن جنس اعتبار النظام[1].

المبحث الرابع: الاستدلال على الأعراض والأمراض عند الأطباء العرب

لقد أدرك **الطبيب العربي** صعوبة الاستدلال على الأعراض والأمراض الباطنة، ولكنه أدرك على الرغم من ذلك وضع الطرق العامة التي يستدل بها على الأمراض الباطنة، وذلك من خلال فحص الأعراض والإبرازات والإفرازات وأحوال النبض، فضلًا عن مساءلة المريض فيما يتعرض إليه من آلام وأعراض أخرى، فلكل مرض مجموعة معينة من الأعراض الخاصة التي يستطيع الطبيب من خلالها تشخيص الإصابة، فإن كان النبض والبول والبراز والنفث والعَرَق دلائل عامة، فإن الأعراض التي يبديها المرض أثناء إصابة عضو ما هي دلائل خاص.

وقد ذهب **الطب العربي** إلى التمييز بين دلائل الأعراض للأمراض الظاهرة ودلائل الأعراض للأمراض الباطنة. وقد أوصى المتعلم لعلم الطب أن يرتاض أولًا على معرفة العلل الظاهرة للحس ثم يرتقي بعد ذلك إلى معرفة العلل الباطنة.

لا شك أن بعض الأعراض التي تظهر على المريض نتيجة الإصابة بالمرض يمكن ملاحظتها بظاهر الحس، مثال ذلك: الحميات على اختلاف أنواعها، وبعض الأورام والبثور

فإنه وجد الحاجة مهمة لهذا العلم في علم الطب ولا سيما في مسألة كشف النبض بصورة صحيحة. فإذا كان هذا الفيلسوف والعالم قد أشار إلى هذه الأهمية لفن الموسيقى بالنسبة للطب فما أحرانا نحن اليوم أن نخصص له مقررًا دراسيًا في كليات الطب، لربما يساعد كثيرًا على بناء شخصية الطبيب والعالِم بالطب. (المحقق)

(1) يُراجع، القانون في الطب، ج1، ص125. (المؤلف)

التي تظهر على الجسم والجل، فازدياد الحرارة وخروجها عن المجرى الطبيعي مع ما يصاحبها من أعراض مثل الصداع دليل على إصابة أحد الأعراض بالمرض.

ويستدل على المرض فضلًا عن شدة الحرارة بملاحظة نبض المريض وغير ذلك. علمًا أن لكل نوع من أنواع الحمى مجموعة من الأعراض التي تدل عليها سواء كانت الحمى ناتجة عن حر الشمس وحر النار أو عن إصابة عضو بورم مثل إصابة الحالب. فإذا أصيب عضو ما بورم فإن العضو على مذهب **القدماء** تصيبه حمى، ثم ما تلبث أن تسخن ما جاورها من الأعضاء حتى تنتهي إلى القلب الذي بدوره يبثها في الشرايين إلى جميع البدن وتبقى هذه الحمى في البدن حتى يمر المرض بأدوار عند نضوج الورم ويتم استفراغ ما فيه من الأخلاط الرديئة.

ومن الأمراض التي تظهر أعراضها على سطح البدن، وهي الأمراض التي تحدث لأسباب داخلية، مثال ذلك ما يظهر على البدن من أعراض مرض الجدري والحصبة والجذام والبهق والبرص وغير ذلك، ومن الأمراض ما يخص بعض الأعضاء دون الأخرى، مثل داء الثعلب الذي يصيب الرأس.

فضلًا عن ذلك توجد علل حادثة عن أسباب خارجية، مثال ذلك ما يحدث للبدن عند إصابته بجرح أو برَضٍ أو بفسخ، وما يحدث للبدن نتيجة فعل خارجي مثل عضة الكلب والأفاعي وغير ذلك.

ونظرًا لصعوبة تشخيص الأمراض الباطنة، فقد الطب العربي قواعد وطرق عامة يستدل بها على الأمراض الباطنة، وهي بمثابة دستور للأطباء يلتزم به من أجل جمع المعلومات الكافية والاستدلال بها على العضو المصاب.

والطرق التي نحن بصدد ذكرها هي **لعلي بن العباس المجوسي**، وقد عددها فأحصاها بستة/ ، على الرغم من قوله إنها ثمانٍ، فآثرنا إضافة ما نقص منها من خلال ما وجدناه في تحليله لتكون ثماني.

يقول **المجوسي**: أقول إن العلل التي تحدث في باطن البدن ليس تعرفها سهلًا كتعرف علل الأعضاء الظاهرة، لكن يحتاج فيها إلى أن يكون المتطبب عارفًا بفعل كل واحد من

الأعضاء ومزاجه وجوهره ومنفعته ومقداره وشكله وموضعه في البدن، ومشاركته لما يشاركه من الأعضاء وما يحتوي عليه من الرطوبات وغيرها... فيعلم من ذلك الطرق التي تسلك في تعرف كل واحد من العلل والأمراض الباطنة في أي الأعضاء حدث وفي أي موضع من العضو وحال المرض ومقداره وسلامته ورداءته، وإذا كان الأمر كذلك فيجب أن نبين الطرق التي تسلك في معرفة كل واحد من العلل والأمراض الباطنة، والدستورات التي يبنى عليها الأمراض في معرفتها.

وهذه الطرق والدستورات ثمانٍ هي: إحداها الطريق المأخوذة من ضرر الفعل، والثانية الطريق المأخوذة مما يبرز من البدن، والثالثة الطريق المأخوذة من موضع العليل، والرابعة الطريق المأخوذة من الوجع الخاص بالأعضاء، والخامسة الطريق المأخوذة من الورم، والسادسة الطريق المأخوذة من الأعراض الخاصة للمرض، والسابعة الطريق المأخوذة من البحث والمساءلة، والثامنة الطريق المأخوذة من المشاركة في العلة[1].

ولتوضيح هذه الطرق نضيف بعض الشرح لكل واحدة منها، فبالنسبة للأولى يكون الاستدلال على العضو المصاب بما يصيبه من ضرر مثل قلة شهوة المريض للطعام أو ضيق التنفس.

ويستدل بالطريق الثانية على العضو العليل من الإبرازات مثل التغير الحادث في جوهر البول أو وجود دم وقطع صغيرة من اللحم في براز المريض.

ويستدل بالطريقة الثالثة على العضو العليل بما يخرج منه مثل ما يخرج عند السعال لمن هو مريض بالقرحة في الجهاز التنفسي.

ويستدل بالطريقة الرابعة من الآلام وكيفياتها، إذ لكل ألم كيفية خاصة، مثال ذلك الألم الناتج عن العصب، والألم الناتج عن الالتهابات، كما يستدل بالألم على موضع العضو، فإن كان الألم في الجانب الأيمن من جهة الكبد فيدل على أن الإصابة واقعة في الكبد، وإن كان الألم في الجانب الأيسر فيدل على أنه الطحال.

(1) يُراجع، كامل الصناعة الطبية، ج1، ص320-322. (المؤلف)

ويستدل بالطريق الخامسة من الأورام من حيث الشكل واللون، فعند المصابين بأمراض الكبد يكون الورم في الجانب الأيمن وعلى شكل هلال، وتظهر حمرة الوجنتين للدلالة على مرض ذات الرئة.

ويستدل بالطريق السادسة من الأعراض الخاصة بالمرض، مثال ذلك ظهور البثور على سطح البدن عند الإصابة بمرض الجدري والحصبة.

ويستدل بالطريق السابعة على العلة من جملة الأسئلة التي يطرحها الطبيب على المريض فيما يتعلق بالعلة وموضع الوجع وكيفيته وغير ذلك.

ويستدل بالطريق الثامنة على المرض بالمشاركة في العلة، فإن أصاب الإصبع ضرر في حسه من غير أن تصاب اليد بشيء، استدل الطبيب أن العلة في الزوج العصبي الذي يأتي في اليدين[1].

أما علامات الأمراض، فسوف نختار حالات خاصة بالجهاز العصبي وأخرى خاصة بالجهاز الهضمي وأخرى خاصة بالجهاز التنفسي وهكذا. لتكون بمثابة براهين على قدرة **الطبيب العربي** في التشخيص السريري واسلوبه في الكشف عن الأمراض.

من الأمراض التي تصيب الجهاز العصبي نختار الفالج[2] واللقوة (شلل الوجه)، فالفالج اسم يطلق على الأمراض الناتجة عن علل الدماغ والنخاع، وقد ميزه **الأطباء العرب** عن السكتة التي حدثت في البدن بفعل حدوث آفة في بطون الدماغ تعطلت الأعضاء عن الحس والحركة، فإذا حدثت الآفة في البطن المؤخر من الدماغ فإنه أن حدثت في نصفه أصبح فالجًا، فإن حدث في كله أحدث سكتة، ومما يحتاج إلى تجويز العلة في الفالج أن النصف من الدماغ لا من التجويف يكون قد فسد مزاجه، فتكون تلك الأعصاب والنخاع الثابت منه مأووفة[3].

---

(1) لاحظ هنا الشرح الطبي السريري المعمق من قبل الفيلسوف ياسين خليل لأعراض مرضية كهذه، فكأنه هنا يمارس مهنة الطب تجريبيًا وليس نظريًا فقط، على الرغم من أنه لم يمارس الطب، بل كان مريضًا طيلة حياته بمرض الروماتيزم الذي أصاب قلبه فأهلكه. (المحقق)

(2) الفالج: استرخاء أحد جانبي جسم الإنسان (الشلل النصفي). (المحقق)

(3) يُراجع، الرازي، الحاوي في الطب، ج1، ص11. (المؤلف) ومأووفة: من الآفة أي العاهة التي تصيب الإنسان وغيره.

وقد يعرض الفالج في عضو واحد مثل العارض في عضل اليدين أو المثانة إما بسبب ضربة تقع عليه، وإما لبرد شديد يصيبه، وقد يعرض للعضل الذي على الشرج وذلك كثير من جلوس الإنسان على حجر بارد شديد البرد أو قيام في الماء البارد. فيخرج منه البول والبراز بلا إرادة. وكثير ممن يسقط من موضع عال على ظهره أو يضرب عليه فينالهم حصر البول والغائط، لأن الأمعاء والمثانة تدفع ما فيها بقوة العضل[1].

وقد يعرض الفالج استرخاء في جانب الوجه، وقد يعرض الفالج بسبب انفتال أو التواء الفقرات، وذلك أن تميل خرزة واحدة فتحدث في النخاع زاوية، وإذا مالت الخرزة إلى جانب فإنه في بعضها يعرض للعصب أن ينضغط فيوجب الاسترخاء، وفي بعضها لا، وذلك أن خرز العنق في كل خرزة منها حفرة يلتئم من انضمامها إلى الأخرى الثقب الذي منه يخرج العصب، والخرز التي في العليا منها مساوٍ للتي في السفلى، فأما خرز الصدر فالعليا أبدًا أكبر جزءًا، وأما خرز القطن فالخرز الأخير منها كلها في العليا، فلذلك متى انفتل خرز العنق تمدد العصب في الجانب الذي عنه انفتل، (فانضغط في الجانب الذي إليه انفتل)، وانطوى فيحدث في هذا الجانب فالج، ولأن عصب اليد تجيء من العنق لا يجاوز هذا الفالج اليد[2].

أما اللقوة فإنها علة آلية في الوجه ينجذب لها شق من الوجه إلى جهة غير طبيعية، فتتغير هيئته الطبيعية وتزول جودة التقاء الشفتين والجفنين من شق وسببه إما استرخاء وإما تشنج لعضل الأجفان والوجه[3].

ويقول **الرازي**: رأيت عددًا بهم لَقوَة وجلد الجبهة في الجانب المعوج فيهم ممتد امتدادًا شديدًا كالحال عند التشنج القوي، وينجذب إلى فوق ناحية الرأس حتى أن أَسرة[4] الجبهة تبطل البتة في تلك الناحية، ويحدث في جلد الرأس غضون لم تكن فقبل ذلك، ولا يمكن أن يطبق الجفن الأعلى، وذلك لقصره ولامتداده إلى فوق، لأنه لو كان لاسترخاء العضل الذي يجذبه إلى أسفل لما تحركًا وانجذبا إلى أسفل قد يتحركان بإرادة، وينجذبان إلى أسفل

---

(1) المصدر السابق، ج1، ص3. (المؤلف)

(2) المصدر السابق، ج1، ص17. (المؤلف)

(3) يُراجع، ابن سينا، القانون في الطب، ج2، ص103. (المؤلف)

(4) الأُسر: الدِّرْع.

إذا جهد العليل، لكنهما لا يبلغان أن يطبقا على الجفن الأسفل، ولذلك يميل الوجه منهم إلى فوق ويحسون منها كالحال في التشنج فتمتد لذلك الشفة، ويخبر أنهم يحسون بصلابة وامتداد ولم يحس أحد منهم باسترخاء، بل كانوا يقولون: إنا نظن هذه المواضع قد جفت، ويقولون: إنهم ينتفعون بالمروخ[1].

والأمراض التي تصيب الجهاز الهضمي كثيرة ومتنوعة، ولكننا نختار منها بعضها للبرهان على اهتمام **الطبيب العربي** بالعلامات الدالة على المرض وسعة خبرته في التشخيص.

من هذه الأمراض ما يصيب المريء من ضيق عسر وازدراء، ضيق البلع إما أن يكون لسبب في نفس المريء أو لسبب مجاور، فالسبب الذي يكون في نفس المريء إما ورم وإما يبس مفرط وإما جفوف رطوبات فيه بسبب الحمى أو غير ذلك. وإما لضيق من أصناف المزاج المفرط وسقوط القوة وضعفها وخصوصًا في آخر الأمراض الحارة الرديئة الهائلة وغيرها. وربما يكون مع ضيق النفس أيضًا أو أعضاء العنق، وإما قيل من الفقار إلى داخل وإما ريح مطيفة به ضاغطة وإما تشنج وكزاز يريد أن يكون أو قد ابتدأ، فإن هذا كثيرًا ما يتقدم الكزاز والجمود، وقد وجد بعض معارفنا عسر الازدراء لاحتباس شيء مجهول في المبلغ يؤديه ذلك إلى شيء شبيه بالخناق فغشيه تهوع قذف عنه دودًا كثيرًا من الحميات سهل من انقذافه المبلغ، وزال الخناق، فعرف أن السبب كان احتباسه هناك[2].

ويذكر **الرازي** أحوال قيء الدم بقوله: قد يتقيأ المريض الدم من انفساخ العروق التي في المريء، إلا أنه متى كان في الدم من المريء بسبب انفساخ عِرق كان معه وجع يدل على الموضع الذي انفسخ ذلك العِرق منه، وكذلك إن كان قيء الدم من أجل أكلة في المريء، فأما إن كان قيء الدم لعروق تنفتح أفواهها فإنه يكون بلا وجع ولا يكون له سبب باد، وقد تنفتح أفواه هذه العروق من امتلاء وكثرة الطعام والحمام على ما ذكرنا في الرئة، فأما قذف الدم الحادث عن التأكُّل فإنه إنما يكون من أجل قرحة أو بعقبها، والقرحة تحدث عن سبب باد وقد تحدث عن خلط حار ينصب إليه[3].

---

(1) يُراجع، الرازي، الحاوي في الطب، ج1، ص188. (المؤلف).

(2) يُراجع، ابن سينا، القانون في الطب، ج2، ص287. (المؤلف)

(3) يُراجع، الرازي، الحاوي في الطب، ط1، حيدر آباد 1957، ج5، ص25. (المؤلف)

والعلل التي تصيب المعدة كثيرة منها ما يصيب فم المعدة ومنها ما يصيب قعر المعدة، مثل الاستمراء والتخم والهيضة والقيء والفواق والنفخ والدم الجامد في المعدة وغير ذلك.

والعلل التي تصيب الأمعاء كثيرة كذلك، نذكر منها إسهال الدم وقرحة الأمعاء والزحير والقولنج والدود والحيات والمغص وغير ذلك.

ويظهر أن القولنج يغطي مجموعة الآلام أو الأمراض التي تصيب القولون، لذلك نجد **الأطباء العرب** يميزون بين القولنج البلغمي الذي ينتج عن تناول الأغذية الرديئة والتخم، والقولنج الريحي الذي ينتج عن شرب الماء البارد والبقول والفواكه، ومن علاماته القراقر وانحباس الريح، والقولنج الورمي الذي من علاماته: وجع متمدد ثابت في موضع واحد مع ثقل وضربان ومع التهاب وحمى حادة وعطش شديد وحمرة في اللون وتهيج في العين واحتباس من البول، وهو علامة قوية وتأذ بالإسهال وربما كان هذا الوجع مع لين من الطبيعة، وربما تأدى برد الأطراف مع حرٍ شديدًا في البطن وربما احمرّ ما يحاذيه من البطن[1].

وقد ميز الطبيب **الرازي** بين الوجع الناتج عن الكلى ومرض القولنج بعلامات واضحة، وتابعه بعد ذلك **علي بن العباس المجوسي** و**ابن سينا** وغيرهم، وذلك أنه قد يتبع وجع الكلى أعراض هي شبيهة بالأعراض التابعة لعلة القولنج وهو الوجع الشديد والغثيان والقذف واحتباس البراز الشديد والرياح الخارجة من فوق ومن أسفل، والفرق بين هاتين العلتين، أن هذه الأعراض تكون في علل القولنج أشد وأصعب وأدوم، وأن الوجع لا يكون في موضع واحد بعينه، وفي وجع الكلى تكون هذه الأعراض أخف وتكون في موضع الكلى لا تنتقل عنه[2].

وعرف **الأطباء العرب** قروح الرئة والصدر، ويذكر **ابن سينا** أسباب قروح الرئة فيقول: وأما أسباب قروح الرئة فإما نزلة لذاعة أكالة أو معفنة لمجاورتها التي لا تسلم معها الرئة إلى أن تنضج، أو مادة من هذا الجنس تسيل إلى الرئة من عضو آخر، أو تقدم من ذات الرئة قد قاحت وتقرحت من ذات جنب انفجر، أو سبب من أسباب نفث الدم المذكورة

---

(1) يُراجع، ابن سينا، القانون في الطب، ج2، ص457. (المؤلف)

(2) يُراجع، كامل الصناعة الطبية، ج1، ص370. (المؤلف)

فتح عروقًا أو قطعة أو صدعة كان سببًا من داخل مثل غليان الدم، أو غير ذلك مما قيل أو من خارج مثل سقطة أو ضربة، وقد يكون من أسبابها عفونة واكمال يقع في جرم الرئة من نفسها، كما يعرض للأعضاء الأخرى وقد يكثر السل إذا أعقب الصيف الشمالي اليابس خريف جنوبي مطير[1].

ويشخّص **الرازي** الطبيب مرض الربو وضيق النفس بقوله: من عرض له أن يتنفس تنفسًا متواترًا من غير حركة ولا حمى فإن به ربوًا ويسمى نفس الانتصاب، لأنهم يضطرون أن ينتصبوا كي يسهل نفسهم، وفي وقت النوم يزيد أبدًا ويكون صدره أعلى كثيرًا لأن نفسه إذ ذاك أسهل، وصدورهم تنبسط كلها إلا أن في قصب رئاتهم أو حول الرئة أما مدة أو رطوبة غليظة، فلا يكفيهم ما يجتذبون من الهواء، وقد يحدث ضيق النفس من ورم في الرئة من جنس الدبيلة ومن ورم في قصب الرئة يضيق به المسلك، يحتاج أن يفصل بين هذين، والذي من أجل ما في القصبة لأن العلاج يختلف. والفصل هو أن الضيق الذي لقصبة الرئة لا يدخل الهواء في زمن سريع، فيكون عند تنشق الهواء زفرات، والذي بخراج معه حمى، وإن كان باردًا فثقل شديد، والذي في قصبة الرئة يكون معه نفث وانتفاخ به ويتوق إلى السعال، والذي لخراج في الصدر يوجع الصدر بالغمز، والذي لأخلاط حول الرئة يبدو والنفث بعد مدة ويحس بثقل وانتصاب إذا انقلب من جنب إلى جنب[2].

فضلًا عما تقدم أن **الرازي** الطبيب اشتهر في التمييز السريري بين مرض الحصبة والجدري، فمن علامات الحصبة أن يغلظ الصوت، وتحمر العينان والوجنتان، ويجد الوجع في الحنجرة والصدر، ويجف اللسان وتتفتح الأصداغ ويحمر الجسد وتدمع العينان ويهيج التهوع، فإن رأيت هذه فإنه ستظهر حصبة.

والحصبة تخرج بمرة والجدري شيئًا بعد شيء، والحصبة الخضراء والبنفسجية رديئة ولا سيما إن غابت بغتة فإنه يغشى عليه ويقتل سريعًا، والجدري الذي يَسوَد لونه ويجف ولا يمتلئ بل يكون صلبًا ثالوليًا فإنه يورث الغشي وهو قاتل[3].

---

(1) يُراجع، ابن سينا، القانون في الطب، ج2، ص249. (المؤلف)

(2) يُراجع، الرازي، الحاوي في الطب، ج4. (المؤلف)

(3) المصدر السابق، ط1، حيد آبد 1964، ج1، ص2-3. (المؤلف)

ومن تجربة **للرازي** وتشخيص سريري دقيق ما يعرضه بقوله: ابنة الفتح كان جريها صغارًا ثؤلوليًا، وكان معه ضيق نفس ولم يكن أسود وكان معه لهيب في البطن شديد فماتت، وأكثر هؤلاء يموتون إذا غشي عليهم مرات واشتد ضيق النفس وبردت الأطراف، وذلك يكون إذا انقلب بخار الجدري إلى داخل.

ونرى الجدري يشبه الحصبة حتى أنه قال الطبيب: إنه حصبة فيجدُر بعد ذلك، ووجدت الفرق بينهما أن الحصبة إنما تكون حمرة فقط في سطح الجلد وليس لها عمق، أعني نتوءًا وعلوًا، والجدري يكون كما يبدو مستديرًا وله نتوء، فأجد التفرس في ذلك ومتى اشتبه عليك فلا تحكم إلا بعد هذه الحالة بيوم أو بيومين، فإنه إن لم يظهر نتوء فليس يجب أن تحكم بأنه جدري[1].

ويجد **الرازي** في الجدري علامات خاصة هي: الحمى المطبقة ووجع الحلق، وان يكون ابتداء الحمى مع وجع الظهر وأن يكون العليل وهو مستلق يحرك رجليه ويرتعش ويرتعد[2].

ويميز الرازي بين الجدري والحصبة بعلامات أخرى، فيقول: وإن وجعتهم ظهورهم ولم يكن بهم شيء آخر من علامات الجدري البتة، بل كان بعضهم به إسهال أيضًا وماؤه أبيض يجدُر أيضًا، وبالجملة فلا شيء أخص بالجدري مع وجع الظهر مع الحمى، فإن رأيت ذلك في الخريف فثق بأنه سيخرج جدري دون الحصبة، والحصبة لا يكون معها وجع الظهر، وأحسب أن ذلك لشدة تمدد العِرق الأجوف الممدود على فقار الصلب، وفي الحصبة لا يتمدد[3].

هذه أمثلة مختارة، عِلمًا أن الطبيب العربي قد عرف أنواعًا كثيرة من الأمراض وشخصها، وعرف علاماتها بشكل صحيح ووضع العلاجات المختلفة لها، كما ميز بوضوح بين الأمراض المعدية بواسطة التنفس واللمس واستعمال الملابس والمخالطة، وغير ذلك.

---

(1) المصدر السابق، ج17، ص14-15. (المؤلف)

(2) المصدر السابق، ج17، ص16. (المؤلف)

(3) المصدر السابق، ج17، ص23. (المؤلف)

والأمراض الموروثة التي يطلق عليها اسم أمراض جنسية، فذكروا على سبيل المثال من الأمراض المعدية الجرب والجذام والجدري والسل، وذكروا من الأمراض المتوارثة على سبيل المثال الصرع والبرص، وأضاف **الرازي** بقوله: النقرس والسل يتوارثان، وكذلك الجذام والسل[1].

(1) المصدر السابق، حيدر آباد 1969، ج23، القسم الأول، ص268.

الفصل الخامس
علم الجراحة

البحث الأول: مؤلفات الأطباء العرب في علم الجراحة

إنّ ما نطلق عليه اليوم اسم علم الجراحة، قد ذكره **الأطباء العرب** في مؤلفاتهم تحت اسم **صناعة اليد**، ولم يكن ذلك للتقليل من أهمية هذا الفرع الحيوي في الطب العربي كما يعتقد البعض بقوله: ولعل تَرَفُّعَ **العرب** عن الجراحة في أيامهم الأولى وتقليلهم من شأنها يرجع إلى أنهم كانوا يعتبرونها صناعة يدوية، أما الطب فكان عندهم نتاج العقل، والعقل في اعتبارهم أعلى منزلة من اليد[1].

ولكن لعلاقة الجراحة بالمهارة اليدوية، فضلًا عما تستلزمه من مبادئ ومقدمات نظرية في الأخلاط والتشريح، أما أن تطلق تسمية الصناعة على العلم فذلك أمر وارد في المؤلفات والمعاجم العربية. وذلك على أساس أن الصناعة علم متعلق بكيفية العمل[2]. وقد أطلق الفيلسوف **أبو نصر الفارابي** اسم الصناعة على جميع العلوم فيقول: مثلًا صناعة المنطق وصناعة الموسيقى، وقد أصاب الحقيقة بقوله: الأشياء المفردة الكثيرة إنما تصير صنائع أو في صنائع، بأن تحصر في قوانين تحصل في نفس الإنسان على ترتيب معلوم، وذلك مثل الكتابة والطب والفلاحة والعمارة وغيرها من الصنائع عملية كانت أم نظرية[3].

والصناعة لفظة مرادفة تعني العلم، ولقد أدرك **علي بن العباس المجوسي** أهمية اكتساب المهارة في صناعة اليد، فضلًا عما يجب أن يتعلمه الطبيب الجرائحي من المعلومات

---

(1) يُراجع، الموجز في تاريخ الطب والصيدلة، مصدر سبق ذكره، ص97. (المؤلف)

(2) يُراجع، الجرجاني، التعريفات، مصر 1938، ص118. (المؤلف)

(3) يُراجع، الفارابي، إحصاء العلوم، تحقيق عثمان أمين، القاهرة 1949، ص45. (المؤلف)

النظرية في كافة فروع الطب، فذكر ذلك صراحة بقوله: إن أفضل ما ينبغي لمن أراد أن يعرف العلاج باليد أن يحضر المواضع التي يكون فيها حذاق الماسين والمجبرين وشهرتهم، أعني بالماسين الذين يعملون بالحديد، ويُعين أعمالهم وينظر إليهم ويعرف دستوراتهم، وكيف تكون مباشرتهم لكل نوع من أنواع العلاج باليد ثم يستعمل مع تلك الجسارة في ممارسة الأعمال التي قد عاينها من الحذاق في كيفية أعمالهم، فإن فعل ذلك ونظر في كتابنا هذا شافيًا صار بعمل اليد ماهرًا وبسائر أعماله حاذقًا في زمان ليس بالطويل، إذ نحن ذاكرون في هذه المقالة من كتابنا هذا جميع ما يحتاج إليه من أراد العمل بعلاج حتى لا نترك من أصنافه شيئًا إلا ونبينه ونشرحه شرحًا تامًا إن شاء الله تعالى[1].

ولكن لا شك فيه أن علم الجراحة قد مَّر بمراحل قبل أن يصبح أحد فروع الطب الرئيسية، فضلًا عن علم الأمراض وعلم الكحالة أو طب العيون، فاقتصرت صناعة اليد في أول الأمر على أعمال الفصد والحجامة والكي، ثم ما لبثت أن أصبحت جزءً لا يتجزأ من علم الطب، إذ احتلت صناعة اليد في المؤلفات الطبية الجامعة مكانًا بارزًا على أساس أنها إحدى فروع الطب العملي.

ففي كتاب فردوس الحكمة جزء مخصص للجراحة، وفي مؤلفات **الرازي** وبخاصة الحاوي معلومات مهمة في الجراحة بشتى أنواعها، واختصت المقالة السابعة من كتاب **الرازي** المنصوري بالجراحة، أما كامل الصناعة الطبية فقد احتوى على المقالة التاسعة من الجزء الثاني في علاج الأمراض التي تكون باليد (=الجراحة) وهي مائة وأحد عشر بابًا، وتناول كتاب القانون في الطب **لابن سينا** جملة واسعة من العلاجات باليد، ما يتعلق منها بالقروح والكي والفصد والجروح وأورام والعظام وغير ذلك من الموضوعات التي أصبحت جزءًا لا يتجزأ من علم الجراحة، وجاءت المقالة الثلاثون في صناعة اليد **للزهراوي** لتعبر عن مرحلة جديدة في تطور علم الجراحة، لما احتوته من دقة وسعة في الشرح والعمل

(1) يُراجع، المجوسي، كامل الصناعة الطبية، ج2، ص456. (المؤلف)، ويلاحظ هنا كيف يشدد المجوسي على الربط بين النظر والعمل لإظهار جراح متخصص بمهنة الجراحة، وهذا له أصوله الفكرية في الإسلام، الذي يؤكد على الربط دومًا بين القول والفعل، وهذه من مزايا الحضارة العربية الإسلامية، على الحضارة اليونانية التي أكدت دور النظر وأهملت العمل. (المحقق)

والتحليل، وانفرد كتاب العمدة في الجراحة في تناوله لموضوع صناعة اليد وما يحتاجه الجرائحي من معارف في علم الأخلاط والتشريح والأمراض، فضلًا عن معرفته بالأمور الكلية والجزئية المتعلقة بالجراحة.

وفي سبيل رسم صورة لعلم الجراحة عند **العرب** لا بد أن نحدد المقصود بالجراحة ونتعرف موضوع هذه الصناعة قبل أن نتعرف مسائله الدقيقة والتفصيلية.

الجراحة صناعة ينظر بها في تعريف أحوال بدن الإنسان من جهة ما يعرض لظاهره من أنواع التفرق في مواضع مخصوصة وما يلزمه، وغايتها إعادة العضو إلى الحالة الطبيعية الخاصة به[1].

يقصد بهذا التعريف أن الجراحة صناعة من الصناعات لها صلة ببدن الإنسان وهذا ما يميزها عن بقية الصناعات التي لا علاقة لها ببدن الإنسان، وأن هذه الصلة تحدد بما يعرض لظاهر البدن من أنواع التفرق، إذ ليس من اختصاص الجرائحي أن ينظر في جميع أحوال البدن، كما أنه لا ينظر في الأمراض الباطنة مثل الدبيلات والقرحات في الكبد والمعدة، وغايته في العمل تتجلى في محاولته إعادة العضو المصاب إلى حالته الطبيعية، وإن كان ذلك لا يحدث دائمًا، إذ من الممكن أن يصاب المرء بعطب من جراء إجراء العملية، ولكن يبقى هدف الجرائحي دومًا محاولة رد العضو إلى المزاج الخاص به.

أما موضوع علم الجراحة فيمكن تحديده من خلال ما تعرضه المؤلفات الطبية من مسائل تخص صناعة اليد، أو ما يذكره مؤلف بالتخصيص، مثل ذلك قول **علي بن العباس المجوسي** في قسمة صناعة اليد: إن العمل باليد ينقسم إلى ثلاثة أقسام، أحدها في العروق والثاني في اللحم، والثالث في العظم، فأما العمل الذي يكون في العروق فينقسم قسمين أحدهما في العروق غير الضوارب، وهو عمل الفصد، والثاني في العروق الضوارب، وهو قطع الشرايين وبترها، وعلاج الورم المسمى أبو رسما، وأما العمل الذي يكون في اللحم فينقسم ثلاثة أقسام، أحدها معرفة الحجامة والثاني معرفة البَط والقطع والخياطة، والثالث الكي، فأما العمل الذي يكون في العظم فينقسم قسمين احدهما جبر العظم المكسور والثاني رد العظم المخلوع[2].

---

(1) يُراجع، ابن القف، العمدة في الجراحة، ج1، ص4. (المؤلف)

(2) يُراجع، المجوسي، كامل الصناعة الطبية، ج2، ص456. (المؤلف)

وتناول **الزهراوي في** مقالته المخصصة لصناعة اليد، ثلاثة موضوعات رئيسية، صنفها في ثلاثة أبواب، وجعل الباب الأول منها مختصًا بالكي والكي بالدواء، بينما اختص الباب الثاني بالشق والبط والحجامة والفصد والجراحات، واختص الباب الثالث بالجبر والخلع وعلاج الموتى.

لقد اشتملت صناعة اليد على أنواع متعددة من الأعمال تبدأ من قمة الرأس حتى القدم، وإذا نظرنا إليها من زاوية عصرية، فإننا سرعان ما نجد أنها تشتمل على جراحة الأنف والأُذن والحنجرة، وجراحة الفم والأسنان، وجراحة الأورام والجروح والقروح، وجراحة العظام، والجراحة العامة.

كما أدرك **الطبيب العربي** علاقة كل من نظرية الأخلاط وعلم التشريح بالجراحة، وألزم الجرائحي ضرورة معرفته لعلم التشريح لكي لا يقع في أخطاء تؤدي إلى هلاك المريض، وبذلك يكون لعلم الجراحة عند العرب مبادئ وكليات يجب على الجرائحي أن يتعلمها، فضلًا عن مهارة وخبرة يدوية في الجراحة، واعلم أن هذه الصناعة لها مبادئ ومطالب، فمباديها الأخلاط والأعضاء من الأمور الطبيعية الناظر فيها الطبائعي، والمطالب معرفة الأورام والقروح وأنواع التفرق الحاصل في الأعضاء الظاهرة، وأنواع التفرق ثلاثة: طبيعي كفتح الطبيعة للخراجات، وإرادي كفتحها بالحديد وبغيره، وفصد العروق والحجامة، وغير طبيعي كالشجات وضرب السيف والسهام[1].

واشترط **الزهراوي** معرفة الجرائحي لعلم التشريح ليقف على منافع الأعضاء ومعرفة العظام والأعصاب والعضلات والعروق وغير ذلك، لأن من لم يكن عالمًا بما ذكرنا من التشريح لم يخل أن يقع في خطأ يقتل الناس به، كما قد **شاهدت** كثيرًا ممن تصور في هذا العلم وادعاء بغير علم ولا دراية، وذلك أني رأيت طبيبًا جاهلًا قد شق على ورم خنزيري في عنق امرأة بعض شريانات العنق فنزف دم المرأة حتى سقطت ميتة بين يديه[2].

(1) يُراجع، ابن القف، العمدة في الجراحة، ج1، ص5. (المؤلف)

(2) Albucasis, p3-5.

المبحث الثاني: محاذير علم الجراحة عند الأطباء العرب

وإذا كان لعلم الجراحة مبادئ ومطالب، فإن الإقدام على القيام بالجراحة من فصد وبط وعلاج كسور ووصل أنواع التفرق يقتضي الحذر والحيطة والدقة في العمل، وان يرعي مجموعة من الشروط، وأن على الجرائحي فضلًا عن ضرورة معرفته لعلم التشريح أن يتجنب بعض الأمور الخاصة بالجراحة لكيلا يقع في المحذور.

وقد ذكر **الأطباء العرب** بعض المحاذير في مؤلفاتهم الطبية وعند الكلام على الجراحة، ولسوف نستعرض أبرز هذه المحاذير والشروط بالآتي:

أولًا. أن يتجنب الجرائحي عند الفصد أو البط أو وصل تفرق إصابة عصب أو شريان بضرر، لأن ذلك قد يؤدي إلى عطب يصيب المريض أو يؤدي في حالة النزف الشديد إلى الموت، فإذا حدث ورم كبير في بدن مريض وكانت فيه شرايين كثيرة فينبغي ألا يعالج بالآلة، لكيلا يحدث نزف قاتل، ولا بد للطبيب الجرائحي من الالتزام ببعض القواعد والشروط عند الفصد، وهي شروط عامة تنطبق على كل الجراحات، وهي: أن يكون على معرفة تامة بالتشريح ليعرف مواضع الأوردة والشرايين ومسالكها، وألا يفصد صبيًا صغيرًا أو شيخًا فانيًا، ولا يقدم على فصد الحبلى إلا بإذن ولي أمرها، وإذا ما اضطر الجرائحي فصد صبي قوي البنية لإصابته بعلة دموية بمنزلة الخوانيق وذات الجنب وما يجري مجراهما، فلا يقدم على ذلك إلا بإذن والده، وأن يكون المبضع الذي يستعمله الجرائحي نقيًا من الصدأ والنمش، وألا يقدم على الفصد في مكان مظلم ليدرك العروق ويعرف أين يضع المبضع، وأن يكون بصره جيدًا.

ثانيًا. أن ينظر الجرائحي في الجروح والأورام غير الخبيثة، فلا يقدم على خياطة جرح أصابه قيح وتهيج، والتهاب إلا بعد إزالة هذه الأعراض بواسطة الأدوية لتنقية الجرح، ولا يقدم على بط الأورام إلا بعد أن تنضج، لأن بط الورم غير الناضج يؤدي إلى مضاعفات، ولا يلتئم الجرح وتطول مدة اندماله، والطريق إلى نضج المادة في الأورام بأمرين: أحدهما تخفيف الغذاء وإصلاح كيفيته لينصلح الواصل وتتفرغ الطبيعة لنضج الحاصل، وثانيها: ترك الإسهال

بالدواء المسهل فإنه يجحف بالقوة ويضعفها، فإن احتيج إلى تليين الطبيعة فيستعمل الحقن والملينات كالشيرخشت والترنجبين[1]، ثم بعد هذا استعمال المنضجات الخاصة بالورم، فإذا ظهرت دلائل وهو أن يلين الموضع ويسكن الوجع والحمى ويزداد الثقل، فإذا ظهرت لك وجب البط حينئذ وتنظر إلى أي المواضع أرق فإن فيه يجب البط[2].

ويشترط **الزهراوي** عند الإقدام على بط الأورام بقوله: وينبغي أن تعلم وقت بط الأورام التي قد نضجت على التمام، وهو عند سكون وجع الورم وذهاب الحمى ونقصان الحمرة والضربان وتحدد رأس الورم وسائر العلامات، وينبغي أن توقع البط في أسفل موضع من الورم إن أمكن ذلك ليكون أسهل لسيلان المِدَّة (= القيح) إلى أسفل أو فـي أرق موضع مـن الورم وأشد نتوًا[3].

ثالثًا. أن يتجنب الجرائحي القيام بأعمال الجراحة لعلل لا يمكن شفاؤها لكي لا يخاطر بسمعته من جهة، ولا يسرع في موت المريض عند إجراء العملية من جهة أخرى، فالجراحات الداخلية في المعدة والقلب والكبد والمعي والصائم لا يرجى شفاؤها، كما أن بعض الأورام السرطانية إذا ما أَجري لها الجرائحي جراحة أو كواها انتشرت بسرعة وأسرعت في موت المريض، وفي ذلك يقول **الرازي**: وقد علم أن السرطان الباطن لا يبرأ فيما أعلم، ولا أعلم أحدًا عالجه إلا كان إلى تهيجه أسرع منه إلى إبرائه وقتل صاحبه سريعًا، فإني قد رأيت قومًا قطعوا وكووا سرطانًا حدث في أعلى الفم وفي المقعدة وفي الفرج فلم يقدر أحد على إدمال تلك القرحة وعذبوا الأعلّاء بالعلاج، ولم يزالوا كذلك حتى

---

(1) الشيرخشت: هو طلّ يقع على الشجر الخلاف والكثيراء، خواصه: حريق مقطع للبلغم ومحلل للرياح والنفخ، وينفع على الحميات البلغمية والسوداوية، وأما الترنجين: فهو طلّ أكثر ما يسقط بخراسان وما وراء النهر، وأكثر وقوعه في بلادنا، الطبع: معتدل، الخواص: ملين صالح للجلاء وينفع من السعال. ينظر: ابن سينا، كتاب الأدوية المفردة في كتاب القانون، تحقيق مهند الأعسم، ط1، دار الشؤون الثقافية العامة، بغداد، 1986.

(2) يُراجع، ابن القف، العمدة في الجراحة، ج1، ص184-195. (المؤلف)

(3) Albucasis, p 321-323.

ماتوا، وقد يمكن بمشيئة الله أن لو لم يعالجوا بهذا العلاج أن يبقوا مدة طويلة ولا ينالهم من أذاه ما نالهم، فما كان من السرطان هذه حاله فلا تعرض لعلاجه إلا أن تغسل عنه صديده على ما وصفت أن كان متقرحًا[1].

رابعًا. أن يتجنب الجرائحي وقوع أوساخ أو مواد غريبة في شفتي الجرح، لأن ذلك يمنع شفاء الجرح بسرعة، واشترط **ابن القف** في علاج تفرق الاتصال بصورة عامة عدة شروط كان من بينها الشرط الثالث الذي نصه: وثالثها أن يحترم الجرائحي من وقوع شيء بين شفتي الجراحة فإنه يمنع التقاءهما، وذلك الشيء إما شَعر وإما دهن وإما غبار[2].

وإذا حدث في الجرح عفونة تمنع من خياطته ومعالجته، فعلى الجرائحي عندئذ أن يقطع الجزء المتعفن ثم يعالج الجرح بعد ذلك. وفي كل الأحوال يجب المحافظة على الجرح من التلوث، لأن الجرح الذي يسيل منه القيح لا يندمل حتى تخرج منه الرطوبات المتعفنة.

فضلًا عما تقدم، اعتاد الطبيب الجرائحي أن يحذر في المواقع التي توجب الحذر والحيطة في الجراحات المختلفة، فيقدم طريقة العمل بدقة متوخيًا السلامة وتجنب ما قد يحدث من نتائج ضارة، ففي كل جراحة توجد بعض المحاذير والشروط وكيفية العمل.

إن أبلغ وصية في هذا الباب ما قاله **الزهراوي** مخاطبًا الجراحين في عصره بقوله: ولهذا يا بني ينبغي لكم أن تعلموا أن العمل باليد ينقسم قسمين: عمل تصحبه السلامة، وعمل يكون معه العطب في أكثر الحالات، وقد نبهت في كل مكان يأتي من هذا الكتاب العمل الذي فيه الغرر والخوف، فينبغي لكم أن تحذروه وترفضوه لئلا يجد الجاهل السبيل إلى القول والطعن، فخذوا لأنفسكم بالحزم والحياطة ولمرضاكم بالرفق والتثبت، واستعملوا الطريق الأفضل المؤدي إلى السلامة والعاقبة المحمودة وتنكبوا الأمراض الخطرة العسيرة البروء، ونزهوا أنفسكم عما تخافون أن يدخل عليكم الشبهة في دينكم ودنياكم، فهو أبقى لجاهكم وأرفع في الدنيا والآخرة لأقداركم[3].

---

(1) يُراجع، الرازي، الحاوي في الطب، ط1، حيدر آبد 1962، ج12، ص5-6. (المؤلف)

(2) يُراجع، ابن القف، العمدة في الجراحة، ج1، ص155. (المؤلف)

(3) Albucasis, p 7.

المبحث الثالث: خياطة الجروح ومداواتها عند الأطباء العرب

وقد لجأ الطبيب الجرائحي إلى معالجة الجروح بالمداواة أو بالخياطة سواء كانت هذه الجروح ناتجة عن ضربة سيف أو آلة قاطعة أو كانت بسبب شق أجراه الطبيب في عملية جراحية مثل إخراج الحصى من المثانة وغير ذلك.

واستخدمت في خياطة الجروح خيوط الإبرسيم والأوتار التي يصنع منها العود أو ما يسل من مصران الحيوان، كما استخدمت رؤوس النمل الطيار والنمل الكبير في جمع شفتي الجرح، وذلك عند جرح في الأمعاء أو في الثرب.

وقد ذكر بعض أهل التجربة أنه متى عرض في المعاء جرح وكان صغيرًا فينبغي أن يخلط على هذه الصفة، وهو أن يؤخذ النمل الكبار الرؤوس ثم تجمع شفتا الجرح ثم توضع نملة منها وهي مفتوحة الفم على شفتي الجرح، فإذا قبضت عليه وشدت فمها قطع رأسها فإنه يلصق ولا ينحل، ثم توضع نملة أخرى بقرب الأولى ولا تزال تفعل ذلك بعدة نمل على قدر الجرح ثم ترده وتخيط الجرح فإن تلك الرؤوس تبقى لاصقة في المعاء حتى يتغرى المعاء ويبرأ ولا تحدث بالعليل آفة البتة[1].

ويذكر ابن القف استخدام رؤوس النمل الطيار في جراحة الثرب بقوله: وتارة يكون بأن يجعل شفتي الجراحة في فم شيء من الحيوان كما يعمل بالنمل الطيار، فإنه يفتح فاه ويلقم شيء من أجزاء الثرب عند تفرق اتصاله، ثم يقص رأس النمل ويترك على ما هو عليه ويبقى فمه مطبقًا[2].

ويذكر الزهراوي طريقة خياطة الأمعاء بواسطة مصران الحيوان بقوله: وقد يمكن أن يخاط المعاء أيضًا بالخيط الدقيق الذي يسّل من مصران الحيوان اللاصق به بعد أن يدخل في إبرة، وهو أن يؤخذ طرف هذا الخيط من المصران فيسلت نعمًا ثم يربط في طرفه خيط كتان رقيق مفتول ثم يدخل ذلك الخيط في الإبرة وفيه خيط المصران فيخاط به المعاء ثم يرد إلى الجوف[3].

---

(1) Ibid, p551.

(2) يُراجع، ابن القف، العمدة في الجراحة، ج1، ص199. (المؤلف)

(3) Albucasis, P551.

ولخياطة الجروح بصورة عامة أربعة شروط، أولها يتصل بنوعية الخيط، وثانيها بالمسافات بين الغرزات، وثالثها بالبعد والقرب من حافة الجرح، ورابعها بنوع الإبرة المستخدمة، وهذه الشروط على التوالي: أحدها أن يكون الخيط معتدلًا في الصلابة واللين، فإن الصلب ربما خرق الجلد واللين سهل القطع سريعة وثانيها أن تكون الغرز معتدلة في القرب والبعد بعضها من بعض، فإن البعيدة لا تضبط الأحشاء على ما ينبغي والشديدة القرب كثيرة الألم، وثالثها أن لا تكون مغرز الإبرة قريبًا من حافة الجرح فتحزم ولا بعيدة عنه فيتعذر انضمام الشفتين، ورابعها أن تكون الإبرة لرأسها ثلاثة حدود، وهي التي يحيط بها الغراء، فإن مثل هذه الإبرة تكون سهلة الدخول في الجلد[1].

وقد ذكر **الزهراوي** كيفية إجراء خياطة الجروح، كما فعل **المجوسي** ذلك، فذكرها بالتفصيل، وذكر **ابن القف** أنواع الخياطة في كتابه العمدة في الجراحة، ولكننا نؤثر ذكر ما قاله **الزهراوي** لتضلعه بالجراحة واهتمامه الدقيق بكيفية العمل وأسبقية ما ذكره على **ابن القف**.

أما كيفية خياطة الجروح فتجري على أربعة وجوه: الأولى والثانية عامة تصلح في خياطة البطن وسائر جراحات البدن، والثالثة والرابعة خاصة تعم سائر الجراحات، إلا أنها أخص بخياطة البطن، وهذه صفة الخياطة العامية الواحدة، وهو أن تأخذ إبرة أو عدة إبر قدر سعة الجرح ثم تترك من طرف الخرق قدر غلظ الخنصر وتغرز إبرة واحدة من غير أن تدخل فيها خيطًا في حافتي الجلد مع حافتي الصفاق الذي تحت الجلد من داخل حتى تنفذها من تلك الناحية وقد جمعت حاشيتي الجلد وحاشيتي الصفاق وصارت أربع طاقات، ثم تشد بخيط مثْنِيّ حول الإبرة مرات من الجهتين جميعًا حتى تجتمع شفتا الجرح اجتماعًا محكمًا، ثم تترك قدر غليظ الإصبع أيضًا وتغرز إبرة أخرى ثم تشبكها بالخيط كما فعلت بالإبرة الأولى، فلا تزال تفعل ذلك بما تحتاج إليه من الإبر حتى تفرغ برم الجرح كله، ولتكن الإبر متوسطة بين الغلظ والرقة لأن الإبر الرقاق جدًا سريعًا ما تقطع اللحم والغلاظ أيضًا عسرة الدخول في الجلد، فذلك ينبغي أن تكون وسطة في الرقة والغلظ، ولا ينبغي أن تغرز الإبرة في حافة الجلد بالقرب نعمًا(=لينًا) لئلا ينقطع اللحم مسرعًا وينفتح الجرح قبل التحامه ولا تبعد

(1) يُراجع، ابن القف، العمدة في الجراحة، ج2، ص104-105. (المؤلف)

أيضًا بالخياطة لئلا يمتنع الجرح من الالتحام، ثم تقطع أطراف الإبر لئلا تؤذي العليل عند نومه وتجعل له روافد من خرق كتان من كل جهة تمسك أطراف الإبر وتتركها حتى تعلم أن الجرح قد التحم، وهذا النوع من الخياطة بالإبر هكذا أوفق في الجراحات الصغار لأنه قد يكتفي في خياطتها بإبرة واحدة أو اثنتين أو نحوهما.

وأما صفة الخياطة الثانية العامية، فهو أن تجمع بالخياطة الحواشي الأربع أعني حاشيتي الجلد وحاشيتي الصفاق في مرة واحدة بإبرة فيها خيط مفتول معتدل في القوة والغلظ، ثم إذا نفذت بالإبرة هذه الحواشي الأربع رددت الإبرة من الجهة التي بدأت بها نفسها ليقع الخيط مشبكًا من أعلى الجرح لتكون الخياطة على حسب خياطة الآلية التي يشد بها المقاع (=الضرب) وتجعل بين كل خياطة وخياطة بعد غلظ الإصبع الصغير، وهذه الخياطة يعرفها جميع الناس، وبهذه الخياطة قد خطت جراحة عرضت لرجل في بطنه كان قد جرح بسكين، وكان خرق الجراحة أزيد من شبر، وكان قد خرج من معائه نحو شبرين من المعاء الأوسط، وكان الخرق في وسط البطن فرددته بعد أن أقام معاؤه خارجًا من الجرح أربعًا وعشرين ساعة فالتحم الجرح في نحو خمسة عشر يومًا وعالجته حتى برئ وعاش ذلك سنين كثيرة، يتصرف في جميع أحواله وكان الأطباء يحكمون عليه أنه لا يبرأ البتة، ومن العجب أني لم أعالجه بمرهم لأني كنت في موضع لا يوجد فيه شيء من الأدوية، فكنت أضع على الجرح القطن البالي مرتين في النهار وأتعهد غسله بماء العسل حتى يبرأ.

وأما أحد النوعين من الخياطة الخاصية فإني أذكره على نص كلام **جالينوس** وهو أن تبتدئ بالخياطة من الجلد وتدخل الإبرة من خارج إلى داخل، فإذا أنفذت الإبرة في الجلد وفي العضلة الذاهبة على الاستقامة في طول البطن كله تركت الحافة من الصفاق في الجانب الذي أدخلت فيه الإبرة، وأنفذت الإبرة في حافته الأخرى من داخل إلى خارج، وفي الحافة الأخرى من المراق، فإذا أنفذتها فأنفذها ثانية في هذه الحافة نفسها من المراق من خارج إلى داخل، وأنفذ مع إنفاذك لها من الصفاق إلى حافة المراق التي في ناحيته حتى تنفذ فيها كلها، ثم ابتدئ أيضًا من هذا الجانب بعينه وخطه مع الحافة التي من الصفاق في الجانب الآخر وأخرج الإبرة من الجلدة التي من ناحيته، وافعل ذلك مرة إلى أن تخيط الجراحة كلها على ذلك المثال، وجملة صفة هذه الخياطة أن تخاط خياطة

الفرائين للفراء بأن تخيط الصفاق مرة من جهة واحدة مع حافة الجلد وأن تتركه مرة من الجهة الأخرى حتى تفرغ.

وأما النوع الثاني من الخياطة الخاصية التي ذكرها أيضًا **جالينوس** فهذا كلامه نصًا: وهو أن تخيطها على مثال ما تخيطها قوم من المعالجين بأن يجمعوا كل جزء إلى نظيره المشاكل له بالطبع فيضمون حافة الصفاق إلى حافته الأخرى وحافة المراق إلى حافته الأخرى، وذلك يكون على ما أصف لك ينبغي أن تعزز الإبرة في حاشية المراق القريبة منك من خارج، وتنفذها إلى داخل فيها وحدها وتدع حاشيتي الصفاق ثم ترد الإبرة وتنفذها من خارج إلى داخل حاشيتي الصفاق كلتيهما ثم تردها أيضًا وتنفذها من داخل إلى خارج في حاشيته المراق الأخرى التي في الجانب المقابل. وهذا الضرب من الخياطة أفضل من الخياطة العامية السهلة وهي الخياطة التي تقدم ذكرها. فهذا كلام **جالينوس** نصًا.

وقد قال بعضهم قد تستقيم خياطة البطن بإبرتين وذلك أن تدخل فيهما خيطًا واحدًا وتبدأ بإدخال الإبرة من عندك وتنفذها إلى الجانب الآخر وتدخل الإبرة الأخرى من الجانب المقابل له فتنفذها من عندك على حسب خياطة الأساكفة سواء[1].

المبحث الرابع: ماذا تناول علم الجراحة عند الأطباء العرب؟

لقد تناول علم الجراحة عند **الأطباء العرب** جميع أعضاء الجسم ما عدا الدماغ والقلب والرئتين والمعدة والكبد، لأسباب كثيرة منها اعتقادهم أن الدماغ له شرف الرياسة وإصابته قاتلة، في حين أن القلب لا تلتحم جراحته نظرًا لحركته على الدوام، وكذلك المعدة فإن تمددها وحركتها يمنعان التحام الجروح فيها. كما أن الكبد والكلى من الأعضاء التي لا تبرأ، فالأول يصيبه النزف والثاني لا يلتحم لمرور المائية الحارة به.

ولكن من جهة أخرى أصاب علم الجراحة تقدمًا كبيرًا في جراحة الفم والأسنان وجراحة الأنف والأذن والحنجرة وجراحة العظام والجراحة العامة، وواجبنا أن نتناول كشف ما أنجزوه في جراحة الفم والأسنان متدرجين بعد ذلك إلى ما وراء الموضوعات الأخرى.

---

(1) Albucasis, p 541-547.

لقد خصص **الرازي** الطبيب في الجزء الثالث من كتاب الحاوي مكانًا لأمراض الأسنان وما يتعلق بها من علاجات وتدابير جراحية، كما اهتم بأمراض فضاء الفم والأورام الحادثة فيه بحيث يمكن القول إن الجزء الثالث قد احتوى على معلومات واسعة في أمراض الفم والأسنان وعلاج الأمراض بالأدوات المستخدمة في قلع الأسنان أو كيها بالنار ومعالجة الأورام بالجراحة.

وعالج **الأطباء العرب** أمراض اللثة بالأدوية والجراحة، فإذا كانت مسترخية فلا بد من علاجها بالأدوية القابضة التي تشدها خوفًا من تعرض الأسنان للسقوط فيما لو بقيت مصابة بالاسترخاء، وإذا كان في اللثة وجع بسبب ورم أو التهاب فمن الضروري التأكد منه والتمييز بينه وبين وجع الأسنان، فإذا كان الوجع إنما هو في اللثة وحدها تكون اللثة تتوجع إذا غمزت عليها، فالفضل حينئذ في اللثة وحدها، فلا ينبغي حينئذ أن يتعرض لقلع شيء من الأسنان[1]. والأوجاع العارضة للأسنان إذا لم يكن في اللثة ورم حار ربما كانت في جرم الأسنان[2]. وقد أكد **الرازي** كذلك، أن جُلّ أوجاع الأسنان إنما يكون في العصبة التي في أصل السن[3].

وقد يحدث في اللثة خراج صغير أو ينبت فيها لحم زائد، ففي حالة الخراج يجب شقه بمبضع حتى يخرج القيح منه، كما يمكن أن يستأصل الخُرَاج جميعه بالتقوير، أما إذا كان في اللثة لحم زائد في جوانب الأسنان فإن على الجرائحي أن يعلقه بصنارة ويقطعه من أصله بالمبضع. فإن عاد ثانية فعليه أن يقطعه ويكويه لكيلا يعود من جديد.

وقد أشار **الرازي** إلى فساد الفك من إصابة اللثة والأسنان بالورم والقيح دون علاج، فقال: إذا كانت اللثة فاسدة فيكوى ما فسد منها حتى يسقط، ثم يعالج بعد ذلك بما ينبت اللحم حتى يلتئم لحم اللثة ويرجع إن شاء **الله**. وقد رأيت من سقط فكه السفلاني كله، وما أسرع ما تبدر إليه العفونة والنواصير، إذا كانت مدة تحت الضرس ولم تبادر بقلع ذلك، فكثيرًا ما يثقب اللحى حتى يصير للناصور رأس في الذقن بحذاء تلك السن أولًا، ثم عالجها

(1) يُراجع، كتاب الحاوي في الطب، ط2، حيدر آباد 1977، ج3، ص192. (المؤلف)

(2) المصدر السابق، ج3، ص178. (المؤلف)

(3) المصدر السابق، ج3، ص182. (المؤلف)

بالدواء الحادّ والسمن بعده، وإذا فسد الفك فليس له إلا السمن حتى يسقط أو ينقلع منه ما انقلع من العظام، وإذا كان الفساد فوق فإنه يقلع منه عظام فقط لأنه لا يمكن أن يفسد اللحى الأعلى كله إلا في صعوبة شديدة فيبرأ حينئذ من عظام الخد[1].

وإذا أصاب الأسنان نخر أو تسوس، فعلاجها بالأدوية التي تجلو عنها السواد والوسخ، وإذا كانت السن محفورة فالأفضل أن تعالج بالحشو بعد جردها من السواد فيها، وذلك بصناعة عجينة مؤلفة من مواد معينة هي القوتنج المسحوق وصمغ البطم أو الكبريت والحضض، أو الزاج وصمغ البطم[2]. وغير ذلك من المواد التي وصفها **الأطباء العرب** لحشو الأسنان.

ويذكر **الزهراوي** جرد الأسنان بالحديد وتخليصها من القشور التي تجتمع في سطوحها بقوله: قد يجتمع في سطوح الأسنان من داخل ومن خارج وبين اللثات قشور خشنة قبيحة، وقد تسود وتصفر وتخضر حتى يصل من ذلك فساد إلى اللثة وتقبح الأسنان لذلك، فينبغي أن تجلس العليل بين يديك ورأسه في حجرك وتجرد الضرس والسن الذي ظهر لك فيه القشور والشيء الشبيه بالرمل حتى لا يبقى منه شيء، وكذلك تفعل بالسواد والخضرة والصفرة وغير ذلك حتى تنقى. فإن ذهب ما فيها من أول الجرد وإلا فتعيد عليه الجرد يومًا آخر وثانيًا وثالثًا حتى يبلغ فيما تريد. واعلم أن الضرس يحتاج إلى مجارد مختلفة الصور كثيرة الأشكال على حسب ما يتهيأ لعملك من أجل أن المجرد به الضرس من داخل غير المجرد الذي يجرد به من خارج والذي يجرد به بين الأضراس على صورة أخرى[3].

إن ما يذكره **الزهراوي** يدل دلالة قاطعة على تطوير صناعة الأدوات التي تستخدم في الجراحة، ولا سيما جراحة الأسنان، وأن التنوع في استخدام الأدوات بحسب أغراضها لهو الدليل على تقدم جراحة الأسنان عند **الأطباء العرب**، وبالفعل فإن الأدوات التي يذكرها الزهراوي في كتابه تشير بوضوح إلى الأغراض المتعددة التي من أجلها صنعت، وإلى أهمية الشكل والحجم والدقة والغرض لكل آلة.

---

(1) المصدر السابق، ج3، ص248-249. (المؤلف)

(2) المصدر السابق، ج3، ص162. (المؤلف)

(3) Albucasis, p273-275.

وقلع الأضراس من الأعمال التي مارسها **الجرائحيون العرب**، ولكنهم لا يقدمون على قلع الأسنان إلا إذا عجزت الأدوية عن مداواته، وكان ضروريًا أن يقلع، لأن ما يقلع لا يعوض مكانه، وعلى الجرائحي أن يثبت قبل قله الضرس من أنه يقلع الضرس النصاب وليس الضرس القريب منه.

وحذر **الرازي** من قلع الأسنان عندما تكون اللثة عليلة بقوله: متى كان الوجع في اللثة إذا غمزت عليها أو يحس العليل الوجع في اللثة فلا يقلع الأسنان في تلك الحالة فإنه يزيد الوجع، فأما متى كان في أصل الأسنان فإنه يخف به الوجع إذا قلعت، وتصل الأدوية إليه إذا عولج فيكون أبلغ[1].

وقبل قلع الأسنان يجب أن يتثبت الطبيب من العلة، هل هي في نفس السن أو في اللثة أو في العصبة، ويعرف بوضع الأدوية وهو أنه متى كانت العلة في السن كان الوجع خاصًا بها ويسكن بوضع الأدوية عليها، ومتى كان في اللثة كان الوجع فاشيًا في موضع السن وغيره ويسكن بوضع الأدوية عليها، وكان لونها متغيرًا وربما تغيرت رائحة الفم، ومتى لم يسكن بهذا ولا ذلك فهي في العصبة، ولا سيما متى كان غائرًا وكان الدماغ ضعيفًا والحواس مضرورة[2].

وتجري عملية قلع الأسنان بحذر شديد وباستخدام مجموعة من الأدوات ذات الأغراض المختلفة منها الكلاليب، كما تجرى عملية البحث عن بقايا الضرس الذي بقيت منه بقايا نتيجة الكسر أثناء القلع بمنقاش خاص لاستئصالها.

وقد وصف **الزهراوي** عملية قلع الضرس بدقة بقوله: ينبغي أن تشرط حول السن بمبضع فيه بعض القوة حتى تحل اللثة من كل جهة ثم تحركه بأصابعك أو بالكلاليب اللطاف أولًا قليلًا قليلًا حتى تزعزعه ثم تمكن حينئذ منه الكلبتين الكبار تمكينًا جيدًا، ورأس العليل بين ركبتك قد ثقفته لا يتحرك، ثم تجذب الضرس على استقامة لئلا تكسره، فإن لم يخرج وإلا فخذ إحدى تلك الآلات فأدخلها تحته من كل جهة برفق، وَرُم تحريكه كما فعلت أولًا،

---

(1) يُراجع، الحاوي في الطب، ج3، ص250. (المؤلف)

(2) يُراجع، ابن القف، العمدة في الجراحة، ج2، ص195. (المؤلف)

وإن كان الضرس مثقوبًا أو متآكلًا فينبغي أن تملأ ذلك الثقب بخرقة وتسدها سدًا جيدًا بطرف مرود رقيق لئلا يتفتت، في حين شدك عليه بالكلاليب، وينبغي أن تستقصي بالشَرط حول اللثة من كل جهة نعمًا، وتحفظ جهدك لئلا تكسره فيبقى بعضه فيعود على العليل منه بلية هي أعظم من وجعه الأول[1]. وإذا بقي من الضرس أصل قد انكسر فينبغي أن تستخدم آلة ذات رأس رفيعة تشبه المنقار، وهي مسننة إلى الداخل لاستئصاله، فإذا لم يخرج الأصل المكسور فينبغي أن تكشف اللحم كله بالمبضع عن الأصل وتستخدم آلة أخرى تشبه عتلة صغيرة وتدخلها إليه، فإن لم يستجب فينبغي أن تستخدم آلات أخرى مختلفة الأشكال للوصول إلى الغرض، وهذا معناه أن آلات جراحة الأسنان كثيرة.

وقد أكد **الزهراوي** هذا المعنى بصفة عامة بقوله: واعلم أن آلات الأضراس كثيرة وكذلك سائر الآلات لا تكاد تحصى، والصانع الدَرِب الحاذق بصناعته قد يخترع لنفسه آلات على حسب ما يدله عليه العمل والأمراض نفسها، لأن من الأمراض ما لم تذكر لها الأوائل آلات لاختلاف أنواعها[2].

وقد يصاب عظم الفك بكسر أو بحدوث تعفن فيه، بحيث ينبغي إجراء جراحة فيه لاستئصال جزء من العظم أو لإزالة التعفن، وقد تنبه **الزهراوي** إلى مثل هذه الحالات فاستخدم الآلات القابضة بقوة على العظم المكسور حتى يخرج. أما إذا كان العفن قد أصاب العظم فينبغي أن يُجرد جيدًا من العفن والسواد حتى يصبح نقيًا، ثم يتم علاجه بعد ذلك حتى يشفى، أما إذا كانت الأسنان على غير مجراها الطبيعي، وذلك بأن ينبت ضرس خلف ضرس آخر أو ملصقًا بضرس آخر، ففي الحالة الأولى ينبغي أن يقلع خاصة إذا تعذر نشره بآلة خاصة أو بَرْدَهُ بمبرد خاص، وفي الحالات الأخرى يستخدم منشار صغير لنشر الضرس الزائد والتخلص منه، كما يمكن استخدام المبرد لبرده عدة أيام حتى يزول، أما إذا حدث في السن كسر وأصاب اللسان بجروح أثناء الطعام أو عند الكلام فينبغي أن يسوى الكسر بالمبرد حتى يصبح ملسًا.

---

(1) Albucasis, p277.

(2) Ibid, p 285.

وتنبه **الأطباء العرب** إلى ما يصيب السن من تخلخل وتحرك بسبب استرخاء اللثة أو من جراء فعل خارجي، فأشاروا إلى ضرورة تثبيته بشريط من الذهب أو الفضة، وقد ذكر ذلك **الرازي**[1]، وفصل القول فيه **الزهراوي**: إذ عرض للأضراس القدامية تزعزع وتحرك عن ضربة أو سقطة ولا يستطيع العليل العض على شيء يؤكل لئلا تسقط وعالجتها بالأدوية القابضة فلم ينجح فيها العلاج فالحيلة فيها أن تشد بخيط ذهب أو فضة، والذهب أفضل لأن الفضة تتزنجر وتعفن بعد أيام والذهب باق على حاله أبدًا لا يعرض له ذلك، ويكون الخيط متوسطًا في الرقة والغلظ على قدر ما يسع بين الأضراس، وصورة التشبيك أن تأخذ الخيط وتدخل انثناءه بين الضرسين الصحيحين ثم تنسج بطرفي الخيط بين الأضراس المتحركة واحدة كانت أو أكثر حتى تصل بالنسيج إلى الضرس الصحيح من الجهة الأخرى ثم تعيد النسج إلى الجهة التي بدلات منها وتشد يدك برفق، وأحكمه حتى لا تتحرك البتة ويكون شدك الخيط عند أصول الأضراس لئلا يفلت ثم تقطع طرفي الخيط الفاضل بالمقص وتجمعها وتفتلها بالجفت وتخفيها بين الضرس الصحيح والضرس المتحرك لئلا تؤذي اللسان[2].

ومن المدهش حقًا أن يلتفت **الزهراوي** إلى جراحة لها أهميتها في طب وجراحة الأسنان، ألا وهي استبدال السن المقلوعة بسن مصنوعة وإعادة الأضراس الساقطة إلى مواضعها، وفي ذلك ينص بصراحة: وقد ترد الضرس الواحد أو الاثنين بعد سقوطهما في موضعهما وتشبك كما وصفنا وتبقى، وإنما يفعل ذلك صانع درب رفيق، وقد ينحت عظم من عظام البقر فيصنع منه كهيئة الضرس، ويجعل في الموضع الذي ذهب منه الضرس ويشد كما قلنا ويستمتع بذلك[3].

ويضيف **ابن القف** على **الزهراوي** في استبدال الضرس بضرس آخر مصنوع، أنه قد يتخذ من عظم أو من عاج ويركز عوض سن قد سقطت ويشد بشريط الذهب[4]، وبهذا يكون السن البديل فيما يذكره **الزهراوي** مصنوعًا من عظم البقر، بينما لم يحدد **ابن القف** من أن

(1) يُراجع، الحاوي في الطب، ج3، ص303. (المؤلف)

(2) Albucasis, p293.

(3) Ibid, p295.

(4) يُراجع، العمدة في الجراحة، ج2، ص197. (المؤلف)

يكون السن البديل، واكتفى بالقول إنه من العظم، ولكنه أضاف إضافة كبيرة عندما جعل السن البديل من العاج كذلك.

كما استخدمت الجراحة لاستئصال بعض الأورام التي تصيب الفم في علاج اللهاة الوارمة المسماة عنبية، كما أجريت جراحة تعقد اللسان سواء كان ذلك التعقد طبيعيًا أو نتيجة اندمال قرحة، وتم استئصال اللوزتين التي لا يفيد فيها العلاج بالأدوية، وقد ذكرت هذه العمليات الجراحية في الكتب الطبية الجامعة، في كتاب كامل الصناعة الطبية وفي كتاب القانون في الطب، وفي التصنيف لمن عجز عن التأليف، وفي كتاب العمدة في الجراحة، وغايتنا أن نستعرض هذه العلاجات بالعملية الجراحية على التوالي:

أولًا. ينبغي متى عرض للهاة ورم وسقطت وصارت كالعنبة مستديرة الرأس دقيقة الأصل، ولم ينجب فيها العلاج بالأدوية القابضة وغيرها، فينبغي أن تقطع لئلا تحدث الخناق إذا ازدادت عظمًا، إلا أنه متى كانت مستديرة ولم يكن لها أصل دقيق وكان لونها كالدم الأسود فلا تقدمن على قطعها، فإنك إن قطعتها حدث من ذلك أورام عظيمة وانفجار دم لا يكاد ينقطع، متى كانت دقيقة الأصل مستطيلة وأطرافها شبيهة بأذان الفأر مسترخية وألوانها إلى البياض ما هي، فينبغي ألا تقطعها كلها من الأصل، ولا تقطع منها أكثر من المقدار الذي قد زاد عن الأمر الطبيعي، فإنك إن قطعتها كلها من الأصل جلبت على العليل مضرة عظيمة فيما يلي الصدر وأورث ذلك انقطاع الصوت، وينبغي أن تجلس العليل بحذاء شعاع الشمس وتأمره أن يفتح فاه ما أمكنه وتقبض اللهاة من الوضع الذي يحتاج إلى قطعه بالآلة التي تسمى ماسكة اللهاة وتجذبها وتقطعها بالمبضع أو بالمقراص أو ببعض الآلات القاطعة ثم تغرغر العليل بالخل والماء البارد وبماء ورد فيه سماق وما يجري هذا المجرى[1]. ويستخدم **الزهراوي** لإجراء العملية آلة لكبس اللسان مع صنارة تغرز في العنبة لتجذبها إلى أسفل ثم تقطع بآلة تشبه المقص إلا أن طرفيها منعطفان إلى الداخل وحادان جدًا[2].

(1) يُراجع، المجوسي، كامل الصناعة الطبية، ج2، ص479-480. (المؤلف)

(2) Albucasis, p307.

ثانيًا. وعلاج تعقد اللسان بالجراحة يذكره **الزهراوي** بدقة أكثر وهو كما يأتي: قد يكون هذا الرباط الذي يعرض تحت اللسان إما طبيعيًا يولد به الإنسان، وإما أن يكون عرضيًا من جرح قد اندمل، والعمل فيه أن تفتح فم العليل ورأسه في حجرك وترفع لسانه ثم تقطع ذلك الرباط العصبي بالعرض حتى ينطلق اللسان عن إمساكه، فإن كان بعض الصلابة والتعقد وكان ذلك من اندمال جرح فألق فيه صنارة وشقه بالعرض حتى ينبتر الرباط وتنحل العقد، واحذر أن يكون الشق في عمق اللحم فتقطع شريانًا هناك فيعرض النزف، ثم يتمضمض في أثر القطع بماء الورد أو بالخل والماء البارد، ثم ضع تحت اللسان فتيلة من كتان يمسكها العليل في كل ليلة لئلا يلتحم ثانية، فإن حدث نزف دم فضع على المكان زاجًا مسحوقًا، فإن غلبك الدم فأكو الموضع بمكواة عدسية تصلح لذلك ثم عالجه بسائر العلاج حتى يبرأ[1].

وقد تنبه **الأطباء العرب** والجرائحيون إلى أنواع الأورام التي تصيب الفم، وكانت ملاحظاتهم الدقيقة لشكل الورم ولونه وسرعة نموه وغير ذلك من الأمور التي بنوا في ضوئها التمييز بين الأورام السرطانية وغيرها، وكانت تحذيراتهم تدعوا إلى تجنب استئصال الأورام السرطانية بالجراحة أو التعرض لها بالكوي لمعرفتهم بسرعة انتشارها بعد ذلك، ومن الأمثلة على ذلك الورم الذي يحدث تحت اللسان، وهو ورم يشبهه **العرب** بالضفدع، فإن كان لونه أسود صلبًا لا يجد له العليل حسًا فهو سرطان، وإن كان بخلاف ذلك مائلًا إلى البياض فلا خوف من شقه بمبضع لطيف وتخليصه من كل جوانبه حتى يخرج بكامله.

ثالثًا. أما علاج ورم اللوزتين، فإن **الطبيب العربي** قد تنبه إلى شروطه، فيذكر **علي بن العباس المجوسي** استفحال المرض وضيق تنفس المريض وعدم نفع الأدوية في المعالجة شروطًا تؤدي إلى ضرورة قطع اللوزتين، واشترط **الزهراوي** قبل إجراء العملية أن يكون الورم ساكنًا سكونًا تامًا أو نقص بعض النقصان[2].

---

(1) Ibid, p297.

(2) Ibid, p301.

وفيما يلي طريقة العمل كما يذكرها **المجوسي**: ورم اللوزتين إذا عظم وطالت مدته وعسر على صاحبه البلع وضاق عليه النَفَس ورأيت اللوزتين قد انتصبتا واستدارتا وكان أصلهما دقيقًا ولم تنجب فيهما الأدوية والغرغرة وما يجري هذا المجرى فينبغي أن يستعمل فيهما القطع، والسبيل إلى ذلك أن تأمر العليل أن يقعد بين يديك مقابل الشمس وتأمره أن يفتح فاه وتأمر الخادم أن يمسك رأسه بالآلة التي يكبس بها اللسان ثم تأخذ صنارة وتغرزها في إحدى اللوزتين وتخرجها إلى الخارج ما أمكن من ذلك من غير أن تجذب معها شيئًا من الأغشية والأجسام التي هناك، ثم تقطعها من أصلها بالآلة التي تصلح لذلك، وبعد أن تقطع إحداهما تقطع الأخرى أيضًا، وتغرغر العليل بماء الورد وخل مُبَرد، فإن عرض من ذلك نزف دم فينبغي أن تغرغره بماء السماق وماء لسان الحمل والطين القبرصي، وإن عرض هناك حمى فليغرغر بدهن ورد وبياض بيض أو بِرُب التوت مع ماء الكزبرة، وإن عرض في الجرح وسخ فينبغي أن يغرغر بالماء والعسل[1].

وقد تُعرض في الفم والحنجرة أورام تؤدي إلى ضيق النفس والاختناق، وفي مثل هذه الحالات لا بد من إجراء عملية جراحية أو باستئصال الأورام إن كانت غير خبيثة، وإما بشق الأغشية الواصلة بين حلق القصبة الهوائية ليتمكن العليل من التنفس، فإذا ذهب الورم بالمعالجة كان على الجرائحي أن يخيط الموضع ويعيد العضو إلى ما كان عليه قبل التفرق، وقد ذكرت عملية شق الحنجرة لورم يحدث من داخل الحلق في كتاب الحاوي **للرازي** الطبيب، وفي الكتب الطبية الجامعة، وفي كتاب **الزهراوي** وكتاب **ابن القف**، وأجمع الجميع على ضرورة إجراء هذه العملية في حالة اختناق العليل من أورام أصابت الفم، بحيث أشرف على الموت لعدم قدرته على التنفس، وقد حذر **الزهراوي** من إجراء هذه العملية للمصابين بمرض الرئة المعروف بالذبحة، وبهم علة أو مرض في القصبة الهوائية.

أما إذا كانت الأورام في الحلق أو الفم أو اللوزتين وتعذر على المريض التنفس وتعرض إلى الاختناق، فينبغي إذا أردنا ذلك أن نشق الحنجرة تحت ثلاث دوائر من دوائر

---

(1) يُراجع، كامل الصناعة الطبية، ج2، ص479. (المؤلف)

القصبة أو أربع شقًا صغيرًا بالعرض فيما بين دائرتين بقدر ما يكون الشق في الصفاق لا في الغضروف، وهذا النوع موافق للشق لأنه عديم اللحم وأوعية الدم منه بعيدة. فإن كان المعالج جبانًا فينبغي أن يمد جلدة الحلق بصنارة ثم يشق الجلد حتى يشق الصفاق الذي وصفنا، ويستدل على شق القصبة من البلغم الذي يخرج منها مع ما تنخرق ومن انقطاع الصوت، وتترك الجرح مفتوحًا زمانًا، فإذا زال الوقت الذي كان يتخوف فيه الاختناق جمعت شفتي الجرح من الجلد وخطته وحده من غير الغضروف، ثم تستعمل الأدوية التي تنبت اللحم إلى أن يبرأ[1].

واهتم الجزء الثالث من كتاب الحاوي فضلًا عن أمراض اللثة والأسنان بأنواع الأمراض التي تصيب الأنف والأذن، وذكر فيه معلومات قيمة وآراء متنوعة لأطباء سبقوه في معالجة هذه الأمراض، ولكن الملاحظ أن **الرازي** نفسه قد شاهد وهو في المستشفى حالات مرضية كثيرة وعمليات جراحية لأورام متنوعة وزوائد والتهابات وغير ذلك، فاللحم النابت في الأنف والالتهابات الحادة التي تصيبه من الحالات التي شاهدها **الرازي** ورأى كيفية معالجتها بعملية جراحية تقوم على تخليص الأنف من الزوائد والالتهابات بالجرد، شريطة أن لا يكون في الأنف أورام سرطانية، فيقول: الذي رأيت في البيمارستان أن يجرد الأنف بمِيل الأنف بقوة، فربما سقط منه قدر نصف رطل بأشياء سمجة مثل بطون الدجاج والنفاخات وبلاغم زجاجية ولحم رخو ثم يستعملان بعد ذلك الخيط من شعر أو شيء خشن[2].

ويقصد **الرازي** من قوله: بطون الدجاج، البراز الذي يقذفه الدجاج، أما فائدة الخيط من شعر أو شيء خشن ليقع الجرد في أعلي الأنف.

وللتمييز بين سرطان الأنف والبواسير علامات يذكرها **الرازي** بقوله: الفرق بين البواسير والسرطان في الأنف صلابة المغمز وسخونة المجس وحِدة في الحنك، ثم استبرئ في ذلك بأن تسيل، فإن كان حدث بعقب زكام وعلل في الرأس وسيلانات من الأنف فإنه بواسير، وإن كان إنما حدث والمنخران صافيان وكان في أوله مثل حمصة ثم أقبل بتزايد فإنه سرطان،

(1) Albucasis, p337.

(2) يُراجع، الحاوي في الطب، ج3، ص 125-126. (المؤلف)

وجس الحنك وتفقد صلابته، فإذا فرغت من ذلك كله فاعلم أن السرطان لا يكون له في الأنف رأس كرأس التفاحة، فن رأيت في الأنف ذلك فجسه بمجس وانظر إلى رخاوته وانظر في لونه ورطوبته ما يسيل منه ومن الأنف في الحلق، فإن ذلك دليل على الباسور، والسرطان يابس صلب، وبالجملة فالسرطان لا يكاد يخرج في تجويف الأنف ويطول فيه، بل هو أبدًا نحو الحنك لكن استبرئه على حال تغمزه بالمِيل لتعرف صلابته وسرعة اندماله. وجس الحنك فإن رأيته رخوًا كالحال الطبيعية فليس بسرطان.

وعملية قطع اللحم الزائد في الأنف يذكرها الزهراوي بالتفصيل بالشكل الآتي: فينبغي أن تجعل العليل بين يديك مُستَقبِل الشمس وتفتح منخره وتلقي الصنارة في تلك اللحوم ثم تجذبها إلى خارج ثم تقطع ما أدركت منها بمبضع لطيف حاد من جهة واحدة، حتى تعلم أن اللحم كله قد ذهب، لئن بقي منه شيء لم تستطع قطعه فأجرده بأحد الآلات اللطاف برفق حتى لا يبقى منه شيء، فإن غلبك الدم أو عرض ورم حار فقابله بما ينبغي، أو كان من الأورام الخبيثة فبادر وأكوه، حتى ينقطع الدم وتذهب جميع اللحوم، ثم تلقي في الأنف بعد القطع خلًا وماءً أو شرابًا. فإن انفتح الأنف وسلكت منه الرطوبة إلى الحلق فاعلم أنه قد برئ، فإن لم تنفذ الرطوبة على ما ينبغي فاعلم أن داخله لحمًا نابتًا في أعلى العظام المتخلخلة لم تصل الآلة بالقطع إليها. فحينئذ ينبغي أن تأخذ خيطًا من كتان له بعض الغلظ وتعقد فيه عقدًا كثيرة وتجعل بين كل عقدة قدر إصبع أو أقل وتجعل العليل يدس طرف الخيط الواحد في أنفه بمرود أو بما أمكنه بعد أن يصنعه مثل الرز، ويجذب ريحه حتى يصل إلى الخيشوم ويخرج على حلقه، وكثيرًا ما يفعل مثل هذا الصبيان في الكتّاب، وهو أمر يسهل على من أراده، ثم تجمع طرفي الخيط، الطرف الواحد الذي خرج على الفم والآخر الذي بقي في الأنف، ثم تستعمل نشر اللحم بالعقد التي في الخيط، ذلك حتى تعلم أن اللحوم قد تقطعت بعقد الخيط، ثم تخرج وتصير في الأنف بعد مسح الدم فتيلة قد شَرَبتَهَا في المرهم **المصري**، تفعل ذلك ثلاثة أيام أو أكثر حتى يأكل المرهم جميع ما بقي من اللحوم ثم تصير آخر شيء في الأنف أنبوبة رصاص أيامًا حتى يبرأ[1].

---

(1) Albucasis, pp 259-261.

واهتم **الطب العربي** بما يصيب الأذن من أمراض، وبخاصة ما يعرض لها بسبب دخول مواد غريبة فيها، سواء كانت صلبة أم سائلة. وبسبب ولادي كأن تكون في الأذن سدة تعترض سبيل سمع العليل.

ونعرض هنا أولًا لحالة دخول مواد صلبة في الأذن، ثم نرى كيفية معالجة السدة، فإذا دخلت مادة صلبة في الأذن وامتنع خروجها بالآلات ولم يستطع المعالج سحبها بواسطة أنبوبة يوضع على حواليها من الأعلى قير ملّين بالدهن ليمنع تسرب الهواء من غير الأنبوبة، ويسحب الهواء الذي بداخلها في محاولة لجذبها، فإن العمل الجراحي هو السبيل لاستخراج المادة الصلبة، وذلك أن تجلس العليل بين يديك وتقلب أذنه إلى فوق وتشق شقًا صغيرًا في أصل الأذن عند شحمته في الموضع المنخفض منها، ويكون الشق هلالي الشكل حتى تصل إلى الحصاة ثم تنزعها بما أمكنك من الآلات ثم تخيط الشق من حينك بسرعة وتعالجه حتى يبرأ[1].

وقد ذكرت الكتب الطبية الجامعة، العملية الجراحية السابقة، ولكن الإضافة الجديرة بالاهتمام هي محاولة **الزهراوي** اختراع آلات وطرق مختلفة في سبيل إخراج المادة الصلبة، فالأنبوبة التي يدخلها في الأذن برفق ويمنع تسرب الهواء من كل الجوانب ويدع الهواء يخرج من الأنبوبة فقط ثم يقوم بعملية المص بقوة لانتزاع المادة الصلبة لهي من الجدة والذكاء. كما أن اختراع آلات أخرى متنوعة الأشكال في سبيل تفتيت المادة الصلبة ثم اخراجها على هيئة أجزاء صغيرة لهو دليل آخر على قدرة **الزهراوي** الإبداعية في اختراع الأدوات الجراحية لأغراض كثيرة ومختلفة.

أما علاج السدة الولادية العارضة في الأذن أو تلك السدة الناتجة من قرحة قد التحمت، فإن النص الذي يذكره **المجوسي** جدير بالاهتمام: أن ثقب الأذن ربما كان مسدودًا من وقت الجبلة وربما كانت في الثقب الظاهر، فإن كانت السدة في الثقب الذي في قعر الأذن أعني في موضع الغشاء على الثقب الظاهر فينبغي أن تشقه بمبضع منقوش الرأس قليلًا، فإن كان هناك لحم نابت فينبغي أن تقوره ثم تجعل في الموضوع ذرورًا أصغر وتكبس الموضع بخرق كتان[2].

---

(1) Albucasis, p 193.

(2) يُراجع، كامل الصناعة الطبية، ج2ن ص477. (المؤلف)

واستعمل **الأطباء العرب** أنواعًا مختلفة من الأدوية لعلاج أنواع الأمراض التي تصيب الأذن، ولكننا انتخبنا فقط ما يدخل في باب جراحة الأذن. إذ ذكر **الرازي** في الجزء الثالث من كتابه الحاوي مجموعة كبيرة من علاجات شتى الأمراض، وفيما يلي مجموعة من الأمراض التي تناولها بالبحث والدراسة والعلاج: الطرش والصمم وثقل السمع والدور والوجع والدوي والطنين والقروح والبتر والورم من حرٍ أو بردٍ أو ضربة أو شدخ صدفها، والسدد فيها والرياح وجريان المدة وسيلان الرطوبات ودخول الماء في الأذن واجتماع الوسخ وما يقع فيها وغير ذلك، والخراجات في أصولها وقروحها.

كما استهدف **الأطباء العرب** تطوير جراحة العظام، فحققوا فيها ما حققوه في غيرها من نجاح، سواء في طريقة إجراء العملية أو في تطوير واختراع الآلات القاطعة والمناشير وغيرها. أو في تشخيص الأمراض التي تصيب العظام أو في معالجة الأنواع المختلفة من الكسور، وغايتنا أن نستعرض بعض الجوانب من هذه الجراحة للتدليل على مقدار التقدم الذي أصابها على **الجرائحيين العرب**.

لقد لاحظ **الأطباء العرب** أن الفساد الذي يصيب أحد الأعضاء مثل الأطراف قد يسري ويلحق ضررًا بالغًا باليد كلها أو بالرِجلِ كلها، فإذا أصاب العفن أحد الأطراف ولم تنجح معه جميع الأدوية والعلاجات، فإن أفضل سبيل هو قطعه بسرعة لئلا ينتقل العفن إلى سائر العضو، وأن يكون القطع إلى الحد الذي انتهى إليه الفساد.

أما أسباب هذا المرض فإنه قد يكون خارجيًا وقد يكون داخليًا، فربما يتعفن العضو بسبب قرحة أصابته وتعذر علاجها، وربما يتعفن العظم من كسرٍ قديم لم يعالج معالجة صحيحة، وربما يلجأ الجرائحي إلى قطع العضو بسبب عظة العقرب والأفعى وما جرى مجراها.

وقد حذر **الطبيب العربي** من ترك العفن يجري في العضو، ونبه إلى ضرورة قطع الإصبع إن كانت الإصابة به قبل أن يسري المرض ويصيب الذراع، أما طريقة إجراء العملية الجراحية فإن ما نجده عند **المجوسي** مختصر جدًا، وذكر **ابن سينا** قطع العظام، ولكنه أضاف إلى ذلك أن علاج فساد العظم هو حكه وإبطاله أو قطعه ونشره سواء كان ناصورًا

أو لم يكن، فإنه لا بد من حكه وجرده أو كي المبلغ الفاسد منه لتسقط القشور الفاسدة ويبقى الصحيح[1].

وقد فصل **الزهراوي** كعادته في العمليات الجراحية، وكان وصف طريقة العمل مستوفيًا لجميع الأوجه، وبالصورة الآتية: وصفه قطع العضو أو نشره، أن تشد رباطًا في أسفل الموضع الذي تريد قطعه، وتشد رباطًا آخر فوق الموضع، ويمد خادم الرباط الواحد إلى أسفل، ويمد خادم آخر الرباط الأعلى إلى فوق، وتجرد أنت اللحم بين الرباطين بمبضع عريض حتى ينكشف اللحم كله ثم يقطع أو ينشر، وينبغي أن تضع من جميع الجهات خرق الكتان لئلا يمس المنشار الموضع الصحيح فيعرض للعليل ألم زائد وورم حار، فإن حدث نزف دم من خلال عملك فاكوِ الموضع بسرعة أو احمل عليه بعض الذرورات القاطعة للدم ثم عد إلى علاجك حتى تفرغ، ثم اربط العضو المجروح برباط يصلح له وعالجه حتى يبرأ[2].

وتناول **الرازي** في الجزء الثالث عشر من كتاب الحاوي جملة من العلاجات الخاصة بالكسور والرض وسائر أنواع الإصابات التي تتعرض لها أعضاء الجسم، ابتداء بالرأس وانتهاءً بالقدم، ثم تناولت جميع المؤلفات الطبية الجامعة جميع أنواع الكسور وأساليب جبرها، والجراحات التي تحدث فيها، وسوف نقتصر على ذكر موضوعات مختارة نظرًا لضيق المجال، وذلك لمجرد إثبات ما أسداه الأطباء العرب من أعمال جليلة في مجال جراحة العظام.

تعتمد هذه الجراحة شأنها شأن الموضوعات الطبية الأخرى على علم التشريح وتشريح العظام بالذات، ليتعرف المعالج على مواضع العظام وأشكالها ومشاركتها لغيرها العضل الذي يكون عليها، والعظم قد يصيبه كسر أو خلع أو وهن أو وثي، ويختلف الكسر عن الخلع والوهن والوثي، لأن الكسر تفرق اتصال العظم الواحد، والخلع زوال المفصل عن موضعه، والوهن ألم يصيب العظم من جراء ضربة أو سقطة من دون أن يرافقه كسر أو خلع،

(1) يُراجع، القانون في الطب، ج3، ص185. (المؤلف)

(2) Albucasis, p579.

والوثي انزعاج في العضو الواحد، فالكسر الذي يصيب الرأس يختلف عن الكسر الذي يصيب عظم الفخذ أو الساعد، كما أن الكسر الذي يصيب أحد الأعضاء ربما يكون مجرد تفرق اتصال العظم من دون تمزق يحصل في الداخل، أو قد يكون كسرًا فيه شظايا مع ورم وجروح، ولكل نوع من هذه الكسور طريقة خاصة بمعالجته، كما توجد له طريقة في شده أو حمله عند الحاجة، وغاية المعالج هي أن يعيد العضو الذي أصابه الكسر أو الخلع أو الوهن أو الوثي إلى حالته الطبيعية، ولذلك عليه أن يبذل الجهد من أجل تشخيص العضو المصاب فيفرق بين الكسر والخلع والحالات الأخرى، والإصابات الجانبية التي قد ترافقه، ومن المعروف عند **الأطباء العرب** أن العظام عند الأطفال تقبل الالتحام وهي أسرع في الشفاء، ولكن عظام الشيوخ لا يمكن أن تتصل وتلتحم على طبيعتها الأولى.

وقد ذكر **الزهراوي** ذلك صراحة بقوله: واعلم أن العظام المكسورة إذا كانت في الرجال المشتدين والشيوخ فليس يمكن أن تتصل وتلتحم على طبيعتها الأولى أبدًا، لجفوف عظامهم وصلابتها، وقد يتصل ويلتحم ما كان من العظام في غاية اللين بمنزلة عظام الصبيان الصغار، ولكن الطبيعة تنبت على العظم المكسور من جميع جهاته شيئًا يشبه الغراء فيه غلظ يلتصق به ويشده حتى يلزم بعضه بعضًا ويربط بعضه بعضًا حتى يأتي في غاية القوة والوثاقة كما كان أولًا حتى لا يعوقه شيء من أفعاله[1].

وإذا اجتمع من العظم المكسور ورم أو جرح، فان على الجرائحي ألا يستعمل الرباط في حالة الورم إلى أن يهدأ، كما يشترط أن يقطع النزف في حالة الجرح بالأدوية أو بالكي، أما إذا ظهر عفن فيجب معالجته، وإذا كان الجرح كبيرًا فيجب أن تستعمل الخياطة بجمع شفتي الجرح، ثم يُعالج بالأدوية.

وقد فطن **الأطباء العرب** إلى أن بعض الكسور يجتمع معها شظايا وجروح، وفي هذه الحالات لا يجوز خياطة الجرح إلا بعد استئصال الشظايا من دون أن يحدث جرح في العضو المكسور، فينبغي أن ينظر المعالج هل هناك ضرورة لشق العضو واستخراج العظام الصغيرة أو يكتفي بمعالجة الكسر وشده برفق؟ لأن الشد بقوة يؤدي إلى ورم العضو وعفونته،

(1) Albucasis, pp 679-681.

وفي حالة شق العضو يكون على المعالج أن يستخرج الشظايا الصغيرة أو أن يقطع تلك الأجزاء الناخسة ثم يسوى الكسر بعد ذلك ويعالجه.

وقد يتعرض الكسر الذي عالجه المعالج إلى اعوجاج فيخرج العضو عن شكله الطبيعي، وربما فقد العضو جزءًا من وظيفته، ففي هذه الحالة ينصح بكسر العظم من جديد على أن يسبقه بعض المعالجات مثل تدليك الموضع بالأدوية لكي يسهل على المعالج كسر العظم من دون أن يحدث للعليل آلام شديدة.

ولكن مسألة كسر العظم من جديد ليست مقبولة بصورة عامة عند **الأطباء العرب**، ففي الوقت الذي يذكر المجوسي ذلك بقوله: فأما العظام المجبورة التي وقع في جبرها خطأ ما من قلة معرفة المجبر، وإما من تحريك العليل العضو المجبور في غير وقت اشتداده حتى أنه قد عرض في شكلها تعوج وتغير كان عليه فيفسد بذلك العضو، وحركته بمنزلة اليدين والرجلين، إذا عرض فيهما ذلك من رداءة الحركة وقبح المنظر، فقد ذكر قوم أن علاج ذلك هو كسر العضو ثانية[1].

نجد **الزهراوي** يعارض ذلك بصراحة بقوله: وأما ما تصنعه الجُهّال من المجبرين من كسر العضو مرة أخرى إن لم ينجبر أولًا على ما ينبغي، وانجبر على عوج فهو خطأ من فعلهم وغرر عظيم. ولو كان صوابًا لذكرته الأوائل في كتبهم وعملت به، وما رأيت لأحد منهم في ذلك أثرًا البتة والصواب ألا يعمل به[2].

وقد بذل **الأطباء العرب** في شرح طرق معالجة كل عضو أصابه كسر أو خلع أو وهن أو وثي جهودًا كبيرة، ولم يتركوا شيئًا لم يذكروه ويشرحوه بدقة، من ذلك طرق تقويم العضو المصاب وإعادته إلى الوضع الطبيعي، ثم استعمال أنواع الرفائد والرباطات وطرق لفها وكيفية حمل العضو المصاب أو طريقة تعليقه توخيًا لراحة العليل من جهة ولإعادة العضو المصاب إلى حالته الطبيعية ثانية.

---

(1) يُراجع، كامل الصناعة الطبية، ج2، ص501. (المؤلف)

(2) Albucasis, p697.

المبحث الخامس: معالجة مرض السرطان عند الأطباء العرب

وأخيرًا لا بد لنا من تعرُّف بعض العمليات الجراحية في بدن الإنسان، وأن نعطي بعض الأهمية لبعض العلل السرطانية، نظرًا لتوسع **الأطباء العرب** واهتمامهم البالغ بالسرطان ووسائل مكافحته بالأدوية والجراحة.

تنبه **الأطباء العرب** إلى أن السرطان يختلف باختلاف الأعضاء، فمنه الظاهر، ومنه الخفي في باطن البدن، وأن الظاهر منه يمكن علاجه إذا كان في أول مراحله بالأدوية والكي، ولكنه إذا استفحل يصعب علاجه، لذلك فإن أفضل السبل في معالجة السرطان عندما يكون في ابتدائه، ومن السرطان ما يتقرح منه الصديد ولا يفيد فيه غير غسل الصديد عنه، لأنه إذا ما عولج بالجراحة أو بالكي استشرى وانتشر.

أما السرطان الخفي في باطن البدن، فقد ذهب **الأطباء العرب** إلى الاعتقاد أنه لا يبرأ وأن علاجه يؤدي إلى تهيجه وسرعة انتشاره. والورم السرطاني شبيه بحيوان السرطان من حيث الشكل، فكما أن للسرطان أرجلًا على جانبيه فكذلك الورم السرطاني فإن له عروقًا كثيرة تمتد فتشبه الأرجل.

وعلاج السرطان فضلًا عن استعمال الأدوية قد يكون بالعمل الجراحي شريطة أن يتولى الجرائحي مهمة استئصاله بأسره، فلا يبقى منه أي جزء أو أثر. لأنه لو بقي منه بعض الشيء لعاد إلى سابق عهده وفتك بصاحبه. وكان المعتقد أن معظم الأورام السرطانية تحدث في الأعضاء الرخوة وفي الرحم والثدي والعين.

وقد فرّق **الطبيب العربي** بين الورم السرطاني وسائر الأورام، وفيما يأتي فقرة **لابن القف** في التمييز بينهما، السرطان ورم متقرح له أرجل شبيهة بأرجل السرطان، وذلك لامتلاء العروق المتصلة بمجمل الورم، والفرق بينه وبين الصلابة من وجوه أربعة، أحدها: بما ذكرنا من جهة الشكل وهو أن السرطان ورم تتصل به عروق ممتلئة من مادة سوداوية، وأما الصلابة فليس لها ذلك. وثانيها: أن الصلابة هادئة ساكنة، وثالثها: أن السرطان متقرح، وأما الصلابة فغير متقرحة، والسرطان مؤذ متحرك، ورابعها: أن السرطان حدوثه دائمًا في الأبدان المتخلخلة، ولذلك كثر حدوثه للنساء، وأول ما يظهر يكون كالباقلاء صلب مستدير

الشكل كمد اللون، ثم يكبر ويتقرح وسمي هذا المرض بالاسم المذكور، إما لأنه يتشبث بالعضو كما يتشبث السرطان بما يمسكه، وإما لأن له وسطًا عظيمًا وتتصل به عروق فيكون شبيهًا بالسرطان في كثرة الأرجل[1].

ويصف الزهراوي طريقة إجراء العملية الجراحية لسرطان الثدي أو الفخذ ونحو ذلك بقوله: إن كان في العروق امتلاء بيّن ثم تنصب للعليل نصبة يتمكن فيها من العمل، ثم تلقى في السرطان الصنانير التي تصلح له ثم تقوره من كل جهة مع الجلد على استقصاء، حتى لا يبقى شيء من أصوله واترك الدم يجري وتقطعه سريعًا، بل اعصر المواضع واسلت الدم الغليظ كله بيدك أو بما أمكنك من الآلات، فإن اعترضك في العمل نزف دم عظيم من قطع شريان أو وريد فاكوِ العرق حتى ينقطع الدم، ثم عالجه بسائر العلاج إلى أن يبرأ[2].

والأورام السرطانية التي تحدث في الرحم فيذكر **الجرائحيون العرب** أن الجراحة في هذه الحالة خطرة، لذلك لا يجوز التعرض لهذه الأورام بالجراحة، أما إذا كانت الأورام في الرحم غير سرطانية أو قروح أو نواصير وغير ذلك، فإن بط هذه الأورام ومعالجة القروح واستئصال الثآليل من أصولها هو السبيل لمعالجتها.

وأجريت عمليات جراحية في أثداء الرجال الشبيهة بأثداء النساء للتخلص من الشحم الزائد فيها فتعود طبيعية، وتجري العملية بالطريقة الآتية: أن تشق ذلك الثدي شقًا على مثال شكل الهلال ثم تسلح الجلد وتنزع الشحم ثم تخيطه وتضع عليه أدوية، فإن خفت أن يميل الثدي إلى أسفل لعظمه كما يكون في النساء فينبغي أن تشق في جوانبه الفوقانية شقين شبيهين بشكل الهلال متصلًا كل واحد منهما بالآخر عند نهايته، ثم تسلخ الجلد فيما بين الشقين وتنزع الشحم وتستعمل من بعد ذلك الخياطة وتلقي عليه دواء يلحم كالذرور الأصفر وما أشبه ذلك[3].

---

(1) يُراجع، ابن القف، المعتمد في الجراحة، ج1، ص154. (المؤلف)

(2) Albucasis, p 697.

(3) يُراجع، المجوسي، كامل الصناعة الطبية، ج2، ص480. (المؤلف)

ومن العمليات الجراحية المهمة معالجة أنواع الفتوق، ويرى **الرازي** أن الفتوق تحدث في أسفل السُرة لأن في تلك الناحية الصفاق ليس فوقه شيء من أوتار العضل الممتد على البطن، وأما فوق السُّرة فإنه يمتد على الصفاق العضل الممتد في عرض البطن ويدعمه ويقويه ويغلظه[1].

ولكن ذلك لا يعني أن **الرازي** ينفي حدوث الفتوق فوق السُرة، إلا أن كلامه يدل على أن معظم ما يحدث إنما يكون تحت السُرة، فهو يذكر الآلام التي يتعرض لها المصاب بالفتق الذي يكون فوق السُرة باعتبار هذه الفتوق أشد وجعًا، ونظرًا لمعرفة **الرازي** الدقيقة بالتشريح بأن الصفاق ممدد على الأحشاء كلها، ولباس كيس البيضتين الداخل هو منه، والبيضتان في جوفه كما الأحشاء في جوفه[2]. فقد أدرك أن نزول الأمعاء إلى كيس البيضتين يكون إما لانخراق باريطون، وإما من اتساع المجرى الذي ينحدر من ذلك الغشاء إلى كيس البيضتين[3].

ووصف **الرازي** العملية الجراحية لعلاج نتوء السُرة، وذكرها **المجوسي** بدقة وتفصيل بقوله: ينبغي إذا أردت علاج نتوء السُّرة بالحديد وكان حدوثها من خروج الأمعاء أو الثرب أن تأمر العليل أن يقوم بين يديك وتنظر إلى الناتئ من السُّرة فتدير حوله دائرة ثم تأمره أن يستلقي على ظهره ثم تحز حول الورم حزًا بمبضع في الموضع المرسوم بالمداد، ثم تضع في وسط الورم صنارة، وتمده إلى فوق، وتصير في وسط الجز خيطًا مفتولًا أو وترًا وتعقد أوسطه ثم تشق رأس الورم شقًا تدخل فيه الإصبع السبابة وتنظر لعلك قد شددت مع ما شددت الخيط معي أو شيئًا من الثرب، فإن كان ذلك، فحِل الرباط وادفع المعي إلى داخل، فإن بقي هناك شيء من الثرب فاقطعه بعد أن تشد وتحزم ما كان هناك من عرق أو شريان، ثم تأخذ إبرتين فيهما خيوط مثنية مفتولة وتدخلها في الحز الذي حززته أولًا على شكل الصليب حتى تنفذ كل واحدة من الإبرتين إلى الجانب الآخر من الورم، ثم تقطع انثناء الخيوط وتشده في أربعة مواضع وتدعه حتى تزول اللحوم المشدودة وتسقط ثم تعالجها بالأدوية التي تنبت اللحم[4].

---

(1) يُراجع، الحاوي في الطب، ج10، ص225-226. (المؤلف)

(2) المرجع السابق، ج10، ص223. (المؤلف)

(3) المرجع السابق، ج10، ص225. (المؤلف)

(4) يُراجع، كامل الصناعة الطبية، ج2، ص481. (المؤلف)

وتناول **الجرائحيون العرب** بالمعالجة الجراحية أمراضًا عديدة وكثيرة مثل معالجة البواسير والنواصير، ومعالجة الحصى في المثانة، وكيفية إخراجها عندما تكون كبيرة لا تخرج من شق صغير، كما اهتموا بالأمراض النسائية، مثل علاج الرتق عند المرأة، وإخراج المشيمة، وكيفية إخراج الجنين الميت وغير ذلك.

وجملة القول إن الجراحة عند **الأطباء العرب** قد وصلت إلى درجة عالية من الرقي بفضل المعرفة الجيدة بعلم التشريح وطرق المعالجة وأساليب الجراحة، وتطوير الآلات الجراحية المختلفة لشتى الأغراض، ثم ممارسة التخدير الموضعي والتخدير العام، فالآلام التي تعرض للأسنان أو للأعضاء فينصح لها بالتخدير الموضعي، وذلك باستخدام وصفات مختلفة، كما أن أسلوب التخدير العام باستخدام الاسفنجة المخدرة هو أحد المبتكرات الطبية العربية.

وفي ذلك تقول **زيغريد هونكة**: وللعرب على علم الطب فضل آخر كبير في غاية الأهمية، ونعني به استخدام المُرقد (المخدر) العام، في العمليات الجراحية، وكم كان التخدير العربي فريدًا في نوعه، صادقًا في مفعوله، رحيمًا بمن يتناوله، وهو يختلف كل الاختلاف عن المشروبات المسكرة التي كان **الهنود** و**اليونان** و**الرومان** يجبرون مرضاهم على تناولها كلما أرادوا تخفيف آلامهم، وليس لرفع آلام العمليات عنهم.

وينسب هذا الكشف العلمي مرة أخرى إلى طبيب **إيطالي** أولًا وإلى بعض **الإسكندريين** ثانيًا. في حين أن الحقيقة تقول والتاريخ يشهد أن فن استعمال الاسفنجة المخدرة فن **عربي** بحت لم يعرف من قبلهم، وكانت توضع هذه الاسفنجة المخدرة في عصير من الحشيش والأفيون والزوأن وست الحُسن (هيو سيامين)، ثم تجفف في الشمس، ولدى الاستعمال ترطب ثانيةً وتوضع على أنف المريض، فتمتص الأنسجة المخاطية المواد المخدرة ويركن المريض إلى نوم عميق يحرره من أوجاع العملية الجراحية[1].

---

(1) يُراجع، شمس العرب تسطع على الغرب، مصدر سبق ذكره، ص27-280. (المؤلف)

الفصل السادس
علم الكحالة (طب العيون)

المبحث الأول: في تحديد هذا العلم وكتبه عند العرب

يعرف طب العيون عند **العرب** بالكحالة، ويقال للطبيب الذي يمارس معالجة العين وما يصيبها من أمراض بالكحال. ولهذه الصناعة شروط ومستلزمات، إذ يجب على الطبيب الكحّال أن يكون على معرفة جيدة بتشريح العين، ودراية بأنواع الأمراض التي تصيبها، وخبرة بتركيب الأدوية ومختلف العلاجات الضرورية لأمراض العين، لذا يجب على المرء ألا يقع في الخطأ فيخلط بين الطبيب الكحّال وكحّال الطرقات. فالأول ذو معرفة بعلمه وما يستلزم ذلك من تشخيص للأمراض التي تصيب أجزاء العين، وطرق معالجتها بالأدوية والأغذية والجراحة، بينما لا يمكن الثقة بالثاني لعدم معرفته بعلم مهنته، وعدم خبرته بالأمراض وطرق معالجتها بالأساليب الصحيحة المؤدية إلى حسن العاقبة.

ولكي يحفظ المجتمع صحة المواطن ويقيه شرور أولئك الذين يتعاطون المهن والصناعات من دون علم أو دراية ولا سيما ما يتعلق منها بالصيدلة والطب، كان نظام الحسبة، وهو بمثابة هيئة تفتيش ورقابة على أصحاب الصناعات والمهن، أثره البالغ في مراقبة أعمال الأطباء والجرائحيين والكحّالين، ومعاقبة الخارجين عن أصول كسب الحلال والصناعة، ومنعهم من مزاولة العمل في حالة إلحاق الضرر بالصحة، وكان من مهام المحتسب الأمر بالمعروف والنهي عن المنكر، وامتحان الأطباء، وأخذ عهد **أبقراط** عليهم[1]. واشترط حوزة الطبيب الكامل عدته وما تحتاج صناعته من آلات، فأما الكحّالون فيمتحنهم المحتسب بكتاب **حنين بن إسحق**، أعني العشر المقالات في العين، فمن وجده فيما امتحنه به عارفًا

(1) أُشير إلى هذا العهد في أحد فصول هذا الكتاب فليُراجع في محله. (المحقق)

بتشريح العين وعدد طبقاتها السبع وعدد رطوباتها الثلاث، وعدد أمراضها الثلاثة، وما يتفرع من ذلك من الأمراض، وكان خبيرًا بتركيب الأكحال وأمزجة العقاقير، أَذن له المحتسب بالتصدي لمداواة أعين الناس، وألا ينبغي أن يفرط في شيء من آلات صنعته من سنانير السّبل والظفرة ومحك الجرب ومباضع الفصد ودرج المكاحل وغير ذلك[1].

لقد تطور طب العيون عند **العرب** حتى أصبح فرعًا مستقلًا من فروع الطب، فأفاد مما كتبه القدماء والمحدثون في التشريح والأمراض، وتنوع طرق المعالجة وأساليب التشخيص ليصل من كل ذلك إلى تحديد واضح لحدوده وموضوعاته الخاصة. ففي الوقت الذي نجده موزعًا في مقالات وفي الكتب الطبية الجامعة، إذ احتل جزء ذكره المؤلفون في باب التشريح وباب الأمراض، فإنه سرعان ما شق طريقه نحو التكامل والتخصص.

لا شك إن لكتاب العشر مقالات في العين **لحنين بن إسحق** الأثر البالغ في تطور طب العيون بخاصة، وأن هذا الكتاب قد بلغ الدقة في إتباع الطريقة العلمية في عرض المادة العلمية وتبويبها، إذ يمكن القول إنه أول كتاب علمي منهجي في طب العيون، أما كتاب الذخيرة في علم الطب **لثابت بن قرة** فإنه يحتوي على فصل قصير هو الباب الثامن، خصص لأمراض العين، بينما خصص **الرازي** الجزء الثاني من كتابه الحاوي لأمراض العين، وفيه معلومات واسعة تشريحية وعلاجية وجراحية.

أما الكتب الطبية الجامعة، فقد ذكر **المجوسي** تشريح العين في الباب الثالث عشر من المقالة الثالثة من كتابه كامل الصناعة الطبية، وذكر الأعراض الداخلة على حاسة البصر في الباب الثاني عشر من المقالة السادسة، وذكر العلل الحادثة في العينين في الباب الثالث عشر من المقالة التاسعة، وذكر في المقالة الخامسة عشرة جملة كبيرة من الأمراض الحاصلة في العين مع طرق مداواتها وعلاجها.

أما كتاب القانون في الطب **لابن سينا** فقد احتوى على معلومات في تشريح عضل المقلة، عند تناوله في الكتاب الأول لموضوع تشريح العضل، كما اشتمل الفن الثالث على تشريح للعين وأحوالها وأمراضها، ويقع في أربع مقالات، اختصت الأولى بتشريح العين

---

(1) يُراجع، أحمد عيسى، تاريخ البيمارستانات في الإسلام، مصدر سبق ذكره، ص53. (المؤلف)

وأمراض الرمد، واختصت الثانية في أمراض المقلة، والثالثة في أمراض الجفن، والرابعة في أفعال القوة الباصرة.

أما المقالة الثلاثون في الجراحة **للزهراوي** فقد ذكرت ضروب العلاج لأمراض العين سواء باستخدام الكي أو اللجوء إلى العمليات الجراحية، مثال ذلك كي الماء النازل في العين، وكي الدموع المزمنة، وكي استرخاء جفن العين، وكي الناصور الذي يقرض في مآقي العين وغير ذلك. وعلاج سيلان الدموع الحارة الدائمة إلى العينين بالجراحة، كذلك الثآليل التي تعرض في الأجفان وغير ذلك.

واختص كتاب تذكرة الكحالين **لعلي بن عيسى الكحّال**[1] بكل ما يتعلق بطب العيون، وهو أمر يدل بوضوح على الاهتمام بالكحالة كفرع له أصوله من فروع الطب، يؤيد ذلك ما ذهب إليه المؤلف في مقدمة كتابه بالقول: وقد رأيت أسعدك الله تعالى أن أُؤلف كتابًا في العين وأذكر فيه جميع ما سألت عنه باختصار وإيجاز، فإن الاختصار إذا جمع ثلاثة أشياء: أحدها الاستقصاء في الصفة، والثاني الاستتمام للمعنى، والثالث الإيجاز في الكلام. كان إفادة ذلك أبلغ. وأجعله ثلاث مقالات، وأُسميه تذكرة الكحّالين. لأني بنيت فيه جميع ما يحتاج إليه في علاج أمراض العين، وذلك أنه قد تدعو الضرورة في بعض الأوقات إلى النظر في الكتب في علاج مرض من الأمراض ليستغني به عن النظر في الكتب الكبار، ويصلح أيضًا للأسفار ويغني عن حمل الكتب الكثيرة. وقد ذكرت فيه جميع الطرق الطبية المحتاج إليها في علاج أمراض العين مع ذكر الدلائل والأسباب والمداواة لجميع أمراضها المتشابهة الأجزاء منها والآلية، وما يكون منها من تفرق الاتصال[2].

يُعدّ كتاب **علي بن عيسى الكحّال** في طب العيون من أبرز الكتب الطبية من حيث

(1) يلقب شرف الدين، من أطباء بغداد في القرن الرابع الهجري/ العاشر الميلادي، وأشهر أطباء العيون العرب، وكتابه تذكرة الكحّالين أفضل ما كتبه العرب في هذا الاختصاص، ويعرفه الغرب اللاتيني باسم يسوع هالي Jesu Haly، ودرس علي بن عيسى الكحّال على يد الطبيب أبي الفرج عبد الله بن الطيب المتوفى عام 435هـ/ 1043م، ولعلي بن عيسى الكحال مؤلفات طبية منها: كتاب المنافع التي تستفاد من أعضاء الحيوان، وكتاب تذكرة الكحّالين وكتاب الكافي. وكتاب تذكرة الكحّالين يقع في ثلاث مقالات رئيسية. يُراجع، د. كمال السامرائي، مختصر تاريخ الطب العربي، ج1، ص583 وما بعدها. (المحقق)

(2) يُراجع، علي بن عيسى الكحّال، تذكرة الكحّالين، ص1-2. (المؤلف)

الانفراد بالتخصص من جهة، وإلمامه بكل ما يتصل بالعين من تشريح وأمراض وعلاجات من جهة أخرى، وقد اتبع المؤلف الطريقة العلمية الدقيقة في عرض المادة وتبويبها بطريقة هي أقرب كثيرًا إلى الطريقة العلمية المستخدمة حديثًا، فيبدأ بتعريف واضح لعضو العين هو حدها، ومنافع العين وطبعها، ثم يتناول تشريح العين بالتفصيل معينًا طبقاتها ورطوباتها وعضلاتها، والأجفان والأشفار، ويفصل القول في الأمراض الظاهرة للحس التي تصيب العين وأسبابها وعلاماتها وعلاجها. وبذلك يكون الكتاب قد جمع بين دفتيه كل ما يتعلق بطب العيون من تشريح للعين والأمراض المتنوعة التي تصيب أجزاءها والعلاجات المختلفة لها، سواء بالأدوية أو بالأغذية أو بالجراحة من كي وفصد وعمليات مختلفة.

المبحث الثاني: تعريف العين وتشريحها عند الأطباء العرب

وتعريف العين عند **الكحّال** يجري كما يأتي: أنها عضو حاس آلي باصر، من صفاقات ورطوبات وأغشية ورباطات وأوردة وشريانات وأعصاب وعضلات[1].

والظاهر من التعريف أنه اقتصر على ذكر ما هو جوهري، ففصل القول فيها بعد أن عين المعنى الكلي لها، بأنها عضو، وهذا العضو حاس آلي وظيفته الإبصار. ومكونات هذا العضو طبقات ورطوبات وأوردة وشرايين وأعصاب. وهكذا يؤدي بنا هذا التعريف إلى تشريح العين للوقوف على أجزائها بوضوح.

تابع **الأطباء العرب** في مؤلفاتهم الطبية مذهب **جالينوس** في تشريح العين، فقالوا: إنها تتألف من سبع طبقات وثلاث رطوبات، والطبقات السبع هي: الصلبة، والمشيمية، والشبكية، والعنكبوتية، والعنبية، والقرنية، والملتحمة. أما رطوبات العين فهي: الزجاجية والجليدية والبيضية، وأما أعصابها فعصبتان، إحداهما للحس والأخرى للحركة، ومجموع عضلاتها تسع. وسنبدأ بالرطوبات أولًا وبالطبقات ثانيًا.

أولًا: الرطوبات

1. الرطوبة الجليدية (العدسة): أنها بيضاء صافية مستديرة وليست بمستحكمة

---

(1) المصدر السابق، ص8. (المؤلف)

الاستدارة، بل فيها عرض ما، فأما موضعها فإنها في وسط العين كنقطة توهمتها في وسط كرة، فأما بياضها ونورها فليقبل الاستحالة من الألوان والأشكال، والدليل على ذلك أن الشيء الأبيض الصافي النير كالزجاجة الصافية والبور. يسرع إليها قبول الألوان، فأما استدارتها فلئلا تسرع الآفات إليها، وذلك أن كل شكل سوى المستدير تسرع إليه الآفات لما له من زوايا، والدليل على ذلك دوام سلامة الفلك وسرعته، فإنه لا تلحقه الآفات لما قد عدم الزوايا، فأما عرضها فلتلقي من المحسوس أجزاء كثيرة، وذلك أنه لو كانت مستحكمة الاستدارة أو دقيقة لما لقي من المحسوس منها إلا شيئًا يسيرًا، وأما الشيء المسطح فإنه يلقي مما يماسه أكثر مما يلقي الشيء الكري.

فأما الدليل على أن موضعها في وسط العين فما أذكره: وذلك أن جميع ما في العين إنما خلق لها، إما ليدفع عنها آفة، وإما ليؤدي إليها منفعة، مثال ذلك أن الرطوبة الزجاجية تغذيها والطبقة القرنية تدفع عنها الآفات الواردة عليها من خارج، ولذلك أحاطت بها الأجزاء من كل جانب وصارت في الوسط[1].

إن الشيء الطريف في هذا التحليل لهيئة العدسة هو ما يقدمه **الأطباء العرب** من أدلة على كونها بيضاء ومستديرة ومفرطحة وواقفة في وسط العين، وهي أدلة تعتمد على معلومات هندسية وفيزياوية وأخرى فلكية كانت معروفة حينئذ.

2. الرطوبة الزجاجية: وهي رطوبة تشبه الزجاج الذائب ولون الزجاج صفاءً، وتقع خلف الرطوبة الجليدية لتمدها بالغذاء، في حين أن غذاء الرطوبة الزجاجية يأتيها من الطبقة الشبكية، ويصفها **علي بن عيسى الكحّال** بقوله: إن خلف الرطوبة الجليدية الرطوبة الزجاجية وهي بالقرب منها، وطبعها إلى الحرارة أميل قليلًا، وهي كالزجاج الذائب، ولونها أبيض يضرب إلى اللون الأدكن[2].

والرطوبة الجليدية غائصة في الرطوبة الزجاجية إلى النصف بمنزلة كرة قد غرق

(1) المصدر السابق، ص17-18. (المؤلف)

(2) المصدر السابق، ص19. (المؤلف)

نصفها في الماء، أما كيف تكون تغذيها للرطوبة الجليدية، فالمعتقد أنها تحتاج إلى غذاء من طبيعتها، لذلك تقوم الرطوبة الزجاجية بتحويل الدم وتقلبه إلى طبيعتها، فيقترب بذلك من طبيعة الرطوبة الجليدية، فغذاء الجليدية من الزجاجية، وغذاء الزجاجية من الطبقة الشبكية.

3. الرطوبة البيضية: وهي رطوبة رقيقة تشبه بياض البيض، وتقع أمام الرطوبة الجليدية، لتحفظ لها رطوبتها ولتفصل بينها وبين الطبقة العينية، ويصفها **علي بن عيسى الكحَّال** تشريحيًا مع ذكر منافعها بقوله: أما الرطوبة البيضية فإنها قدام الطبقة العنكبوتية وهي ذائبة شبيهة ببياض البيض الرقيق، ولونها أبيض، وأما غذاؤها فمن الطبقة العنبية، ولها أربع منافع، إحداها أن توقي الرطوبة الجليدية وتنديها لئلا تجف وتصلب من الحرارة الطبيعية من داخل، وحرارة الهواء من خارج، والثانية أن تندي الطبقة العنبية لئلا تجف وتصلب بالحرارة الطبيعية فتضر بالجليدية إذا لاقتها، والثالثة أن العنبية لها خملًا وخشونة من داخلها، فتمنع خشونتها أن تلحق الرطوبة الجليدية فتنشف بخشونتها رطوبتها، والرابعة أنها تقبل القوة الباصرة من داخل وتؤديها إلى خارج، وتقبل أيضًا المحسوس الذي يلقي هذه القوة من خارج وتؤديه إلى داخل[1].

الملاحظ في هذا النص، الاعتقاد الذي ساد بين **الأطباء العرب** والفلاسفة، وهو أن الإبصار إنما يتم بملاقاة الروح الباصرة الخارجة من العين للأشياء، لذلك وردت العبارة: أنها تقبل القوة الباصرة من داخل وتؤديها إلى خارج، ولكن هذا الاعتقاد قد فنده الحسن بن الهيثم في بحوثه الفيزياوية المتعلقة بالضوء وكيفية الإبصار[2]، فقلب الاعتقاد القديم ليحل محله الرأي العلمي الصحيح وهو أن الإبصار يتم بواسطة الشعاعات الصادرة أو المنعكسة على الأشياء إلى حاسة البصر.

---

(1) المصدر السابق، ص26-27. (المؤلف)

(2) تناولنا هذا الموضوع بالتفصيل في الكتاب الثاني من هذا المجلد، والخاص بالعلوم الطبيعية عند العرب، فليُراجع في موضعه. (المحقق)

ثانيًا: الطبقات السبع في عضو العين هي:

1. الشبكية: سميت بالشبكية لأنها تشبه الشبكة، وذلك لاشتباك العروق فيها، وهي مؤلفة من العصبة المجوفة والعروق والأوردة، فهي تؤدي القوة الباصرة إلى الرطوبة الجليدية بتوسط الزجاجية عن طريق العصب، وتغذي الرطوبة الزجاجية عن طريق الأوردة والشرايين فيها، وقد وصف **علي بن عيسى الكحَّال** الطبقة الشبكية بقوله: وأما نباتها فمن طرف العصب الأجوف الذي يجري فيه الروح النفساني، أعني من ذاته، وذلك أن هذا العصب إذا صار إلى وراء الرطوبة الزجاجية وقف هناك واستمد من الغشاء الرقيق الذي فيه عروق دقاق، فتلك العروق إذا انتهت إليه أحاطت به وتقسمت فيه بعروق دقاق كثيرة وما زجت ذات العصبة، ثم يشتبك بعضها ببعض فتصير منها الطبقة الشبكية التي تحوي الزجاجية وتلتحم في النصف من الجليدية على هذا المثال[1].

ويصف **المجوسي** غذاء الرطوبة الزجاجية عن طريق الأوردة والشرايين في الشبكية بقوله: وأما العروق والشرايين التي فيها فيؤدي بها الدم إلى الرطوبة الزجاجية، ومن البين أن الذي يصل منها إلى الرطوبة الزجاجية على طريق الرشح، وذلك أن الرطوبة الزجاجية ليس يصاب فيها عروق متصلة بها[2].

2. المشيمية: سميت بالمشيمية لأنها تشبه المشيمة، تحفظ ما بداخلها وتشتمل عليه، ومنشأ هذه الطبقة من الغشاء الرقيق الذي يلي العصب الباصر، وتشريح ذلك: أن الدماغ مغطى بغشاءين أحدهما رقيق لين فيه عروق وأوردة تغذي الدماغ، ويقال للأم الرقيقة من أمي الدماغ المشيمة، والثاني صلب لوقاية الدماغ من العظم، لأنه يلي القحف، ويقال للأم الصلبة أو الغليظة من أمي الدماغ الأم الجافية، فإن العصبة المجوفة تكون هي الأخرى مغطاة بغشاءين منشؤهما الأم المشيمية والأم الجافية، فإذا ما خرجت العصبة من الثقب الذي في قعر عظم العين فارقت الأغشية بعضها بعضًا، فصارت من العصبة والأوردة والشرايين الطبقة الشبكية،

(1) يُراجع، الكحَّال، تذكرة الكحَّالين، ص21. (المؤلف)

(2) يُراجع، كامل الصناعة الطبية، ج1، ص99. (المؤلف)

وصارت من الغطاء الرقيق الطبقة المشيمية، ولها منفعتان: إحداهما أنها تغذي الشبكية، والثانية أنها تقيها من الآفات الواردة عليها من خلفها، واحتيج إليها أيضًا لمنفعة ثالثة وهي أن يلطف الدم فيها ويرق ثم تدفع به إلى الشبكية ثم يلطف هناك أيضًا ويرق ثم يندفع إلى الزجاجية ثم يلطف في الزجاجية ويرق وتدفع به إلى الجليدية، وأما غذاؤها فمن العروق التي فيها[1].

3. **الصلبة**: سميت بالصلبة لأنها ناشئة من الغشاء الصلب الذي يلي العصب الباصر، وهي تحوي الطبقة المشيمية، أما منفعة هذه الطبقة فهي وقاية العين من صلابة العظم الذي يحتويها كما تربط العين بالعظم، ويذكر **علي بن عيسى الكحَّال** هذه الطبقة بقوله: أما الطبقة الصلبة فإن نباتها وابتداءها من الغشاء الصلب الذي يلي العصبة المجوفة، وطبعها بارد يابس، ولونها أبيض ومنفعتها أن توقي العين من العظم الذي فيه، لئلا يضر بها صلابته وخشونته، وهي كالرباط للعين من داخل، مثل الطبقة الملتحمة من خارج، وأما غذاؤها فمن الغشاء الذي نباتها منه[2].

ولا بد من الإشارة هنا، أن الطبقات الثلاث: الشبكية والمشيمية والصلبة تقع خلف الرطوبة الجليدية (العدسة)، كما أن الرطوبة الزجاجية تقع هي الأخرى خلف الجليدية، أما الطبقات الثلاث الأخرى وهي العنكبوتية والعنبية والقرنية فإنها تقع قدام الرطوبة الجليدية، وكذلك تقع الرطوبة البيضية، لأن موقعها قدام الطبقة العنكبوتية.

4. العنكبوتية: سميت بالعنكبوتية لأنها تشبه العنكبوت، وتقوم بالفصل بين الرطوبة الجليدية والرطوبة البيضية لئلا تختلطا، كما تقوم بوقاية الرطوبة الجليدية من الأمراض التي تصيب البيضية، وتتغذى الطبقة العنكبوتية من فضل غذاء الرطوبة الجليدية، وتوصف هذه الطبقة بأنها في غاية ما يكون من الرقة وبياض اللون والصقالة، مغشية للنصف الظاهر من الرطوبة الجليدية على استدارة الموضع الذي يحوي عليه الرطوبة الزجاجية، وتسمى هذه الطبقة العنكبوتية لمشابهتها

---

(1) يُراجع، تذكرة الكحَّالين، ص23-24. (المؤلف)

(2) المصدر السابق، ص24. (المؤلف)

نسيج العنكبوت، والصورة التي تراها في ثقب العين عندما تنظر في المرآة إنما هي في هذه الطبقة لما عليه من الصقالة والبريق[1].

5. العنبية: سميت العنبية لأنها شبيهة بنصف عنبة، وهي لينة لئلا تضر بالجليدية بملاقاتها، وهي طبقتان مثل المعدة من داخل لها خمل، ولذلك لها منفعتان: إحداهما أن تجمع الرطوبة البيضية إذا كانت رقيقة، والثانية ليعلق الماء في وقت القدِم بالحمل (=مقدم العين)، ومن خارج ملساء لئلا تضر بالقرنية إذا ماستها، وفي وسطها ثقب يسمى الحدقة[2]. ومنشأ هذه الطبقة من الطبقة المشيمية وتتغذى منها، وهي بدورها تغذي الطبقة القرنية لما فيها من شرايين وأوردة، كما تغذي الرطوبة البيضية وتقوم بالفصل بين الرطوبة الجليدية والطبقة القرنية.

6. القرنية: سميت بالقرنية لأنها صلبة كثيفة بيضاء شبيهة في لونها وهيئتها بقرن أبيض رقيق ولأنها من أجزاء أربعة إذا قشرت بعضها من بعض تقشرت كالصفائح[3]، القشرة الخارجية باردة يابسة صلبة، وأما التي من الداخل فإن فيها حرارة يسيرة وخشونة لتجذب بخشونتها الغذاء من العنبية، وأما القشرتان اللتان في الوسط فإنهما معتدلتان[4]، ومنشأ هذه الطبقة من الطبقة الصلبة الناشئة من الغشاء الصلب والأم الجافية، وجعلت القرنية رقيقة وصلبة لكي تستر وتقي الرطوبة الجليدية من الآفات الواردة عليها من الخارج.

7. الملتحمة (المنضمة): سميت بالملتحمة لأنها تربط العين وتشدها من خارج بالعظم وتلتحم بالقرنية، وهي لا تغطي القرنية بل تلتحم حواليها، وهي بياض العين، ويصفها **علي بن عيسى الكحَّال** بقوله: إنها جسم غضروفي صلب، وطبيعتها باردة يابسة، وأما نباتها فمن الغشاء الصلب الذي فوق قحف الرأس، لأن على القحف غشاء تحت جلدة الرأس، فتولد هذه الطبقة من هذا الغشاء

---

(1) المصدر السابق، ص24. (المؤلف)

(2) يُراجع، المجوسي، كامل الصناعة الطبية، ج1، ص100.

(3) يُراجع، تذكرة الكحَّالين، ص27-28. (المؤلف)

(4) المجوسي، كامل الصناعة الطبية، ج1، ص99. (المؤلف)

الذي تحت الجلد[1]. ويسمى الغشاء الذي فوق قحف الرأس السمحاق، ويقوم بربط العين كلها بالعظام كما يغطي العضلات التي تحرك العين.

هذه هي الرطوبات الثلاث والطبقات السبع للعين، وبقي علينا معرفة عدد عضلات العين ومنافعها، وكذلك الأجفان والأشفار.

يرى **ابن سينا** أن عدد العضلات المحركة لمقلة العين ست، كما توجد وراء المقلة عضلة أخرى هي عند بعض المشرحين واحدة، وعند بعضهم عضلتان، وعند بعضهم ثلاث[2]. وقد ذهب **المجوسي** هذا المذهب من قبل فقال: وأما العضل التي تدعم العصب فزعم قوم أنها عضلتان وزعم قوم أنها ثلاثة، وأما العضل التي تحرك العين نفسها فست عضلات، منها عضلتان تديران العين ومنها واحدة تحركها إلى أسفل وواحدة إلى فوق وواحدة إلى الجانب الأيمن وواحدة إلى الجانب الأيسر[3].

بينما صرح **علي بن عيسى الكحَّال** أن عدد عضل العين تسع، فأما مواضعها فواحدة في جانب المأق[4] الأكبر تحرك العين إلى ما يلي الأنف، والأخرى في اللحاظ تحرك العين إلى جانب الصدغ، والأخرى من فوق تحرك العين إلى فوق، والأخرى من أسفل تحرك العين إلى أسفل، وعضلتان فيهما اعوجاج إلى خارج تديران العين إلى فوق وإلى أسفل ويمنة ويسرة، وثلاث في فم العصبة المجوفة لتشد فمها وتمنع من أن تتسع فتتبد القوة الباصرة، وفيها منفعة أخرى، وذلك أنها تشد وتربط العين[5].

ويرى **ابن القف** أن العضلات التي تحرك كل مقلة سبع، أربعة منها إلى الجهات الأربع، وعضلتان تحركانها على هيئة الاستدارة وضعهما على تأريب في كل جفن من جانب الآماق، وتمتدان إلى جهة اللحاظ، إحداهما فوق العين والأخرى تحتها، وعضلة تدعم العصبة داخل العين، وهي واحدة وفروعها ثلاث، ويتفق الأطباء العرب والمشرحون على أن عدد عضلات

---

(1) يُراجع، تذكرة الكحَّالين، ص29. (المؤلف)

(2) يُراجع، القانون في الطب، ج1، ص40. (المؤلف)

(3) يُراجع، كامل الصناعة الطبية، ج1، ص86. (المؤلف)

(4) مَأْق العين: طرفها مما يلي الأنف، وهو مجرى الدمع من العين، أو مُقدَّمها، أو مؤخرها، والجمع: آماق وأمْآق ومواقي ومآقِي.

(5) تذكرة الكحَّالين، ص31-32. (المؤلف)

الجفن الأعلى ثلاث، واحدة منها لترفعه إلى الأعلى، بينما تقوم العضلتان الباقيتان بتحريك أو جذب الجفن إلى أسفل، أما الجفن الأسفل فلا توجد فيه عضلات، إذ يقوم عضل الخد بتحريكه والفائدة من الأجفان هي لحفظ العين من الحوادث الخارجية مثل حرارة الهواء والتراب، كما تعمل على تغطية العين أثناء النوم. أما الشعر النابت على الأجفان فله فائدة دفع الأضرار التي قد تصيب العين من جراء الغبار، وتخفف حدة الضوء الساقط على العين[1].

المبحث الثالث: أمراض العين عند الأطباء العرب

اهتم **الأطباء والكحَّالون العرب** بمعالجة الأمراض التي تصيب طبقات العين والرطوبات والأجفان والأشفار، واتبعوا في ذلك تقسيمًا دقيقًا، إذ حاولوا تعداد الأمراض التي تصيب كل طبقة وكل رطوبة، وعمدوا إلى التشخيص الدقيق للأمراض المشابهة، كما جعلوا الأمراض في صنفين، وشأنهم في ذلك شأن أطباء الأمراض التي تصيب أعضاء البدن، فمن الأمراض ما هو ظاهر للحس، ومنه ما هو خفي عن الحس، واتبعوا طريقة الاستدلال والقياس للتعرف على الأمراض الخافية عن الحس ووصفوا العلاجات لكل أنواع الأمراض التي تصيب العين، وعمدوا إلى إجراء العمليات الجراحية كذلك. وستكون معالجتنا لموضوع أمراض العين على النحو الآتي:

أولًا. نذكر بعض الأمراض والدلائل عليها وكيفية تشخيصها مع ذكر الأنواع المختلفة للأمراض التي تصيب الأجفان والأشفار وطبقات العين ورطوباتها، وأساليب معالجتها وموقف الكحَّالون منها.

ثانيًا. نذكر بعض الأمراض التي تصيب العين وتُعالج باستعمال الآلات بالقطع والكي والفصد، واستعمال آلة المقدح لقدح العين، وما تشترط هذه العملية من أفعال لسلامة العين وعلاجها بشكل صحيح.

ونبدأ أولًا بذكر بعض الأمراض الظاهرة للحِس، وما يصيب منها الأجفان وبعض الطبقات، والأمراض الظاهرة للحس التيس تصيب العين هي أمراض الأجفان والأشفار وأمراض المأق، وأمراض الطبقة الملتحمة، وأمراض الطبقة القرنية، وأمراض الطبقة العنبية، والأمراض الخفية عن الحس التي تصيب العين هي أمراض الرطوبات: الجليدية والزجاجية

---

(1) يُراجع، العمدة في الجراحة، ج1، ص67-68. (المؤلف)

والبيضية، وأمراض الطبقة الشبكية، وأمراض العصب البصري وأمراض الطبقة المشيمية، وأمراض الطبقة الصلبة، وأمراض العضل المحرك للعين وأمراض ضعف البصر.

إن عدد أمراض الجفن كثيرة، نذكر منها الأمراض الخاصة بالجفن وهي: الجرب والبرد والتحجر والالتصاق والشترة والشعيرة والشعر الزائد وانقلاب الشعر والوردينج والسلاق والشرناق، كما توجد أمراض أخرى يشارك الجفن فيها الرأس والحاجب مثل انتثار الهدب وبياضه، وأخرى يشارك الجفن فيها الطبقة الملتحمة مثل الحكة والكمنة والانتفاخ والاسترخاء وغير ذلك.

ومن أمراض الجفن الجرب، وهو عبارة عن خشونة تحدث في باطن الأجفان، يبدأ بحكة يسيرة ثم يتحول إلى خشونة فيحمر الجفن ثم يتقرح وتحدث فيه شقوق، ثم تحدث فيه جيوب صلبة عند اشتداد الحكة والتورم، فالجرب عدة أنواع وعلى درجات، فالنوع الأول عندما تظهر حمرة في باطن الجفن، ويمكن تشخيصها عند قلب الجفن، حيث تشاهد فيه حبًا شبيهًا بالحصف، لذلك سمي هذا النوع بالجرب الحصفي، والنوع الثاني يكون الحب في باطن الجفن أكثر خشونة من الأول مع مصاحبة وجع وثقل ورطوبة ودمعة في العين، والنوع الثالث أشد وأصعب من النوع الأول والثاني، فهو أكثر خشونة وتظهر في باطن الجفن شقوق تشبه شقوق التين، لذلك سمي بالجرب التيني، أما الشترة فهي قصر الجفن الأعلى بحيث لا يقدر على تغطية بياض العين، وسبب حدوثه استرخاء بعض العضل المحرك للجفن أو تشنج بعضه أو من الاثنين معًا، وقد يكون منذ الولادة، كما يمكن أن يكون من خياطة غير دقيقة للجفن، أو من انقلاب الأجفان إلى الخارج بسبب قرحة حدثت في الجفن أو من لحم زائد ينبت عن قرحة أصابت الجفن، فأدت إلى قصره، وعلاج حالة الشترة الناتجة عن قرحة أو خياطة هي شق الموضع، ويداوي ليصلح الجفن، وعلاج حالة الشترة الناتجة عن لحم زائد هي استئصاله من الجفن بالمقراض. أما الشعيرة فنوع واحد، وعلامتها أنها ورم مستطيل شبيه بالشعيرة يحدث في منبت الشعر من الجفن أو ناحية عنه قليلًا[1]. والسلاق غلظ في الأجفان وحمرة وانتثار الأشفار[2].

(1) يُراجع، الكحَّال، تذكرة الكحَّالين، ص96. (المؤلف)

(2) يُراجع، ثابت بن قرة، كتاب الذخيرة في علم الطب، ص38. (المؤلف)

والشرناق من الأمراض الخاصة بالجفن الأعلى فقط، وهو جسم شحمي لزج منتسج بعصب وغشاء، ويحدث في ظاهر الجفن الأعلى كأنه ورم يمنع الجفن من أن يعلو على التمام، وأكثر ما يعرض للصبيان لرطوبة طبائعهم، ولمن يغلب على مزاجهم الرطوبة، وذلك أنه يثقل الجفن، وتكون أجفان أعينهم رطبة مسترخية لا تقدر أن ترتفع، وإذا كبست الموضع بالسبابة والوسطى ثم فرقت أصابعك انتفخ ما بين الإصبعين، وتعرض لهم النزلات والدمعة الدائمة أكثر مما يلي الأسحار ولا يقوون على ضوء الشمس كثيرًا بل تسرع إليهم الدمعة والعطاس، ويعرض لهم الرمد كثيرًا[1].

أما الوردينج فنوعان: الأول منه يحدث من مادة دموية تسيل إلى جفن واحد أو إلى كليهما، ولونه أحمر مع ورم شديد وثقل ورطوبة كثيرة، وكثيرًا ما تعرض مع هذا النوع قروح، وربما تبين خارج الجفن بثور كثيرة، وربما انقلب الجفن في هذا النوع إلى خارج من شدة الورم حتى لا يتبين جوف العين، وأكثر ما يعرض ذلك للصبيان، وإذا زاد هذا الورم انشق وخرج منه دم كثير رقيق[2].

وأمراض المأق ثلاثة هي: الغرب والغدة والسيلان. والغرب ورم خراجي صغير يخرج فيما بين المأق الأكبر والأنف، وكثيرًا ما ينفجر بلا لذع، وهو عسر البرء لرقة اللحمة التي هناك، وأكثر ما ينفتح من المأق، وربما انفجر من تحت جلدة الجفن الواحد أو الجفنتين وأفسد غضاريفهما، وإذا غمزت على الجفن سال القيح من الخراج، وإن أغفل عنه صار ناصورًا وأفسد العظم... وربما كان من الغرب نوع ليس له انفجار البتة، وإذا غمزته لم تخرج منه مدة لا من المأق ولا من الأنف، ويجد العليل وجعًا وترمد عيناه دائمًا بلا سبب، ويرم الموضع من الأجفان ويقل ويهدأ عند سكون حدة الخلط[3].

أما الغدة فإنها إفراط زيادة اللحمة الطبيعية التي تكون في المأْق الأكبر على رأس الثقب الذي بين العين والمنخر عن الاعتدال في المقدار الذي ينبغي لها، وهي من الأمراض الخاصة بالمأْق، وكذلك السيلان أيضًا، وإذا عظمت هذه اللحمة منعت فضول العين أن تنصب إلى الأنف فتحتقن هناك فيعرض منها العلة التي يقال لها الغرب[4].

---

(1) يُراجع، الكحّال، تذكرة الكحّالين، ص126-127.

(2) المصدر السابق، ص116-117. (المؤلف)

(3) المصدر السابق، ص150-151. (المؤلف)

(4) المصدر السابق، ص157. (المؤلف)

أما السيلان فهو نقصان اللحمة الطبيعية التي تكون في المأْق الأكبر من مقدارها، الطبيعي حتى لا تمتنع الرطوبات الكائنة من السيلان أن تسيل من العين، وربما آل أمرها إلى الغرب، وقد يعرض ثلاثة أسباب: إما إفراط المتطببين عليها في قطعها من علاج الظفرة والسبل، وإما أن تنقص هذه اللحمة بعقب الجدري، وذلك أن تخرج فيها من الجدري واحدة فتأكلها المدة فيعرض من ذلك السيلان[1].

وتتعرض الطبقة الملتحمة لعدة أمراض نذكر منها الرمد والظفرة والطرفة والحكة والسيل والانفتاح والجسا والدبيلة والودقة.

أما الرمد من أكثر الأمراض وقوعًا في العين، ويوصف أنه ورم حار يصيب الطبقة الملتحمة، وليست الإصابة واحدة، بل تكون على أنواع، منها ما يكون سببه خارجيًا ومنه ما يكون سببه داخليًا، فمن أنواعه ما يصيب الملتحمة من تكدر بسبب الدخان والغبار وحر الشمس، ومنه ما يحدث في الملتحمة من الأسباب السابقة مع ظهور ورم بسيط وحمرة غير شديدة، ومنه ما يحدث بسبب داخلي، فتصاب الملتحمة ورم يتبعه ورم في الأجفان، فتنقلب الأجفان من شدة الورم في بعض الحالات، وهذا النوع أشد حمرة ووجعًا وورمًا من النوع الثاني، وتختلف أعراض الرمد باختلاف شدة المرض، فقد يعرض ورم في العين وشدة الحمرة وكثرة الرطوبة. ويحس العليل بثقل الحرارة، وقد يحدث صداع في بعض الحالات وحمى وتلتصق العين أثناء النوم.

أما علاج الرمد فينبغي أن يراعى فيه ألا تكون الأدوية المستعملة خشنة، وأن يكون التشخيص سليمًا، فالنوع الأول لا يحتاج لمعالجته سوى قطع السبب المحدث للمرض، أما النوعان الباقيان فيحتاج كل واحد منهما إلى علاج بالأدوية والفصد، وقد يلجأ المعالج إلى استعمال الأدوية المخدرة لتسكين الألم، شريطة ألا يلجأ المعالج إلى هذه الأدوية لخطورتها على العين إلا عند الضرورة القصوى.

أما الطفرة فإنها دم ينصب إلى الحجاب الملتحم مع انخراق الأوراد التي فيه، ويعرض ذلك من ثلاثة أسباب، أحدها من أحد الأسباب البادية التي تصيب العين فتخرق الملتحم،

(1) المصدر السابق، ص158. (المؤلف)

والثاني ينسكب إلى الملتحم من شدة ضربة تصيب العين من غير أن ينخرق فيه عرق، والثالث يعرض بغتة من غير سبب بادٍ، ويكون ذلك من دم حاد ينصب إلى الملتحم، وربما يعرض أيضًا بعقب قذف شديد، وقد يكون أيضًا في الفرد من خراج ينفتق[1].

أما الطفرة فهي زيادة عصبية في الصفاق الملتحم تنبت من المأْق الأكبر وتنبسط قليلًا قليلًا إلى الحجاب القرني، وربما تنبت في المأْق الأصغر، وربما تنبت في المأْقين جميعًا، وهي ضارة بالعين لأنها تمنعها من حركتها، وربما امتدت على الملتحم والقرني حتى تمنع البصر، وربما انبسطت على الملتحم وحده، وما كان منها رقيقًا أبيض كان سهل البرء، وما كان منها صلبًا أحمر كان بطيء البرء[2].

أما مرض الانتفاخ فإنه يصيب الطبقة الملتحمة، وتختلف أنواعه، فمنه ورم يحدث بغتة بسبب عضة ذباب أو بق، ومنه ورم ذو لون رديء، ومنه ورم يشبه لونه لون البدن، ومنه ورم سرطاني، والاختلاف بين هذه الأورام هو أن الثاني إذا غمزت عليه بإصبعك بقي أثره فترة من الزمن، بينما الورم من النوع الثاني مائي، متى غمزت عليه بالإصبع ذهب الأثر بسرعة، أما النوع السرطاني فإنه يحدث في الملتحمة والأجفان، وربما امتد حتى يبلغ الحاجبين، وربما نزل إلى الوجنتين، وعلامته أنه صلب وليس معه وجع ولونه كمد، وأكثر ما يعرض في الرمد المزمن وبعد حدوث الجدري وخاصة للنساء والصبيان[3].

والأمراض التي تصيب الطبقة القرنية كثيرة منها: القروح، والبثر والسرطان والحفر وكمنة المدة خلف القرنية وانخراق القرنية.

أما القروح فقد تكون ظاهرة على سطح القرنية، وهذه قد تكون خفيفة تغطي جزءًا من القرنية وتشبه في لونها الدخان، ومنها أعمق من الأولى ولكنها أصغر وأبيض لونًا، ومنها تكون على أكليل السواد، وربما تكون القروح في عمق القرنية ويصاحب بعضها آلام وتسيل منها رطوبات العين في بعض الحالات.

---

(1) المصدر السابق، ص176-177. (المؤلف)

(2) المصدر السابق، ص180-181. (المؤلف)

(3) المصدر السابق، ص186. (المؤلف)

أما البثر فإنه يحدث من جراء رطوبة تجتمع بين القشور الأربعة التي تتركب منها القرنية، فربما يكون البثر ناتجًا من رطوبة خلف القشرة الأولى، وربما يحدث من رطوبة خلف القشرة الثانية، وربما يحدث من رطوبة خلف القشرة الثالثة، والاختلاف بينها يحدث من اختلاف علاماتها. فالتي تكون خلف القشرة الأولى سوداء صافية، والتي تكون خلف القشرة الثانية متوسطة بين السواد والبياض، والتي تكون خلف القشرة الثالثة بيضاء، وهي أشد الأنواع الأخرى وجعًا وأشدها خطورة، وتختلف الرطوبة من حيث الكم والكيف، وربما تكون كثيرة أو قليلة، لطيفة أو غليظة، وتختلف في اللون والقوام والقوة، وبالجملة أن البثر ربما كان سليم العاقبة، وربما أعقب آفات أهونها العمى، وأسلم البثور ما كان في ظاهر القرنية في غير موضع الحدقة، لأنه متى انخرق ما يحوي الرطوبة، إما عن امتداد عن كثرة، وإما عن تآكل عن حدة، فإنه إنما ينخرق جزء يسير من القرنية، ومتى كانت البثر تحاذي الحدقة، فإذا اندملت منع أثرها من النفوذ.

وأردأ البثر ما كان خلف القشرة الداخلة وما كان في موضع الحدقة، لأنها متى خرقت ما يحويها خرقت عامتها، ولا يؤمن على باقيها أن ينخرق فيحدث من ذلك نتوء وانصباب رطوبات العين[1].

أما السرطان الذي يصيب الطبقة القرنية فلا يمكن معالجته لعدم وجود دواء يعمل على شفائه، وكل ما يمكن عمله هو أن يعالج بتسكين الألم ومحاولة إيقاف المرض، وسرطان القرنية يصحبه ألم شديد وامتداد في العروق التي فيها وحمرة ونخس في صفاقات العين، وينتهي الألم إلى الأصداغ، ولا سيما أن مشي من عرض له ذلك، أو تحرك بعض الحركات، ويعرض له صداع، وتسيل إلى عينه مادة حريفة رقيقة وتذهب عنه شهوة الطعام، وتهيج العلة من الأشياء الحارة، ولا يحتمل الكحل الحاد لأنه يؤلمه ألمًا شديدًا ولا ينتفع به، وهي علة لا برء لها، لأنه ليس يوجد له دواء أقوى منه[2].

وتصاب طبقات العنبية بعدة أمراض تختص بالحدقة وهي اتساع الحدقة، وظيفتها والنتوء الذي يعرض لها من جراء خرق يحدث في الطبقة القرنية، والانخراق، أما الاتساع

---

(1) المصدر السابق، ص220-221. (المؤلف)

(2) المصدر السابق، ص230-231. (المؤلف)

فمنه ما هو طبيعي، ومنه ما هو بالعرض أو حادث، ويحدث في الغالب بسبب يبس الطبقة العنبية، أو من ورم في الطبقة العنبية، أو عن ضربة شديدة، أو بسبب كثرة الطوبة البيضية، وعلامته امتداد الحدقة وقد يتبعه صداع وضعف البصر.

أما ضيق الحدقة فمنه ما هو طبيعي ومنه ما هو بالعرض أو حادث، ويحدث في الغالب من ارتخاء العنبية أو نقصان الرطوبة البيضية أو عن ورم يضغط على الحدقة، والعليل بالمرض لا يرى الأشياء إلا أشباحًا، وتكون الأشياء التي يراها أكبر من حقيقتها.

أما النتوء الذي يعرض للعنبية فإنه يحدث بسبب انخراق الطبقة القرنية، فيخرج من الطبقة العنبية نتوء قد يكون صغيرًا صغر رأس النملة، وقد يكون كبيرًا مثل رأس الذباب أو العنبة أو رأس المسمار ويكون سبب حدوث ذلك تآكل أو شق في القرنية من جراء نزلة أو عقب قرحة لم تعالج.

أما انخراق الحدقة فإنه يحدث في الطبقة العنبية وقد يكون بسيطًا غير نافذ، وربما يكون كبيرًا نافذًا، وفي الحالة الأولى يكون الضرر يسيرًا، ولكنه في الحالة الثانية يؤدي إلى انصباب الرطوبة البيضية حتى تصل إلى الطبقة القرنية.

وقد يعرض ما بين الطبقة العنبية والحجاب القرني ماء أو رطوبة تجمد في وجه الحدقة، فإذا استحكم الماء ذهب البصر، ولا ينفع في علاج المرض استحكامه إلا القَدِح ويكون عادةً بعملية جراحية لاستخراج الماء، ولكن ذلك لا ينفع لكل الأنواع، بل لبعضها، وسنأتي على ذكر العملية فيما بعد.

وذكر **الأطباء والكحّالون العرب** مجموعة أخرى من الأمراض في باب الأمراض الخفية عن الحس، وهي تلك الأمراض التي تصيب الرطوبات الثلاث في العين: الرطوبة البيضية والرطوبة الجليدية والرطوبة الزجاجية، والأمراض التي تصيب الطبقات الداخلية: الطبقة الشبكية والطبقة المشيمية والطبقة الصلبة، والأمراض التي تصيب العضل الثلاث على فم العصب البصري، والأمراض التي تصيب العضل المحرك للعين.

ونظرًا لعدم ظهور ما يصيب هذه الأجزاء من أمراض للحس، فقد أدرك **الطبيب العربي** أن مثل هذه الأمراض إنما تعرف بالاستدلال والحدس، وذلك عن طريق ما يعرفه الطبيب

من الأعراض الظاهرة للحس فيُستدل بها على المرض الخفي، ويغلب على التشخيص لهذه الأمراض الحدس[1] والتخمين[2]، ولكيلا يقع الطبيب في أخطاء الحدس والتخمين، وضع مجموعة من الأسئلة التي يطرحها على المريض متناولًا المدة منذ أن بدأت فيها الأعراض المرضية.

وما يظهر لعينيه من خيالات وغير ذلك، ويفحص الطبيب بنفسه العين المصابة ليعرف التغير الحاصل في اللون والمقدار، وينظر إلى حدقة المريض إن كانت صافية أو ما فيها كدر، ليقف إن كان في العين ماء أم لا.

لا شك أن هذه الأساليب قد مكنت **الطبيب العربي** من تشخيص كثير من الأمراض الخفية، بينما لم يستطع في بعضها أن يعرف حقيقة المرض، وذلك أمر لا مفر منه لانعدام كثير من الوسائل التشخيصية، وحسبنا الآن أن نعرض لأبرز الأمراض الخفية التي تصيب الرطوبات والطبقات وبقية الأجزاء الداخلية للعين، وهي أمراض منها عضوية ومنها بسبب علل حادثة فيها.

فالرطوبة البيضية قد تعرض فيها آفة أو علة نتيجة لقلتها أو لكثرتها، وفي الحالتين يعرض للعين خلل، كما تعرض لهذه الرطوبة علل بسبب تغير في قوامها أو في لونها، ونقصد بالقوام ما يصيب الرطوبة من غلظة سواء كانت يسيرة أو مفرطة، ونقصد باللون ما يصيب الرطوبة من تغيُّر فتميل إلى الدكنة أو إلى الحمرة أو إلى الصفرة.

أما الرطوبة الجليدية فإن من أمراضها ما يحدث بسبب زولانها عن وضعها الطبيعي، فتكون منحرفة إلى اليمين أو اليسار أو إلى فوق أو أسفل. كما يعرض لها ما يغير لونها إلى السواد أو إلى البياض أو إلى الحمرة أو إلى الصفرة، وقد يعرض لها المرض بسبب صغرها أو كبرها، وبسبب ما يصيبها من يبوسة، أو بسبب تفرق اتصالها.

---

(1) الحدس: هو سرعة انتقال الذهن من المبادئ إلى المطالب، ويقابله الفكر، وهو أدنى مراتب الكشف. يُراجع، الجرجاني، التعريفات، بغداد 1986، ص51. (المحقق)

(2) التخمين: هو الظن، وهو الاعتقاد الراجح مع احتمال النقيض، ويستعمل في اليقين والشك، وقيل الظن أحد طرفي الشك بصفة الرجحان. المصدر السابق، ص83. (المحقق)

ويصيب الرطوبة الزجاجية بعض الأمراض الناتجة عن تغير لونها الطبيعي إلى الحمرة أو الصفرة، أو بسبب تفرق اتصالها وتغير رطوبتها.

لقد عرف **الطبيب العربي** مرض انفصام الشبكية وشخصه، على أساس أنه تفرق اتصال، وعَلَلَ حدوثه على النحو الآتي: ويكون سبب تفرق اتصالها فضول حادة تنصب إليها من الدماغ فتحرقها فيخرج النور المحصور فيها بغتة إلى جميع أجزاء العين، فعند ذلك يعدم الإنسان البصر، وهذه العلة يقال لها: الانتشار، أي انتشار النور في جميع العين[1].

وقد يصيب المرض الطبقة المشيمية بسبب فساد مزاجها، وما يمكن أن يعرض لهذه الطبقة من أورام تضغط على العصب البصري فتضعف البصر، كما يمتد تأثير الطبقة المشيمية إلى الرطوبة الجليدية لأن غذاء الجليدية يأتي من المشيمية بتوسط.

أما الطبقة الصلبة فإن ما يصيبها من أمراض قد يكون بسبب فساد مزاجها أو تفرق اتصالها، وكل ما يعرف عن أمراض هذه الطبقة هو بالحدس والتخمين، وقد يصاب العضل الكائن على فم العصب البصري بالتشنج أو الاسترخاء، ويحدث ذلك عند تشنج إحدى العضلات الثلاث أو استرخائها، ويعرض للعين عند استرخاء العضل جحوظ، فإن زاد عن حده أصاب العين فقدان البصر، وإن كان قليلًا أصاب العين ضعف البصر، وقد يحدث تفرق اتصال للعصب البصري وعلامته أن تكون العين غائرة متضمرة، ويحدث بسبب سقطة على أم الرأس أو ضربة على اليافوخ.

ويعرض للعضل المحرك للعين مرضان هما: إما استرخاء وإما تشنج، فإذا أصاب العضلة إلى من فوق تشنج مالت جملة العين إلى فوق، وإن استرخت مالت العين إلى أسفل، وأما التي من أسفل إن استرخت مالت جملة العين إلى فوق، وإن تشنجت مالت العين إلى أسفل وعرض من ذلك الحول الذي يرى الشيء الواحد شيئين، وأما التي للمأْق الأكبر إن استرخت مالت العين إلى اللحاظ، وإن تشنجت مالت العين إلى المأْق الأكبر، وأما التي في اللحاظ فمثل ذلك يعرض من ذلك الحول العارض للصبيان، وأما كل واحدة من العضلتين المديرتين للعين إذا استرختا أو تشنجتا فإنهما تحدثان للعين اعوجاجًا[2].

---

(1) يُراجع، علي بن عيسى الكحَّال، تذكرة الكحَّالين، ص299-300. (المؤلف)

(2) المصدر السابق، ص312. (المؤلف).

المبحث الرابع: علاج أمراض العين عند الأطباء العرب

يذكر **الأطباء والكحَّالون العرب** إلى جانب العلاجات المختلفة بالأغذية والأدوية علاجات باستعمال الآلات، أو بإجراء عمليات جراحية دقيقة توخى منها الطبيب شفاء العلة عندما تعجز الأدوية عن بلوغ ذلك، وجميع عمليات العين تتميز بالدقة والحذر الشديدين نظرًا للتعقيد الذي عليه العين من حيث الأجزاء واتصالها واعتدال رطوباتها وغير ذلك، ولما للعين من أهمية بالنسبة لحياة الإنسان، وسنختار للتدليل على بعض العمليات المهمة التي أجراها الأطباء العرب في العين.

ويعرض **الزهراوي** في المقالة الثلاثين الخاصة بالجراحة، جملة من الأمراض التي تصيب العين و بحاجة إلى تدخل جراحي، منها علاج الثآليل التي تعرض في الأجفان وعلاج البرد العارض في أجفان العين، وفي علاج الشرناق الذي يعرض في جفن العين، ومعالجة جفن العين إذا نبتت فيه أشفار زائدة على غير المجرى الطبيعي، ومعالجة الشعر الناخس بالإبرة، ومعالجة الشترة في الجفن الأعلى والجفن الأسفل، ومعالجة التصاق العين بالملتحمة والقرنية، ومعالجة الظفرة ونتوء لحم الآماق، وفي قطع الوردينج وما ينبت من اللحم الزائد في العين، وفي لقط السبل من العين، وفي رد نتوء العين، وفي قطع العنبية، وفي علاج الكمنة، وفي قدح الماء النازل في العين.

وتستخدم في هذه العمليات الجراحية شتى الأنواع من الآلات، مثل: المنقاش والصنارة والمبضع والمقص والإبرة ومرود وميل ومِجرَد وغير ذلك. كما تستخدم إلى جانب ذلك أدوات للكي والفصد على مختلف الأشكال.

وجراحة العين تقوم على عدة مبادئ عامة، منها ما هو خاص بالجراحة وطرائقها، ومنها ما هو خاص بالمداواة والمعالجة، فنجد الجرائحي يلجأ إلى القطع والشق والجرد والكي والثقب والتشمير الذي يكون على أربعة أوجه، إما بالكي بالنار وإما بالدواء الحاد، وإما أن يكون بالقطع والخياطة، وتكون المعالجة بعد إجراء الشق أو البط أو الجرد ونحوهما بالأدوية التي تساعد على التئام الجروح، مع ملاحظة ما قد يظهر نتيجة للعملية الجراحية من ورم وألم ونحو ذلك. حيث يسارع الطبيب إلى المعالجة وإلى تسكين الآلام بالأدوية حتى يبرأ المريض. وفيما يلي نختار ثلاث عمليات جراحية في العين، أولها لمعالجة

البرء العارض في أجفان العين، وثانيها لمعالجة الظفرة، وثالثها لمعالجة الماء النازل في العين بالقدح.

يعرض **الزهراوي** في البداية المرض فيحدده، ثم يشرح بعد ذلك أسلوب المعالجة بالتفصيل، وينتهي بالمعالجة الدوائية. يتناول البرد في أجفان العين بالقول: كثيرًا ما يعرض في الأجفان شيء يشبه البرد في شدته وصلابته، ولذلك سمي بالبرد، وهو اجتماع رطوبة غليظة في الجفن الأعلى والجفن الأسفل، والعمل فيها أن تنظر فإن كانت البردة بارزة في ظاهر الجفن تتحرك إلى كل ناحية، فأمرها سهل، فشق عليها شقًا بالعرض ثم اسلخها من كل جهة برفق حتى تتخلص ثم علقها بالصنارة واقطعها، فإن لم يتهيأ لك قطعها إلا بعد أن تنفذ الجفن بالقطع، فلا يضر العليل ذلك شيئًا، فإن الشق كبير فاجمعه بالخياطة، وعالجه حتى يبرأ، وإن كان صغيرًا فلا بأس عليك منه، فإن المرهم يجبره ويلحمه، فإن كانت البردة مائلة إلى داخل الجفن نحو السطح الداخل فاقلب الجفن وعلق البردة بصنارة من غير أن تحتاج إلى شق، واجتزها من كل جهة، فإن نفذت الجفن بالقطع لم يضر ذلك شيئًا، ثم اغسل العين بعد قطع البردة بالماء المالح، وعالج الموضع بما يلحم، حتى يبرأ العليل[1].

أما علاج الظفرة، فإن وجه العمل في قطعها يجري على النحو الآتي: أن يضع العليل رأسه في حجرك، ثم يفتح عينيه وترفع الجفن بيدك، ثم تلقط الظفرة بصنارة قليلة الانثناء، وتمدها إلى فوق ثم تأخذ إبرة وتدخل فيها شعرة من شعر الخيل أو البقر أو خيط قوي وتثني طرف الإبرة قليلًا وتغرزها في وسط الظفرة، وتنفذها بالإبرة وتربط بالخيط وتمدها إلى فوق وتسلح بالشعرة جانب الظفرة الذي يلي الحدقة، كأنك تنشرها بالشعرة إلى آخرها، ثم تقطع الباقي في أصل المأْق بمبضع لطيف أو بمقص صغير، وتدع لحم المأْق الطبيعي لئلا يعرض من قطعه سيلان الدمع الدائم، وقد تمد الظفرة بالصنارة وحدها أو بالخيط كما قلنا، ثم تسلخ بالمبضع الأملس الطرف وتحفظ من أن يمس المبضع بالغشاء القرني، فيحدث فيه شقًا فتنتو الحدقة، ثم بعد القطع تلقي في العين شيئًا من ملح أو من الشياف الزنجاري وتتركها إلى يومٍ آخر، ثم تعالجها بما ينبغي، إلى أن تبرأ[2].

---

(1) Albucasis, p 207.

(2) Ibid, p 231-233.

أما معالجة الماء النازل في العين، فيذكر الطريقة كل من **الزهراوي وعلي بن عيسى الكحال**، ولما كانت الطريقة واحدة، وأن ما يذكره **الكحال** أكثر دقة لمعرفته الدقيقة بالقدح[1]، فسوف أذكر طريقته بالتفصيل وبالنص: وتجلسه (أي العليل) على مخدة لاطئة وتجمع ركبتيه إلى صدره وتشبك يديه بعضها ببعض على ساقه، وتجلس أنت على كرسي لتكون أعلى منه علوًا معتدلًا، وتشد عينه الصحيحة برفادة معتدلة الثخن شدًا جيدًا. فإن في ذلك منفعتين: إحداهما، أنها لا تتحرك العين في وقت علاجك فتشتد حركة الأخرى بحركتها، والأخرى، إذا أنجح علاجك وأربت المقدوح شيئًا لا يقال لك إنه ينظر بالصحيحة، وتأمر إنسانًا يقف خلفه ويمسك رأسه ثم ترفع جفن عينه الأعلى حتى تفرقه من الجفن الأسفل، ويتبين لك سائر العين، ثم تأمر العليل لان يرد حدقته إلى الزاوية العظمى مع نظرة إليك شبه الالتفات إلى المأْق الأصغر، ثم تتباعد عن الإكليل نحو المأق بقدر طرف المقدح ثم تعلم الموضع الذي تريد ثقبه بذنب المقدح، بأن تغمز عليه حتى يصير فيه تقعير ما، وذلك لخلتين: إحداهما ليتعود العليل الصبر وتمتحنه، والثانية ليصير للرأس الحاد مكان يثبت، لئلا يزلق عنه إذا أردت ثقبه لأنه يدفع، وتكون العلامة بحذاء الحدقة، ويكون مما يلي فوق بمقدار يسير لا مائل إلى أسفل، ويكون فعلك ذلك إما في العين اليمنى فباليد اليسرى، وإما في العين اليسرى فباليد اليمنى، ثم تقلب المقدحة وتضع طرفها الحاد المثلث على الموضع الذي علمته، وتتكئ عليه بالمقدحة بقوة شديدة، حتى تخرق الملتحم وتحس بالمقدحة أنها وصلت إلى فضاء واسع، وإذا غمزت على المقدحة فيكون الرأس الحاد مائلًا إلى الزاوية الصغرى قليلًا لأنه هكذا أسلم لسائر الطبقات، وإن زلق أمنت، ويجب قبل أن تغمز المقدح أن يمكن الإبهام والسبابة من اليد التي ليس فيها المقدح في مقلة العين من فوق ومن أسفل، ويكون ذلك فوق الأجفان حتى لا تدور العين وتتعبك بحركتها، ويكون قدر ما تدخل من

---

(1) القدح: أخذ هذا المصطلح من قدح النور الذي يدخل فجأة العين بعد العملية، كما يحدث عند ضرب حجر بمقدح، فينبثق منها شرارة الاحتكاك، ويسمى من يختص بعملية القدح القداح. وآلة القدح هي المقداح أو المهت، وتكون صلدة ذات طرف مثلث الشكل وحاد، أو تكون مجوفة معمولة من زجاج أو معدن. والهدف من العملية هو رفع البلورية المعتمة عن طريق منفذ صغير يعمل بالمهت للوصول إليها. وتشترك أكثر عمليات القدح في تثبيت مقلة العين بأصابع الكحال أو مساعده. يُراجع، د. كمال السامرائي، مختصر تاريخ الطب العربي، ج2، ص339 وما بعدها. (المحقق)

المقدح بقدر ما يحاذي الحدقة فقط ولا يجوزها، وإذا جاوزها بقدر نصف شعيرة فجائز، وإن كان أكثر من ذلك أفسد وأسحج، فإذا نفذ المقدح تمسك رأس العليل بأنامل يدك وتطرح المهت على أسفل إبهامك التي قدحت بها كأنه شيء يستريح.

وتؤنس العليل بالكلام الطيب ليسكن روعه ولا يكون قد أكل شيئًا البتة فربما عرض له قذف. فإن أحس بشيء من هذا فجرعه بشيء من الأشربة المرة، مثل رب الريباس والحصرم والتمر الهندي.

ثم تضع على العين قطعة قطن جديد وسخنها قليلًا قليلًا بالنفح الحار، وان اخترت أن تمصها بنفح كأنك تحسو شيئًا لتهدأ العين من الانزعاج، ثم أدر المهت قليلًا قليلًا حتى تراه فوق الماء، فإن النحاس يظهر لك لصفاء الغشاء القرني، وأما الغشاء العنبي ففي وقت إدارة المهت يدفع ولا ينخرق لأن عليه لزوجة وهو مدملج، ولم يجعل رأس المهت حادًا لهذا السبب لئلا يعقره، ثم انظر المقدح في أي موضع هو؟ فإن كان لم يبلغ موضع الماء فأغمزه قليلًا، وإن كان قد جازه فجُرّه قليلًا إلى خلف، حتى يكون فوق الماء سواء، فإذا فعلت ذلك فتشيل أسفل المقدح قليلًا قليلًا فإن الماء ينكبس إلى أسفل ويجتذبه خمل العنبي بخشونته، فإن نزل من ساعة عنها فاصبر قليلًا ولا تبادر بإخراج المهت لئلا يصعد ثانية ويعود. فإن صعد فاكبسه ثانية، فربما إذا دفعه المهت غاص كأنه في بئر وقع ولم يتبين له أثر البتة.

ومنه متعب حتى ينحط، فإن كان متعبًا عسرًا يرجع أبدًا إذا غمزته فبدده في النواحي إلى أسفل وإلى فوق، وإلى المأق الأكبر والأصغر، فإن أتعب فأدم الموضع، بأن تغمز المهت من ناحية المأق الأصغر ليخرج قليل دم، وتضربه بالماء وحطه فإنه لا يعود.

وكذلك إذا اندمى بغير إرادة فأضربه بالماء وحطه فإنه آمن لأنه يخرق الماء، وتأمر العليل بأن يعينك في الجذب، بأن يتنخع إلى أسفل من فِيه (=فمه) لا من أنفه، لأنه بما يعين على جذب الماء إلى أسفل، فإذا انحط فأخرج المهت (= الكثير) قليلًا قليلًا بانفتال إلى برا (=خارج).

وملاك القدح قلة الوجع، فإذا أخرجت المقدح ورأيت العين سالمة فشدّ عليها صفرة

بيض مضروب بدهن الورد، وإن رأيت قد حصل في الموضع دم فشدّ عليه من خارج ملحًا مدقوقًا فإنه يحلله.

وتشدُّ العينين جميعًا برفائد قوية ونوِّمه في بيت مظلم على قفاه، وسنِّد رأسه من الجانبين، وتأمره أن يكون كأنه ميت لا يتحرك، ويكون عنده إنسان ملازم لخدمته، فإذا أراد شيئًا يأمره بيده، وتضمد الأصداغ بالأشياء المخدرة حذرًا من الصداع، وحذره من السعال والعطاس والكلام ومن سائر الحركات. فإن عرض عطسة فيفرك أنفه فركًا قويًا فإنها ترجع. وكذلك إن أحس بسعال يتجرع شيئًا من الجلاب ودهن اللوز فإنه يهدأ.

ويكون غذاؤه لطيفًا ولا يكون من الأشياء التي تتعب في مضغها، بل يكون أخف الطعام وأسرعه هضمًا، مثل المزورات والأحساء، وتقلل غذاءه وتمنعه من شرب الماء الكثير، وإذا كان في اليوم الثاني، حللت العصائب وهو نائم على الجملة، وقلعت الرفادة قليلًا قليلًا، وغسلت العين بقطنة فيها ماء الورد، ولا تحس به العين ولا تفتحها، وتندي قطنة ببياض البيض الرقيق وتضعها على العين وترد الشد إلى الجملة، وإن لم تحلها إلى اليوم الثالث كان أجود.

فإذا كان في آخر اليوم الثالث فحُلَّها واغسلها بماء قد أُغلي فيه ورد، وأجلسه وخلفه مخاد يستند إليها، ويكون على ما هو عليه من قلة الحركات سائرها، وأسبل على وجهه خرقة سوداء وعلِّله إلى اليوم السابع.

فإذا اخترت أن تحط فيها شادنجًا أو كحلًا أسود وحده فافعل، فإن ارتفع الماء ثانية في هذه الأيام فأعد المهت ثانية إن لم يكن قد ظهر ورم حار في ذلك الثقب بعينه فإنه لا يلتحم سريعًا لأنه غضروفي.

واعلم أن الغشاء الملتحم ربما كان رخوًا لا تنفذ فيه المقدحة فأرسل قبله مبضعًا مدور الرأس ثم أنفذ المقدحة بعده، واحذر أن يكون في البدن امتلاء أو يكون في الرأس صداع فيبطل ما تعمله، وقد كررت القول لتستيقن، وربما نبت في الموضع الذي ثقبته لحم زائد فلا تخف منه وخذه برأس المقراض، فإنه يبرأ إن شاء الله تعالى[1].

---

(1) يُراجع، تذكرة الكحَّالين، ص270-277. (المؤلف)

الفصل السابع
علم الصيدلة (الأدوية والعقاقير)

المبحث الأول: تاريخ البحث في الأدوية والعقاقير ومؤلفاتها

يعود تاريخ معرفة الإنسان بالأدوية والعقاقير النباتية إلى أول عهده بعلاج ما يصيبه من أمراض، إذ اختبر أوراق الأشجار وأغصان النباتات وثمارها وجذورها لعلاج حالات مرضية، وقد نشطت معرفته بالأدوية النباتية عندما اقترنت بالمعرفة الطبية، فكانت الحاجة إلى تحضير الأدوية واستعمالها لحالات مرضية هي الدافع وراء البحث عن الأجزاء المختلفة للنبات، وأوقات قطعها وطرق تحضيرها ومعرفة خصائصها الطبية ومفعولها.

وإنا لنجد في الآثار التي تركها **البابليون** و**المصريون** ما يدل بوضوح على معرفتهم الدقيقة بالأدوية، إذ وردت على هيئة وصفات طبية لعلاج ما عرفوه من أمراض، وتشير الألواح الطينية البابلية المكتشفة إلى أن الطب في **بابل** قد استخدم الوزن والكيل لتحضير الأدوية بنسب معينة من أجل الحصول على الوصفة العلاجية المطلوبة.

ففي الألواح الطبية الخاصة بالتشخيص والعلاج نجد ثلاثة أعمدة، يظهر في العمود الأول اسم النبات أو العشب، وفي العمود الثاني يذكر اسم المرض الذي يعالج بذلك العشب، وفي العمود الثالث يذكر الكميات والإرشادات، وفي لوحة (**نيبو لئو**)، أعمدة ثلاثة، سُطر في العمود الأول اسم (150) نباتًا طبيًا، وفي العمود الثاني المرض الذي يعالج بكل منهما، وفي الثالث الكميات وعدد المرات في اليوم، وهل يستعمل على الجوع أم بعد الأكل وغير ذلك من إرشادات[1].

ومن المعروف الآن أن الألواح الخاصة بالطب والمداواة قد استملَت على أنواع من

(1) يُراجع، عبد اللطيف البدري، من الطب الآشوري، ص (ت من المقدمة). (المؤلف)

البيانات، منها ما ظهر على هيئة قوائم للأعشاب الطبية ووصفات علاجية، إذ يمكن التعرف من خلالها أنواع النباتات، وطرق تحضير الأدوية، والإرشادات الطبية وطرق استعمال الدواء، وكيفية تحضيره، والنسب الواجب تحقيقها عند التحضير.

وتشير المعلومات المكتشفة أن الطب **البابلي** قد تعرف حوالي 250 عقارًا من أصل نباتي، كما تعرف على حوالي 120 عقارًا من أصل معدني، وخير ما يذكر في هذا الباب هو ما ورد في كتاب **ثومبسون** عن الأعشاب الطبية، فلقد أحصى المواد التي وردت في اللوائح التي ترجمها هو بنفسه فجاءت كما يلي:

- لقد ورد اسم 250 نوعًا من النبات 4600 مرة.

مادة معدنية 650 مرة.

180 مادة متفرقة 630 مرة.

- يضاف لها المواد الكحولية التالية:

البيرة القوية 300 مرة.

وبيرة السمسم 100 مرة.

النبيذ 90 مرة.

- أما الشحوم فلقد ذكرت 170 مرة.

الزيوت 340 مرة.

العسل 80 مرة.

الشمع 30 مرة.

الحليب 40 مرة[1].

ويلاحظ من هذه الوصفات العلاجية أن الطبيب **البابلي** قد عرف الكثير من خصائص الأعشاب والنباتات، فضلًا عن معرفته بخصائص بعض الأدوية المعدنية، واستحضر أنواعًا مختلفة من الأشكال الصيدلية، مثال ذلك: المغليات والذرورات واللبخات والمروخات والمفقوعات والقطرات والمستنشقات والمكمدات وغيرها.

---

(1) المصدر السابق، ص304. (المؤلف)

ويصدق هذا الشيء نفسه على المعرفة الصيدلانية عند **المصريين القدماء**، إذ كان الاهتمام بدراسة النباتات الطبية من حيث صفاتها وزراعتها كبيرًا، وعرفوا بعض العقاقير النباتية الطبية من حيث صفاتها وزراعتها، وعرفوا بعض العقاقير النباتية والحيوانية والمعدنية وطرق تحضيرها، وما يمكن أن تفيده لمعالجة الأمراض، ولقد ورد في البرديات الطبية أنهم كانوا يجهزون الأدوية على هيئة أمزجة سائلة، وحبوب ولعوقات ومغليات ومنقوعات وسعوطات وحقن شرجية. ومراهم ومروخات ومعاجين ولبخات ولزقات وأقماع شرجية ودش مهبلي وغرغرات وقطرات للعين وغسولات. كما كانت المستنشقات على هيئة سوائل يصبونها على الأحجار المسخنة ويستنشقون الأبخرة المتصاعدة منها[1].

وقد ورد في البرديات عدة أنواع من العقاقير، منها عقاقير من أصل نباتي وهي كثيرة، ومنها عقاقير من أصل حيواني، ومنها عقاقير من أصل معدني، وكان الاهتمام بالأعشاب والنباتات كبيرًا سواء كانت برية أو مزروعة. فعرفوا الأجزاء المفيدة للأدوية وأدركوا بوضوح صفاتها الدوائية وطرق استخلاص الأدوية منها. وأفضل الأوقات لاقتطاف الأجزاء المفيدة منها لصناعة الدواء، وكانت العمليات المستعملة لتحضير الأدوية معروفة كذلك، منها الجرش والعصر والسحق والتسخين والتحميص والتجفيف والإغلاء والترشيح، كما استخدموا الأوعية الفخارية والزجاجية لحفظ العقاقير الدوائية فيها.

وإنه مما لا شك فيه أن المعرفة الصيدلانية **للبابليين والمصريين** القدماء قد وجدت طريقها إلى **اليونان**، شانها في ذلك شأن سائر المعارف القديمة التي انتقلت إلى **اليونان** بفضل الاتصال الحضاري والتجاري، وكان فضل العلماء **اليونان** كبيرًا على جميع المعارف العلمية ومنها الصيدلانية، بما أضافوه من معلومات جديدة شملت العقاقير النباتية والحيوانية والمعدنية، فضلًا عما تميزوا به من حسن التنظيم وتبويب المعارف، وقد وصلنا من مؤلفاتهم الطبية والصيدلانية الشيء الكثير. فتأثرت به غالبية **العلماء العرب** إبّان الحضارة العربية الإسلامية.

وأننا لنجد هذا التأثير واضحًا في كتابات **المؤلفين العرب**، وخير مثال نسوقه على نمو وتطور المعرفة الصيدلانية عند اليونان وفضل **العلماء العرب**، ما ورد على لسان **داود بن**

---

(1) يُراجع، الموجز في تاريخ الطب والصيدلة عند العرب، مصدر سبق ذكره، ص275. (المؤلف)

عمر الأنطاكي[1] (ت1008هـ/ 1599م)، في كتابه تذكرة أولي الألباب والجامع للعجب العجائب، بقوله: هذا فقد أتقن السلف رحمهم الله تعالى ذلك، حتى وجدناه مهذبًا مرتبًا، فنحن كالمقتبسين من تلك المصابيح ذبالة والمغترفين من تلك البحور بلالة، وأول من ألف شمل هذا النمط وبسط للناس فيه ما انبسط، **ديسقريدوس اليوناني**[2]، في كتابه الموسوم بالمقالات في الحشائش، ولكنه لم يذكر إلا الأقل حتى أنه أغفل ما كثر تداوله، وامتلاء الكون بوجوده، كالكمون والسقمونيا والغاريقون، ثم **روفس**[3]، فكان ما ذكره قريبًا من كلام الأول. ثم **فولس**، فاقتصر على ما يقع في الأكحال خاصة، على أن أخل بمعظمها كاللؤلؤ والاثمد، ثم **أندروماخوس الأصغر**، فذكر مفردات الترياق الكبير فقط، ثم **رأس البغل الملقب جالينوس** وهو غير الطبيب المشهور، فجمع كثيرًا من المفردات، ولكنه لم يذكر إلا المنافع خاصة دون باقي الأحوال، ولم أعلم من **الروم** مؤلفًا غير هؤلاء.

---

(1) ولد في أنطاكيا، كسيحًا صغير الجسم وأعمى، تعلم قراءة القرآن بعيد العاشرة من عمره، ثم تعلم الأدب والطبيعيات والطب، وصار يمارس الصنعة بالتلمس والاستجواب، سكن مصر ثم هجرها واستوطن بمكة آخر حياته، وله من المؤلفات: تذكرة الإخوان في طب الأبدان، وتذكرة أُولي الألباب والجامع...، وكتاب البهجة في الأدوية المجربة، وشرح قصيدة ابن سينا، وكتاب طبقات الحكماء، وغيرها، يُراجع للتفصيلات عنه، د. كمال السامرائي، مختصر تاريخ الطب العربي، ج2، ص506-507. (المحقق)

(2) ديوسقريدس: من أعاظم الأطباء الذين اشتغلوا في روما في المائة سنة التي أعقبت الميلاد، وهو سابق لمولد جالينوس بثلث قرن على الأقل، وأشهر طبيب عند العرب في علم الحشائش والمفردات الطبية، ولد في عين زربي، وهي بلدة يونانية ثم رومانية ثم إسلامية في جنوب آسيا الصغرى، وإليها ينسب، وأطلق عليه لقب صاحب النفس الزكية، والحكيم الحشائشي، واسم ديوسقريدوس مركب من قطعتين، ديسقوري ومعناه باليونانية أشجار، ودوس بمعنى الله، أي أن ملهمه لمعرفة الحشائش والأشجار هو الله، كما كان قومه يدعونه أزدش نياديش، وكان الطبيب الخاص لنيرون (54-86م) وعمل جراحًا في جيشه. ومن كتبه كتاب الحشائش ويسمى أيضًا هيولى علاج الطب، وضع فيه أنواع النبات، وقد تُرجم إلى العربية في أيام الخليفة المتوكل، وترجمه اصطفن بن باسيل، وله من الكتب أيضًا كتاب السموم وكتاب في الحيوان ذوات السموم. (المحقق)

(3) طبيب يوناني، من مواليد مدينة أفسس وإليها ينسب، درس الطب في الإسكندرية في أيام الملك تراجان الروماني (98-117م)، وكان جالينوس يعتبره بعد أبقراط مرتبة بالطب، ويأخذ عنه في مؤلفاته الكثيرة، كما كان العرب يعتمدون على آرائه ويرجعون إلى مؤلفاته التي نُقل أكثرها إلى العربية، وقد نعته ابن أبي أُصيبعة بالعالِم الكبير، وله من المؤلفات حوالي ستين كتابًا نقلت معظمها إلى العربية في بيت الحكمة العباسي، وقد وردت عناوينها في كتاب الفهرست لابن النديم وعيون الأنباء لابن أبي أُصيبعة، إلا أن جميع تلك الكتب لروفس تعد اليوم مفقودة. وإن كان الرازي وغيره قد حفظ الكثير من نصوص روفس الطبية في كتبه ومؤلفاته ولا سيما الحاوي في الطب وغيره. (المحقق)

ثم انتقلت الصناعة إلى أيدي النصارى، فأول من هذب المفردات اليونانية ونقلها إلى اللسان السرياني **ديدورس البابلي**، ولم يزد على ما ذكروه شيئًا حتى أتى الفاضل المعرب الكامل المجرب **إسحق بن حنين النيسابوري**[1]، فعرب اليونانيات والسريانيات وأضاف إليها مصطلح **الأقباط**، لأنه أخذ العلم عن **حكماء مصر** و**أنطاكية** واستخرج مضار الأدوية ومصلحاتها، ثم تلاه ولده **حنين**[2]، ففصل الأغذية من الأدوية فقط، ولم أعلم من النصارى من أفرد هذا الفن غير هؤلاء.

وأما **النجاشعة** فلهم كثير من الكناشات، ثم انتقلت الصناعة إلى الإسلام، وأول واضع فيها الكتب من هذا القسم الإمام **محمد بن زكريا الرازي**، ثم رئيس الحكماء فضلًا عن الأطباء **الحسين بن عبد الله بن سينا**. فوضع الكتاب الثاني من القانون، وهو أول من عهد لكل مفردة سبعة أشياء، أخل بالأغلب، إما لاشتغال باله أو لعدم مساعدة الزمان له، ثم ترادفت المصنفون على اختلاف أحوالهم، فوضعوا في هذا الفن كتبًا كثيرة من أجلها مفردات **ابن الأشعث**، و**أبي حنيفة**[3]، و**الشريف بن الجزار**[4]، و**الصائغ**، و**جرجيس بن يوحنا**، و**أمين الدولة ابن التلميذ**[5]، و**ابن البيطار**، و**صاحب ما لا يسع**، وأجل هؤلاء الكتاب، الموسوم

---

(1) لا أعلم من أين جاء الأنطاكي بلفظة النيسابوري عن إسحق بن حنين، فالمعروف عنه أنه إسحق بن حنين العبادي. (المحقق)

(2) الصواب: حنين هو والد إسحق وليس ابنه. (المحقق)

(3) يقصد أبي حنيفة الدينوري. (المحقق)

(4) هو أحمد بن إبراهيم بن أبي خالد الجزار، وكنيته أبو جعفر، وهو ثالث الأطباء الذين اشتهروا في تونس في القرن الرابع الهجري، العاشر الميلادي، وتوفي ابن الجزار بحدود عام 396هـ/ 1005م، ومؤلفاته كثيرة، إلا أن أغلبها مفقودة، ومنها كتاب الخواص، وكتاب الاعتماد في الأدوية المفردة، ورسالة في إبدال الأدوية، وكتاب زاد المسافر وقوت الحاضر، وطب الفقراء والمساكين، وطب المشايخ وحفظ صحتهم. وغيرها كثير، يُراجع، د. كمال السامرائي، مختصر تاريخ الطب العربي، ج1، ص643 وما بعدها. (المحقق)

(5) هو أبو الحسن هبة الله بن أبي العلاء صاعد بن إبراهيم بن التلميذ، ويلقب بأمين الدولة ويعرف بابن التلميذ، وابن التلميذ جده من أمه، فنسب إليه، والعائلة من نصارى بغداد، وصاحب الترجمة من أفاضلهم وأكابر شيوخهم ورئيس قساوستهم. تعلم اللغة السريانية والفارسية ودرس اليونانية، وتبحر بالعربية، درس ابن التلميذ الطب على أبيه أبي العلاء، وعلى أبي الحسن هبة الله بن سعيد صاحب التصانيف المشهور بالطب، وكان ابن التلميذ يهوى جمع الكتب حتى صار له منها حمل اثني عشر بعيرًا، كما كان يهوى التدريس ويعتبره واجبًا أدبيًا عليه تأديته والعمل فيه، توفي ابن التلميذ في بغداد عام 561هـ/ 1165م، وكان عمره قد

بمنهاج البيان، صناعة الطبيب الفاضل **يحي بن جزلة**[1] رحمة الله تعالى عليه، فقد جمع المهم من قسمي الأفراد والتركيب في ألطف قالب وأحسن ترتيب، وأظن أن آخر من وضع هذا الفن الحاذق الفاضل **محمد بن علي الصوري**[2].

المبحث الثاني: تطور علم الصيدلة عند العرب

لقد أصاب علم الصيدلة عند **العرب** تطورًا كبيرًا نتيجة لتطور المعرفة الطبية من جهة، وزيادة المعرفة بالأدوية والعقاقير من جهة أخرى، وعلى الرغم من ارتباط الصيدلة بالطب، إلا أننا في الوقت نفسه نلمس اتجاهًا واضحًا للفصل بين المعرفة الطبية والمعرفة الصيدلانية، وبين مهنة الطب ومهنة الصيدلة، إذ يمكن القول إن التخصص في معرفة الأدوية والعقاقير النباتية والحيوانية والمعدنية كان من نصيب الصيدلي، ولكن ذلك لم يمنع الطبيب نفسه من تحضير الأدوية لعلاج الأمراض.

كما نلمس بوضوح تام ظهور الصيدلة باعتبارها دكانًا للأدوية في المستشفيات، يديرها من له معرفة جيدة بالأدوية والعقاقير، بحيث يمكن القول إن **العرب** هم أول من وضع الأساس المتين لعلم الصيدلة، وأول من أسسوا الصيدلة ووضعوا لها الشروط الصحية والشروط الواجب توفرها فيمن يديرها.

ونظرًا لأهمية الصيدلة بالنسبة للأطباء والمرضى على حدٍ سواء وما يمكن أن يؤديه الدواء الخطأ أو الفاسد وغير ذلك من أخطار على صحة المرضى، وما يجوز للأشخاص

ناهز المائة، ومن مؤلفاته الطبية: شرح مسائل حنين بن إسحق، مختارات من كتاب الحاوي للرازي، اختصار كتاب مسكويه في الأشربة، مقالة في الفصد وغيرها كثير. يُراجع، د. كمال السامرائي، المصدر السابق، ج1، ص587 وما بعدها. (المحقق)

(1) هو يحيى بن عيسى بن علي، وكنيته أبو علي، من نصارى بغداد، في أيام الخليفة المقتدي بالله، وأسلم على يد أستاذه علي ابن الوليد المعتزلي، أخذ الطب عن أبي الحسن سعيد بن هبة الله بن الحسين (ت495هـ/ 11101م، واشتهر في بغداد بالحكمة والطب، ومن مؤلفاته الطبية: كتاب منهاج البيان فيما يستعمله الإنسان، ورسالة في فضائل الطب وموافقته للشرع، وكتاب تقويم الأبدان في تدبير الإنسان. يُراجع، المصدر السابق، ج1، ص578 وما بعدها. (المحقق)

(2) يُراجع، الأنطاكي، تذكرة أولي الألباب، مصر 1952، ج1، ص19. (المؤلف)

من ادعاء معرفة بأمور الصيدلة، فقد وضعت شروط وامتحانات لمن يزاول مهنة الصيدلة، فكان نظام الحسبة[1] هو الجهاز الذي يراقب الأدوية ويمتحنها، ويراقب أعمال الصيدلي وأفعاله لكي يجنب الناس الأخطار، ويكشف الغش في الدواء.

وتذهب المراجع **العربية** إلى ذكر بعض الروايات عن بعض الصيادلة، إذ قد يدَّعون وجود جميع الأدوية في صيدليتهم، فإذا جاء أحد المرضى بطلب دواء ما، سارعوا إلى إحضار أي دواء على أساس أنه المطلوب، وقد ذكر **ابن أبي أصيبعة** في كتابه هذه الرواية: قال **يوسف بن إبراهيم**: حدثني **زكريا بن الطيغوري** قال: كنت مع **الأفشين** (قائد جيوش **المعتصم**) في معسكره وهو في محاربة **بابك** (زعيم حركة الخرمية)،، فأمر بإحصاء جميع من في عسكره من التجار وحوانيتهم وصناعة رجلًا رجلًا منهم، فرفع ذلك إليه، فلما بلغت القراءة بالقارئ إلى موضع الصيادلة قال لي: يا زكريا ضبط هؤلاء الصيادلة عندي أولى ما تقدم فيه، فامتحنهم حتى تعرف منهم الناصح من غيره ومن له دين ومن لا دين له، فقلت: أعز الله الأمير، إن يوسف لقوة الكيميائي كان يدخل على **المأمون** كثيرًا ويعمل بين يديه، فقال له يومًا: ويحك يا يوسف ليس في الكيمياء شيء، فقال له: بلى يا أمير المؤمنين، وإنما آفة الكيمياء الصيادلة، فقال له **المأمون**: ويحك وكيف ذلك؟. فقال: يا أمير المؤمنين إن الصيدلاني لا يطلب منه إنسان شيئًا من الأشياء كان عنده أو لم يكن إلا أخبره بأنه عنده، ودفع إليه شيئًا من الأشياء التي عنده، وقال هذا الذي طلبت، فإن رأى أمير المؤمنين أن يضع اسمًا لا يعرف ويوجه جماعة إلى الصيادلة في طلبه ليبتاعه فليفعل، قال له **المأمون**: قد وضعت الاسم وهو سقيطتا، وسقيطتا ضيعة بقرب **مدينة السلام**، ووجه **المأمون** جماعة من الرسل يسألهم عن سقيطتا فكلهم ذكر أنه عنده، وأخذ الثمن من الرسل ودفع إليهم شيئًا من حانوته، فصاروا إلى **المأمون** بأشياء مختلفة، فمنهم من أتى ببعض البذور ومنهم من أتى بقطعة من حجر، ومنهم من أتى بوبر، فاستحسن **المأمون** نصح يوسف لقوة عن نفسه،

---

(1) لم يقتصر نظام الحسبة على هذه الأمور فقط، بل كان دوره أكبر من ذلك، في الحياة الاقتصادية والاجتماعية زمن الدولة العربية الإسلامية، وهو نظام من أوائل النظم الإسلامية ظهورًا. يُراجع، للتفصيلات، سعيد عبد الفتاح عاشور وجماعته، دراسات في تاريخ الحضارة العربية الإسلامية، ط2، الكويت 1986، ص167 وما بعدها. (المحقق)

وأقطعه ضيعة على النهر المعروف **بنهر الكلبة**، فهي في أيدي ورثته ومنها معاشهم، فإن رأى الأمير أن يمتحن هؤلاء الصيادلة بمثل محنة **المأمون** فليفعل.

فدعا **الأفشين** بدفتر من دفاتر الأسروشينة (بلدة تقع ما وراء النهر بين **سيحون وسمرقند**)، فأخرج منها نحوًا من عشرين اسمًا ووجه إلى الصيادلة من يطلب منهم أدوية مسماة بتلك الأسماء فبعضهم أنكرها، وبعضهم ادعى معرفتها وأخذ الدراهم من الرسل ودفع إليهم من حانوته.

فأمر **الأفشين** بإحضار الصيادلة، فلما حضروا كتب لمن أنكر معرفة تلك الأسماء منشورات، أذن لهم فيها بالمقام في عسكره ونفى الباقين عن المعسكر، ولم يأذن لأحدٍ منهم في المقام، نادى المنادي بنفيهم وبإباحة دم من وجد منهم في معسكره، وكتب إلى **المعتصم** يسأله البعثة إليه بصيادلة لهم أديان ومذهب جميل ومتطببين كذلك، فاستحسن **المعتصم** منه ذلك ووجه إليه بما سأل[1].

لقد ميز **الرازي** الطبيب بوضوح بين الصيدلة والطب في كتابه الحاوي، وميز بين عمل الصيدلي وعمل الطبيب، وحاجة الطبيب إلى الصيدلي، ورد على قول القائلين إن الصيدلة فرع من فروع الطب، وأن على الطبيب واجب معرفة الأدوية والعقاقير بالشكل الذي يعرفه الصيدلي، فالمعرفة بالأدوية فن ليس جزءًا ضروريًا من أجزاء الطب، وكما يقول **الرازي**: المعرفة بالأدوية وتمييزها جيدها ورديها وخالصها ومغشوشها، وإن كان ليس يلازم الطبيب ضرورة كما يحسبه جهال الناس فهو أحرى وأزين بها. ولذلك رأيت أن أجمع هذا الفن، وإن لم يكن جزءًا من الطب ضروريًا، في كتاب يخصه ليعرف ويجتمع الذي خصصها كل واحد منها بكتاب[2].

وأدرك **الرازي** بوضوح أن بين الطب والصيدلة صلة وثيقة على أساس أن الصناعات أو العلوم يخدم بعضها بعضًا، وأن الصيدلة تخدم الطب بما توفره من الأدوية بأشكالها وأنواعها المختلفة، وإذا كان أحد الناس عارفًا بالأدوية والعقاقير، فلا يعني ذلك أنه على

(1) يُراجع، عيون الأنباء في طبقات الأطباء، ص224-225. (المؤلف)

(2) يُراجع، الحاوي في الطب، ط1، حيدر آباد 1971، ج22، ص1. (المؤلف)

معرفة بالطب، كما لا يمكن تسمية من يعمل بالصيدلة طبيبًا، فلكل من الطبيب والصيدلي مجال عمله الخاص به، وإن كان الطبيب في بعض الأحيان على معرفة جيدة بأمور الصيدلة.

وفي ذلك يقول **الرازي**: وليس ينبغي أن يعد شيء من هذه جزءًا خاصًا من الطب بل صناعة خادمة له كخدمة الصناعة بعضها لبعض، ولا يجوز أيضًا أن يسمى أعرف الناس بأنواع الأدوية وأشكالها وألوانها وخالصها ومغشوشها طبيبًا، بل إنما يسمى الطبيب من عرف أفاعيل هذه في الأبدان، ومن إذا أتى بدواء ما لم يره من قبل وقته ذلك قط، ولا سمع له بذكر، ولا باسم، قدر أن يعرفه من امتحانه إياه جميع أفاعيله الظاهرة[1].

ونظرًا لأهمية الصيدلة للطبيب وقربها من صناعة الطب، وإن لم تكن جزءًا منها، يرى **الرازي** أن المعرفة بهذا الفن أعني الصيدلة، إذا انضمت للطبيب على علمه كان أفضل، فإنه شديد الالتصاق بصناعة الطب، لكنا نقول: إن محله من صناعة الطب غير محل الأجزاء العظام التي ذكرناها[2].

ويقصد **الرازي** بالأجزاء العظام كل ما يتصل بالأمراض والتشريح والجراحة والمداواة وغيرها التي ذكرها في الأجزاء المخصصة للطب في كتابه الحاوي.

ولا بد لنا أن نذكر أن كتاب الحاوي قد اشتمل على جميع الأمور المتعلقة بالأدوية والوزن، سواء ما ورد منها على هيئة وصفات طبية لمعالجة الأمراض، أو ما ورد منها على هيئة منفصلة، إذ نجد الجزء العشرين والجزء الحادي والعشرين بقسميه الأول والثاني، قد خصصت في الأدوية المفردة، بينما جاء الجزء الثاني والعشرين في الصيدلة وفي جداول استنباط السماء والأوزان والمكاييل.

وقد خصص **المجوسي** في كتابه كامل الصناعة الطبية المقالة الثانية، ليتناول فيها خصائص الأدوية وامتحانها وفوائدها بالنسبة للأمراض، كما ذكر فيها الحشائش وقواها، وكذلك البذور والحبوب والأوراق والأثمار والعصارات والصموغ، والأدوية المعدنية والحيوانية وغير ذلك مما يتعلق بخصائص الأدوية والعقاقير.

---

(1) المصدر السابق، ج22، ص2. (المؤلف)

(2) المصدر السابق، ج22، ص4. (المؤلف)

وتناول **ابن سينا** في كتابه القانون في الطب، موضوع الأدوية، فخصص الكتاب الثاني للأدوية المفردة، إذ درس أمزجتها والتعرف على قواها بالتجربة والقياس، وأفعال قواها وغير ذلك. ورتب الأدوية المفردة حسب حروف المعجم، مبينًا لكل دواء ماهيته وصفاته وما يختار منه صالحًا للدواء، وأفعاله وخواصه وفوائده بالنسبة للأمراض المخصصة لها.

وذكر ابن سينا في الكتاب الخامس من كتابه القانون في الطب، المركبات من الأدوية، ومنها الترياقات والمعاجين، والإرياجات (المسهل المصلح)، والجوارشنات المسهلة وغير المسهلة، والسفوفات واللعوقات والأشربة والروبيات (الربوب عصارة مقومة بنفسها، والأشربة عصارات مقومة بحلاوة)، والمربيات، والأقراص والغرغرات والسعوطات والأضمدة والأطلية والقطرات والأدهان والمراهم وغير ذلك،

ووضع **أبو الريحان البيروني** كتابًا أسماه الصيدنة في الطب[1]، جمع فيه معلومات قيمة في الصيدلة، تناول في القسم الأول فن الصيدلة والعلاج، فضلًا عن تعريفات ومعلومات تاريخية، كما تضمن هذا القسم ما يجب على الصيدلي القيام به، بينما خصص القسم الثاني للعقاقير، وقد رُتِّب حسب حروف المعجم، مع ذكر بعض المعلومات المهمة، وأسماء العقاقير وطبائعها وقواها وجرعاتها وغير ذلك من الأمور المتعلقة بالتخزين والزراعة.

واشتمل كتاب **الزهراوي**، التصريف لمن عجز عن التأليف، على عدة مقالات تختص بأمور الصيدلة، منها ما يهتم بالمعاجين والترياقات والسموم والإرياجات والحقن والفتل والشيافات والأشربة والربوب والمطبوخات والنقوعات والمربيات والسفوفات والأقراص والسعوطات والبخورات والذرورات والغراغر والأكحال واللطوخات والضمادات والمراهم والأدهان والأدوية المعدنية والأطعمة وغير ذلك من الأمور الخاصة بالعقاقير المركبة وأوزانها.

واشتمل كتاب **ابن القف**، العمدة في الجراحة، على معلومات قيمة فيما يخص الأدوية والعقاقير، فذكر في المقالة الحادية عشر المفردات المحتاج إليها الجرائحي في معالجته،

---

(1) طبع هذا الكتاب أخيرًا في باكستان، ونقله إلى الإنجليزية تحت عنوان:

- Biurinis' Book on Pharmacy and Materia Medica, Ed, by Hakim Mohammed Said, Pakistan 1973.

وتنقسم إلى أربعة فصول، الأول في ذكر شيء من صفات الأدوية المحتاج إلى معرفتها الجرائحي، والثاني في ذكر درجات الأدوية وحصرها، والثالث في ذكر القوى الأُول والثواني والثوالث للأدوية، والرابع في ذكر المفردات[1]. كما خصصت المقالة العشرون في الأقراباذين أو تركيب الأدوية، مبينًا فيها اختلاف مقادير المركبات والأوزان، ثم الأدهان والمراهم والذرورات والسفوفات والضمادات والأشربة والمعاجين.

واشتهر **ابن البيطار**، بين علماء الأعشاب **العرب**، فضلًا عن كونه طبيبًا عارفًا بخصائص الأعشاب والنباتات وقيمتها الدوائية، وكان من نتيجة دراساته للنباتات في سوريا وآسيا الوسطى ومناطق أخرى أن وضع مؤلفاته القيمة في هذا الباب، منها كتابه المعروف الجامع لمفردات الأدوية والأغذية، وكتابه الآخر المغني في الأدوية المفردة، إذ جمع في الأول العلاجات المستخلصة من مصدر نباتي ومصدر حيواني ومصدر معدني، بينما اختص الثاني بعلاج الأعضاء بواسطة العقاقير، وهو في تأليفه اعتمد على ما كان معروفًا في زمانه من مؤلفات في الأدوية مضيفًا إليها ما حصل عليه عن طريق التجوال والمشاهدة والاختبار.

ولم يكن **ابن البيطار** ناقلًا عن القدماء والمحدثين، بل ناقدًا مستعملًا التجربة والمشاهدة في الكشف عن خصائص الأعشاب والنباتات والأدوية والعقاقير.

كما اشتهر **داود الأنطاكي** بكتابه تذكرة أُولي الألباب والجامع للعجب العجاب، الذي اشتمل على جميع الأصناف من الأدوية النباتية والحيوانية والمعدنية، وقد نظمه كأسلافه حسب حروف المعجم، فيذكر اسم الدواء أو أسماءه، ويصفه ويبين منافعه وفائدته بالنسبة للمرض المختص به، واتبع في كل ذلك منهجًا في صناعة الأدوية أو الصيدلة، وقد ذكره في عشرة قوانين بقوله: اعلم أن كل واحد من هذه المفردات (يقصد الأدوية) يفتقر إلى قوانين عشرة، الأول: ذكر أسمائه بالألسن المختلفة ليعم نفعه، الثاني: ذكر ماهيته من لون ورائحة وطعم وتكرج وخشونة وملاسة وطول وقصر، الثالث: ذكر جيده ورديئه ليؤخذ أو يجتنب، الرابع: ذكر درجته في الكيفيات الأربع ليتبين الدخول في التراكيب، الخامس: ذكر منافعه في سائر أعضاء البدن، السادس: كيفية التصرف به مفردًا أو مع غيره مغسوسًا أو لا مسجوقًا في

(1) يُراجع، العمدة في الجراحة، ج1، ص205-206. (المؤلف)

الغاية أو لا إلى غير ذلك، السابع: ذكر مضاره، الثامن: ذكر ما يصلحه، التاسع: ذكر المقدار المأخوذ منه مفردًا أو مركبًا مطبوخًا أو منشفًا بجرمه أو عصارته أوراقًا أو أصولًا، إلى غير ذلك من أجزاء النباتات التسعة، العاشر: ذكر ما يقوم مقامه إذا فقد[1].

المبحث الثالث: الأدوية المفردة عند العرب

والأجزاء التسعة من النبات التي تفيد صناعة الدواء، هي: الثمر والورق والليف والصمغ والبذر والقشر والأصول والعصارات والحب.

وقد ذكر **الأطباء والصيادلة العرب** أوقات الحصول على الأجزاء ومواسمها وادخارها وخصائصها إن كانت قوية أو ضعيفة، والشروط الواجب اتباعها للحصول على الأدوية الجيدة منها وغير ذلك.

الثمر يستخدم في صناعة الدواء، ويشترط أن يكون ممتلئًا يصلح للبقاء مدة، فلا يعتريه الفساد بسرعة، وهذا معناه أن يؤخذ الثمر وهو نضيج وقبل أن يبدأ بالتساقط، وأن يتبع في سائر الأجزاء الأزمنة الموافقة لها، وينبغي أن تجمع الأصول والأغصان والقشور ابتداء طرحها الأوراق، ومما كان قويًا فليجفف في مواضع غير ندية، وما كان فيها طين فليغسل بالماء[2].

أما البذور فينبغي أن تكون جيدة، ويستدل على جودتها بحجمها وامتلاء قشرها، وينبغي أن تكون الثمار والقضبان والأغصان طرية، وأن تكون العصارات المستخلصة قوية الرائحة، وان تؤخذ والسوق غضة، وكذلك عصارة الأوراق.

ويجمل **ابن سينا** ذلك بقوله: والأوراق يجب أن تُجتنى بعد تمام أخذها من الحجم الذي على هيئتها قبل أن يتغير لونها وينكسر، فضلًا عن أن تسقط وتنتثر، وأما البزور فيجب أن تلتقط بعد أن يستحكم جرفها وتنغش عنها الفجاجة والمائية، وأما الأصول فيجب أن تؤخذ كما تريد أن تسقط الأوراق، وأما القضبان فيجب أن تجتنى، وقد أدركت ولم تأخذ في الذبول والتشنج، وأما الزهر فيجب أن يجتنى بعد التفتيح التام وقبل التذبل والسقوط، وأما

---

(1) يُراجع، تذكرة أولي الألباب، ص20. (المؤلف)

(2) يُراجع، الرازي، الحاوي، ج22، ص6. (المؤلف)

الثمار فيجب أن تجتنى بعد تمام إدراكها وقبل استعدادها للسقوط، وأما المأخوذ بجملته فيجب أن يؤخذ على غضاضة عند إدراك بزره، وكلما كانت الأصول أقل تشنجًا والقضبان أقل تذبلًا والبزور أسن وأكثر امتلاءً والفواكه أشد اكتنازًا وارزن فهو أجود، والعظم لا يغني مع الذبول والانقصاف، بل لأن كان مع رزانة فهو فاضل جدًا، والمجتنى في صفاء الهواء أفضل من المجتنى في حالة رطوبة الهواء، وقرب العهد بالمطر[1].

وقد تنبه **الأطباء والصيادلة العرب** إلى المدة التي يكون عليها الدواء النباتي ساري المفعول لمعرفتهم أن ادخارها مدة طويلة يضعف تأثيرها، وقد يفسدها فلا تصلح لمداواة علة ما، فالأدهان تفسد في عامين أو ثلاثة، وإذا كانت البذور كثيرة الدهن فإن الفساد يسرع إليها فلا تمكث غير عام واحد، في حين تبقى البذور القليلة الدهن فترة أطول من ذلك، وتمتاز الأصول والقشور بأنها تبقى مدة طويلة تصل إلى عشر سنوات أو أكثر ولا تفقد جوهرها، وأما الصموغ فإن معظمها لا يبقى أكثر من ثلاث سنوات ويضعف الحشيش بعد ثلاث سنوات.

ويجب العناية بالأدوية لكيلا تفسد أو تضعف قواها فتقل بذلك منافعها، فمن الأدوية ما له رائحة قوية سواء كانت تلك الرائحة طيبة أو نتنة، ومن الأدوية النباتية ما لها ألوان خاصة مثل البنفسج والورد، ومن الأدوية النباتية عصارات وأصماغ وأصول وغير ذلك، فمن الواجب حفظ الأدوية كل حسب نوعه وخصائصه، وان تجهز لكل نوع منها ما يناسبه للحفظ.

وقد ذكر **المجوسي** طرق حفظ الأدوية لكيلا يصيبها الفساد بسرعة بقوله: فأما حفظها والمنع من فسادها فينبغي إذا أردت رفعها وحفظها أن ترفع الحشائش والبذور والعصارات والقضبان قد جفت جفوفًا جيدًا ولم يبق نداوة، ويكون تجفيفك إياها في الشمس، وتخزن الحشائش والقضبان والورد والعصارات في صناديق، وإن أمكن أن تكون من خشب العرعر والدردار فهو أجود. فأما البزور فإن أصلح الأشياء أن تكون في حشائشها وتعلق كذلك زمانًا طويلًا، وإن لم يتفق أن تكون في حشائشها فلتخزن في كاغد، وكذلك نجعل العصارات في كاغد، واعلم أن الحشائش إذا حفظت على ما ينبغي فإن قواها تبقى ثلاث سنوات أو

(1) يُراجع، القانون في الطب، ج1، ص238. (المؤلف)

أربعًا، وأما الأدوية الطيبة الرائحة فيجب أن تجنى في أواني فضة أو زجاج أو غضار صيني ويحكم سد رأسها، وأما الأدوية الرطبة التي تصلح للعين فما كان فيها يصلح للجرب والسبل والظلمة فتوضع في أواني نحاس[1].

وطرح **الأطباء والصيادلة العرب** جملة من طرق امتحان الأدوية المفردة لمعرفة قوتها وتأثيرها وهي: امتحان الدواء من التجربة على الأبدان، وامتحان الدواء من سرعة استحالته وعسرها، وامتحان الدواء من سرعة جموده وعسر جموده، وامتحان الدواء من طعمه، وامتحان الدواء من رائحته، وامتحان الدواء من لونه، فبالنسبة لامتحان الدواء من التجربة على الأبدان يشترط معرفة تأثير الدواء في الأبدان المريضة، ولا يمنع من معرفة تأثيره في الأبدان المعتدلة.

وقد ذكر **المجوسي** مسألة امتحان الدواء على الأبدان المعتدلة فضلًا عن امتحانه على الأبدان المريضة، فيقول: وأنا أقول إن أفضل ما امتحن به الدواء وجرب لمعرفة مزاجه على الأبدان المعتدلة[2].

ولم تقتصر تجربة الدواء على الأبدان المريضة والأبدان المعتدلة أو الصحيحة، بل تجاوزت ذلك إلى دراسة تأثير الدواء في الحيوان وتجربته عليه، وقد ظهر **للطبيب العربي** اختلاف الدواء من حيث القوة والتأثير في الحيوان والإنسان، فإن ما يجرب على الحيوان ويثبت فعله قد لا يكون كذلك على الحيوان، وعلى الرغم من هذا التحذير، إلا أن الظاهر من أقوال **الأطباء العرب** أنهم جربوا تأثير الدواء وقوته على الحيوانات، واقتنعوا أن تجربة الدواء يجب أن تكون على بدن الإنسان وذلك لاختلاف تأثير الدواء على الحيوان.

وقد اتفق في ذلك كل من **المجوسي وابن سينا،** إذ يقول الثاني: أن تكون التجربة على بدن الإنسان، لأنه إن جرب على غير بدن الإنسان جاز أن يختلف من وجهين: أحدهما أنه قد يجوز أن يكون الدواء بالقياس إلى بدن الإنسان حارًا وبالقياس إلى بدن الأسد والفرس باردًا، إذا كان الدواء أسخن من الإنسان وأبرد من الأسد والفرس، ويشبه فيما أظن أن يكون

(1) يُراجع، كامل الصناعة الطبية، ج1، ص152. (المؤلف)

(2) المصدر السابق، ج1، ص76. (المؤلف)

الأسد شديد البرد بالقياس إلى الفرس، وهو بالقياس إلى الإنسان حار، والثاني قد يجوز أن يكون له بالقياس إلى أحد البدنين خاصية ليست بالقياس إلى البدن الثاني مثل البيش، فإن له بالقياس إلى بدن الإنسان خاصية السمية وليست له بالقياس إلى بدن الزازير[1].

ويمتحن الدواء عن طريق معرفة استحالته أو عدمها، فما كانت استحالته إلى طبيعة النار ويلتهب بها بسرعة فهو حار بالقوة، مثال ذلك الزيت، وهو عند طلي البدن به لا يسخنه سريعًا نظرًا لغلظته وتعلقه بالبدن، ومن المواد ما يمكن سحقه ودقه إلى أجزاء صغيرة كالغبار، فتساعد على تسخين البدن لقدرتها على النفاذ إلى أجزاء البدن من جهة وطبيعتها من جهة أخرى، ويمتحن الدواء من سرعة جموده وعسر جموده، وذلك على أساس أن أسرع المواد جمودًا أبردها مزاجًا، وبهذا يستدل على برودة مزاج الدواء على أن يراعى في ذلك غلظ الجوهر أو لطافته، ويمتحن الدواء من طعمه على أساس أن ذلك يخبر بمزاج الدواء وجوهره.

والطعوم ثمانية: أحدها الطعم الحلو، والآخر الدسم، والآخر الحامض، والآخر المر، والآخر الحريف، والآخر المالح، والآخر العفص، والثامن القابض، وما لا طعم له، فليس يعد من الطعوم[2].

ويرى **الرازي** أن يحترس الطبيب عند طلب الدواء عن طريق امتحانه ومعرفة طعمه إن كان موافقًا أو غير موافق فيقول: قد يمكن للطبيب الاحتراس من هذا بوجهين: (إذا دفع البائع للطبيب غير ما يريد)، أحدهما عمله وصناعته، وذلك أنه إذا طلب دواء محللًا ثم أعطي دواءً قابضًا أو عفصًا مقويًا مسددًا علم حينئذ حق أن هذا الدواء ليس بالدواء الذي أراده، وكذلك إذا طلب دواء ممسكًا مغريًا فوجده حريفًا أو مرًا على مثل عمله الأول كان هو الحاكم على الصيدلاني بأنه غلط[3].

ويمتحن الدواء من رائحته، علمًا أن التدرج من حيث الأهمية في امتحان الدواء يقضي بالطعم أولًا، وبالرائحة ثانيًا، وباللون ثالثًا، فكثير من الأدوية ما تدل عليه رائحته، وإن حاسة

---

(1) يُراجع، القانون في الطب، ج1، ص225-226. (المؤلف)

(2) يُراجع، المجوسي، كامل الصناعة الطبية، ج1، ص87. (المؤلف)

(3) يُراجع، الحاوي في الطب، ج22، ص3. (المؤلف)

الشم تستلم ما يرد إليها من رائح الأشياء كالثوم والبصل والخل، كما يستعيض الإنسان عن تذوق الأشياء بواسطة شمها، مثال ذلك الأشياء النتنة، والرائحة الصادرة عن الأشياء قد تكون طيبة، مثال ذلك روائح الورد، وقد تكون كريهة، ولا يستدل من طيب رائحة الورود على مذاقها، لأن بين الاثنين اختلاف.

كما يمتحن الدواء من لونه، وهذا هو أضعف أنواع الاستدلال على قوة الدواء ومزاجه، ولكن يمكن أن يستدل على كثير من العصارات والبزور والأصول من ألوانها.

ولا تقتصر الأدوية على الأجزاء التسعة من النبات، بل عرف **العرب** الأدوية من مصادر حيوانية أخرى معدنية، واستعملوها في مداواة الأمراض.

والأدوية الحيوانية بعضها من فضولها وبعضها من أعضائها، ونقصد بالأدوية من فضول الحيوانات مثل الدم واللبن والبيض والعرق والبصاق، ويطلق عليها اسم الرطوبات، ومن فضول الحيوانات أدوية مثل المرارات، مرارة البقر ومرارة الثعلب ومرارة القنفذ وغير ذلك، ويطلق اسم المرارات عليها. ومن فضول الحيوانات أدوية مثل الأبوال والزبل، بول الدواب، بول البقر، بول الخنزير البري، بعر الماعز، أخثاء البقر، زبل الضأن، وغير ذلك، ويطلق عليها اسم الأبوال والزبل.

أما أعضاء الحيوان المستعملة أدوية فكثيرة، نذكر منها الشحوم، مثل شحم الأسد والدب والثعلب والخنزير، ومنها تحضير الحيوانات بعد معاملتها بأشياء أخرى مثل القنفذ والثعلب والخنزير، ولحم ابن عرس والجرذان والعقارب والحيات والذباب وغير ذلك. ومنها القرون والرئات والأكباد والأظلاف والعظام والصوف والشعر وغرا الجلود وغير ذلك.

واستعملت الأدوية المعدنية للمداواة، فذكر **العرب** مجموعة واسعة منها، وقد صنفت إلى تلك التي يطلق عليها اسم الطين، وتلك التي يطلق عليها اسم الحجارة، وتلك التي يطلق عليها اسم الأجساد، فمن الطين أنواع أبرزها الطين **الأرمني** الذي يتميز بخلوه من الرمل، ويستخدم في طلاء الأورام والقروح، كما يُمزج بالماء البارد كشراب، ثم الطين **القبرصي** الذي يتميز بطيب رائحته، وله منافع للنزف والطمث وقروح الأمعاء وغير ذلك، كما يستخدم في حقن المصاب بالقرحة، ثم طين الكواكب وإسفيداج الرصاص (كربونات

الرصاص القاعدية)، والنورة والصابون والطباشير وغير ذلك، وكلها أدوية تستخدم لشتى أنواع الأمراض والقروح.

ومن أنواع الحجارة، حجر الحية وحجر اللازورد، وحجر المغناطيس، والاثمد، وإقليميا الفضة، وإقليميا الذهب، والتوتيا وخبث الحديد وخبث الفضة، ومن أنواع الأملاح، الملح الهندي والنوشادر والبورق وزبد البحر.

أما الأجساد فتطلق على الفلزات والمعادن، وقد عرف **العرب** مجموعة كبيرة منها: الذهب والفضة والنحاس والحديد والخارصين والرصاص والقصدير والزئبق.

واستعملت أنواع الزاجات (البلورات)، في مداواة الأمراض مثل: الشب اليماني والنحاس المحرق وسحالة الذهب والزنجار (خلات النحاس القاعدية) والأسرب (الرصاص)، والزئبق والزجاج وغير ذلك.

المبحث الرابع: الأدوية المركبة عند العرب

وتعرف باسم الأقرباذين، وبذلك يكون الدواء بصورة عامة على هيئة مواد غذائية، وعلى هيئة مفردات نباتية وحيوانية ومعدنية، وعلى هيئة مركبات يقوم الصيدلي بتحضيرها على وفق قواعد وشروط معينة، وقد جرى الاتفاق بين **الأطباء العرب** بمداواة العلة، أن الأفضلية تكون للأغذية، فإن لم تنفع فبالأدوية المفردة، ولا يلجأ المرء إلى الأدوية المركبة إلا بعد إدراك عدم نفع الدواء المفرد. وفي ذلك يقول **الأنطاكي**: فالمراد بالبسيط ما كان نوعًا واحدًا، والمركب ما كان اثنين فأكثر، والذي ينبغي تركيب الدواء لأجله عِظم المادة واختلاف المرض وتعدد الخلط ومعاصاته وعسر العلة، بحيث لا يقدر على حلها إلى غير ذلك، إذ من الواجب التقليل ما أمكن فلا يعدل إلى مفردين إذا أمكن العلاج بواحد، ولا إلى ثلاثة إذا أمكن باثنين وهكذا[1].

والأدوية التي استعملها العرب في مداواة الأمراض متنوعة منها: المعاجين والأقراص والسفوفات والأكحال والترياقات واللعوقات والمربيات والأشربة واللطوخات ودهونات

---

(1) يُراجع، تذكرة أولي الألباب، ص31. (المؤلف)

وبخورات وحقن وحمولات وذرورات وسعوطات ومسنونات وشيافات وغرغرات وغسولات وفتايل وقطورات ومراهم ومنقوعات وغير ذلك.

ويذكر **الأنطاكي** قواعد عامة في عمل بعض الأدوية التي يذكر فيها أشكالها الصيدلية، فيقول: وأما الأحكام فقسمان، خاصة بكل نوع، وستأتي فيه، وعامة وتسمى الطلية، وتقريرها أن تضبط مفردات المركب وينظر ما فيها من أصول وحبوب ومعادن وصموغ وغير ذلك، فتفعل بكل نوع ما سبق من قوانين الأفراد، ثم إن كان في المركب شراب أو ماء مخصوص نقعت الصموغ فيه إلى أن تنحل. وإن كان معجونًا أخذت له ثلاثة أمثاله شتاءً واثنين صيفًا، قيل ونصفًا عسلًا مصفى من سائر الأدناس ومزجته بالصموغ المحلولة على نار لينة، فإذا انعقد نزله وذر الدواء المسحوق واضربه حتى يمتزج، وارفعه في الصيني أو الفضة بحيث لا تملأ الإناء ليغلي واترك له منفسًا يخرج منه بخاره واكشفه كل قليل إلى مضي أجله. وإن كان أقراصًا أو حبوبًا جعلت مسحوقها الصموغ المحلولة، اللهم إلا أن يكون فيهما عصارة مغرية كالصبر فلا حاجة حينئذ إلى الصموغ، وتقرص أو تحبب مع مسح اليد بالأدهان المناسبة وتجفف بالغًا في الظلال كيلا تعفنها الرطوبة الغريبة وترفع. وإن كان مطبوخًا عدلت وزنه ولينت ناره وطبخته حتى يهترئ، فإن وقع فيه أفتيمون (= بذور وزهر) أو بكتر أو شيء من الطلول كالشيرخشك فلا تقربها إلى نار، ولكن صف المطبوخ عليها وأعِد التصفية منها أو شيء من أنك (=الرصاص الأسود) فَنَقِهِ من الخشب، واسحقه واغسله بماء قد طبخ فيه شيء من الراوند والأذخر.

وإن صنعت ماء الجبن فخذ لبنه من عنز صحراء وأغله، فإذا جف فألق على كل رطلين ومنه ثلث رطل من السكنجبين لجمود دهنيته، وقد يُجعل فيه مثقال من الأندراني وربع درهم من الأنفحة.

والقانون في الأضمدة، أن يذاب في كل أوقية درهمان من الشمع شتاءً وثلاثة صيفًا، وتلقى فيه الأدوية، فإن كان قيروطيًا ضرب الدواء بدستج الهاون فيه حتى يمتزج.

والقانون في السفوف، اسحقه على الطريق الذي سبق، وامزجه بعده، وفي القابضات البزورية تحمص البزور في الخزف والأحجار بأن يحمى الإناء وينزل، وتقلب فيه الأبزار

لا أن توضع على النار، فإن ذلك يوهنها، وإن حمصت أنواع الاهليلج سقيتها سمنًا أو ماء سفرجل وحمصتها كالبزور.

وأما الأكحال، فملاك أمرها السحق، فإن مثل هذا العضو لا يحتمل الكثيف، ومما يعين على سحقها أن تغسل الأحجار ونحو الأقاقيا (= عصارة شجرة بمصر) بالماء العذب حتى تنقى وتسحق بالماء، وأنت تصفيها شيئًا شيئًا حتى تغني ثم تروق الماء وتجففها.

وفي البزور تجعل ماء الحصرم في الشمس فوق خمس، ثم أدخل به، وفي الفتل والفرازج تعقد ما يعجن به ثم تنزله، وكذا زيت المراهم. فإن كان هناك ماء سقيته الزيت حتى يفنى ولا تلق حوائج هذه إلا خارج النار، ومثلها الأشياف.

أما الترياقات فالقانون فيها حل صموغها في الشراب ثم تجمع العسل وتضرب فيه الأدوية وترفع هي والإرياجات لم تمس بنار أصلًا.

واللعوقات تعقد وتلقى فيها العقاقير على النار ولكن يكون عسلها غير محكم العقد غالبًا على الأجزاء. وقانون المعاجين مثلها ولكن الخلط بلا نار.

والأطياب تحل في المياه ويسقاها العسل على نار كنار الفتيلة، ونحو العود يسحق وينقع في المياه ثلاثًا ويجعل في العقاقير المسحوقة، وقيل في العسل لئلا تفسدها الرطوبة.

وما كان منها مداره على الإهليجات يسمى الإطريقال، وقانونه أن تسحق الإهليجات وتسقى السمن أو دهن اللوز أيامًا ثم يخلط خلط المعاجين.

وأما المربيات، فإن كانت رطبة كفى جعلها في العسل ووضعها في الشمس حتى تنعقد في صقيل، نحو بلور، وإلا نقعت أسبوعًا مع تبديل مائها وثقبت بالإبرة وطبخت في أعسالها حتى يظهر انعقادها فترفع وتعاهد، فإن أرخت ماء أعيدت إلى الطبخ حتى تثق بها.

وأما الأشربة، فإن عملت مما يعتصر ماؤه كالرمان كفى إلقاء المثلين من السكر على المثل من مائها وتطبخ حتى تنعقد وإلا نظفت الأجرام من نحو القشر وطبخت حتى تنضج وتصفى ويعقد ماؤها بالسكر.

والقانون في الأدهان، تطبيق نحو اللوز بنحو البنفسج مرارًا في مرتفع على أملية نظيفة

وتستخرج، وقد تطبخ الأجسام بالماء والدهن ويصفى، وأضعفها نفعًا ما يعمل الآن من جعل الجسم فـي الزجاج وغمره بنحو الزيت في الشمس زمنًا طويلًا[1].

يشير ذا النص بوضوح إلى جملة من العمليات الخاصة بتحضير الأدوية بشتى أنواعها، ويمكننا من خلال ما وجدناه في كتب الصيدلة أن نصنف هذه العمليات التحضيرية على النحو الآتي:

أولًا. التسخين والتحميص، وهي من العمليات البسيطة، ولكنها على الرغم من ذلك لها بعض الشروط، فمن المواد الدوائية ما يحتمل التسخين البسيط ويتلف عندما تصيبه نار قوية. ومن المواد الدوائية ما يحتاج إلى عرضه في الشمس مدة طويلة، ومنها ما يحتاج إلى التحميص مثل البذور شريطة أن تقلب في الخزف والأحجار.

ثانيًا. السحق، وهي عملية بسيطة كذلك، بأن يؤخذ الدواء ويضرب بالهاون حتى يصبح مسحوقًا، ولكنها على الرغم من ذلك فيها بعض المحاذير، لأن بعض المواد الدوائية يبطل مفعولها بالسحق، لذلك أوجب الصيدلي أن تسحق بلطف إن كان ذلك مما لا بد منه، وقد يجري السحق على المادة الدوائية حتى تصبح دقيقة في حالة الاكتحال نظرًا لعدم احتمال حاسة البصر للمسحوق الكثيف.

ثالثًا. التنظيف والتصفية: وهي أن يتخلص الصيدلي من الأتربة والأوساخ وجميع ما يعلق بالمادة الدوائية من شوائب، وذلك عن طريق غسلها بالماء، وإذا ما سحقت المادة الدوائية بالماء، كانت التصفية الخطوة الثانية، وذلك بأن يتم تصفية ذلك شيئًا فشيئًا وتجفف بعد ذلك.

رابعًا. التجفيف: وهي طريقة بسيطة لإزالة الرطوبة العالقة بالمادة الدوائية، وغالبًا ما تستعمل هذه الطريقة للأجزاء النباتية التي تفسدها الرطوبة، ويثابر العَشَاب أو الصيدلي على حفظها بعيدة عن الرطوبة، وقد يكون التجفيف بالنار الهادئة لكيلا تتلف المادة الدوائية أو بعرضها في الشمس مدة من الزمن حتى تجف.

(1) المصدر السابق، ص32-33. (المؤلف)

خامسًا. التذويب: وهي طريقة يتم بموجبها ذوبان مادة بمادة أخرى، وقد يتم ذلك بالتسخين أو بدونه، وربما يصاحب عملية الذوبان عملية التقطير، حيث يتم إذابة المادة بالتسخين ثم تقطر من أجل الحصول على المادة المذابة نقية تاركة وراءها الأوساخ والشوائب.

سادسًا. التقطير والتحليل: وهي طريقة استعملها **الصيدلي العربي** في حالتي تحضير الدواء والاستدلال عليه، وقد ذكر **الأنطاكي** في الاستدلال على الدواء بقوله: وهو إنا إذا جهلنا مزاج مفرد وضعنا منه قدرًا معينًا في القرعة وركبنا عليه الإنبيق واستقطرناه فيسيل منه بالضرورة جزء مائع وجزء زبدي ويتخلف آخر ويصعد آخر[1]. ويستخدم التقطير لتحضير الأدوية والتخلص من الشوائب العالقة فيها، والتي لا يمكن تصفيتها بالطرق الاعتيادية.

سابعًا. التحضير الكيمياوي: وهي طريقة استخدمها **الصيدلي العربي** من أجل الحصول على بعض المركبات المستعملة كأدوية، مثال ذلك خلات الرصاص وخلات النحاس، فيحضر الزنجار مثلًا من وضع صفائح النحاس في الخل مدة طويلة حتى يتحول إلى محلول أخضر اللون، ويحضر الإسفيداج من معاملة الرصاص بالخل، حيث يحصل على خلات الرصاص، ثم تسخن بحرارة شديدة لتعطي كربونات الرصاص القاعدية، وغير ذلك من المواد المركبة.

ثامنًا. الحرق: وهي طريقة استخدمها **الصيدلي العربي** من أجل الحصول على المادة الطبية التي يريدها، مثال ذلك حرق الأسرب (الأنتيمون) في النار للحصول على أوكسيد الأنتيمون، وحرق أملاح مختلطة للحصول على القلي أو رماد الصودا، وقد تحرق المادة لتكون مهيأة للحرق، كما تحرق لتكون لطيفة الجوهر أو لتكون أشد تأثيرًا من الناحية الدوائية.

تاسعًا. الطبخ: وهو من الطرق المألوفة لتحضير الأدوية الكثيفة القوام، ويتحكم الصيدلي في درجات الحرارة، لأن منها ما يحتاج إلى طبخ على حرارة شديدة، ومنها ما يحتاج إلى طبخ على حرارة معتدلة أو دون ذلك، لذلك

---

(1) المصدر السابق، ص25. (المؤلف)

وجب الاحتراس لكيلا يصيب الدواء المطبوخ تغيير وفساد، إذ من الأدوية ما يفقد قوته بفعل الحرارة الشديدة، ومنها ما يتحلل ويتصاعد فلا يحصل المرء على الدواء المطلوب.

عاشرًا. التحلية: وهي أن يقوم الصيدلي بإضافة مواد تصلح من طعم الدواء أن كان كريه الطعم، فلا يستطيع العليل احتماله، وغالبًا ما يضاف إلى مثل هذه الأدوية وغيرها ما يصلح طعم الدواء، فيضاف العسل والسكر مثلًا وما يجري مجراهما، وقد استعملت هذه الطريقة في تحضير الأشربة واللعوقات والمربيات والترياقات وغير ذلك.

وأخيرًا لا بد أن نذكر أن **الأطباء العرب** قد توصلوا إلى طرق متعددة لتحضير الحبوب والأقراص، كما توصلوا إلى عملية تذهيب الحبوب وتغليفها بورق الفضة، واستخدموا مواد وعقاقير مختلفة لتحضير أنواع كثيرة من الأدوية المخدرة، واستعملت فيها مختلف أنواع تحضير الأدوية مثل السحق الناعم على هيئة مسحوق يذر فوق الطعام فيؤدي بمتناوله إلى النوم، ومثل الأقراص التي إذا أكل منها المرء قرصًا واحدًا نام لوقته، ومثل الشراب، والاستنشاق عن طريق شم المخدر.

ذكر أحد تلاميذ **الأنطاكي** في ذيل تذكرة أولي الألباب جميع أنواع المراقيد وطرق تحضيرها، وأني لأذكر هنا ما ذكره عن الاسفنجة المخدرة التي سبق لنا ذكرها، والتي ينام الإنسان من تأثير شمها، وعن شراب مخدر مع ذكر الإفاقة منه.

وبصدد الاسفنجة يقول: يؤخذ من البيدروج وزن درهمين ومن الأفيون مثله، يدقان ناعمًا ويدفنان في زبل رطب أسبوعًا بعد أن تجعل فيه من الماء أربعة أمثال، فإن أردت أن تنوم أحدًا تأخذ من ذلك الماء بإسفنجة بعد أن تتركه في الشمس خمسة أيام وقربه إلى من تريد تنويمه[1].

وبصدد الشراب يذكر ما يأتي: يؤخذ أفيون ثلاثة دراهم وسيكران درهمًا وبزر خس

---

(1) يُراجع، أحد تلاميذ الأنطاكي، ذيل تذكرة أولي الألباب والجامع للعجب العجاب، مصر 1952، ص67. (المؤلف)

درهمان وأقماع ورد درهمان وزرنيخ أصفر درهم يسحق جيدًا، ويلت بعسل نحل منزوع الرغوة، ويعفن في قارورة أربعين يومًا، والشربة منه خروبة، والإفاقة منه بماء بارد، ويسعط بخل قد طرح فيه فلفل وخردل وكندس مسحوقة[1].

انتهى*

(1) المصدر السابق، ص67. (المؤلف)

* إلى هنا انتهى الكتاب، ولم يذكر ياسين خليل خاتمة للكتاب. (المحقق)

المصادر والمراجع*

القرآن الكريم

أولًا: العربية

ابن أبي أصيبعة، موفق الدين - عيون الأنباء في طبقات الأطباء، تحقيق نزار رضا، بيروت 1965.

ابن سينا، أبو علي الحسين - القانون في الطب، بغداد.

ابن سينا، أبو علي الحسين- كتاب الأدوية المفردة في كتاب القانون في الطب، دراسة وتحقيق د. مهند الأعسم، ط1، دار الشؤون الثقافية العامة، بغداد 1986.

ابن القف، أبو الفرج بن موفق الدين - كتاب العمدة في الجراحة، 2ج، حيدر آباد 1356هـ.

ابن النديم، محمد بن إسحق- الفهرست، طبعة المكتبة التجارية، مصر.

ابن النديم، محمد بن إسحق- الفهرست، بيروت 1978. (المحقق)

ابن هشام، أبي محمد عبد الملك - السيرة، طبعة كوتنجي.

أحمد عيسى - تاريخ البيمارستانات في الإسلام، دمشق 1939.

الأنطاكي، داود بن عمر - تذكرة أولي الألباب والجامع للعجب العجاب، مصر 1952، وبذيله، أحد تلامذة الأنطاكي، ذيل تذكرة أولي الألباب، مصر 1952.

بول غليونجي - الطب عند قدماء المصريين، الإسكندرية. (المحقق)

ثابت بن قرة - الذخيرة في علم الطب، القاهرة 1928.

* تشمل هذه القائمة للمصادر المراجع، الكتب التي اعتمدها المؤلف في كتابه هذا، فضلًا عن المصادر والمراجع التي رجع إليها المحقق، وسوف نشير إلى المصادر والمراجع التي اعتمدناها أثناء التحقيق بعبارة (المحقق).

الجرجاني، السيد الشريف - كتاب التعريفات، مصر 1938.

الجرجاني، السيد الشريف - كتاب التعريفات، ط1، بغداد 1986. (المحقق)

الرازي، أبو بكر - الحاوي الكبير في الطب، متعدد الأجزاء، متعدد الطبعات، حيدر آباد، الدكن.

رودريك مكجرو - موسوعة تاريخ الطب، ترجمة حسين سرمك حسن، ط1، بغداد 2005. (المحقق)

رياض رمضان العلمي - الدواء منذ فجر التاريخ إلى اليوم، ط1، الكويت. (المحقق)

زيغريد هونكة، المستشرقة - شمس العرب تسطع على الغرب، ترجمة فاروق بيضون، ط1، بيروت 1964.

سعيد عبد الفتاح عاشور وجماعته - دراسات في تاريخ الحضارة العربية الإسلامية، ط2، الكويت 1986. (المحقق)

شوكت الشطي - ـ تذكرة في تاريخ الطب قبل الإسلام، دمشق 1960.

طرابيشي، جورج- معجم الفلاسفة، ط1، بيروت 1987. (المحقق)

عامر سليمان- القانون في العراق القديم، ط1، بغداد 1987. (المحقق)

عبد اللطيف البدري - الطب الأشوري، بغداد 1976.

العبيدي، حسن مجيد - العلوم الطبيعية في فلسفة ابن رشد، ط1، بيروت 1995. (المحقق)

علي كمال- النفس، انفعالاتها وأمراضها وعلاجها، ط4، بغداد 1988. (المحقق)

الفارابي، أبو نصر محمد - إحصاء العلوم، تحقيق عثمان أمين، القاهرة 1949.

القفطي، جمال الدين - أخبار العلماء بأخبار الحكماء، مصر 1326هـ.

الكحال، علي بن عيسى- تذكرة الكحالين.

كمال السامرائي - مختصر تاريخ الطب العربي، 2ج، ط1، بغداد 1984. (المحقق)

الكندي، أبو يوسف يعقوب - رسالة في الحدود، ط1، بغداد 1986. (المحقق)

المجوسي، علي بن العباس - كامل الصناعة الطبية المعروف بالملكي، 2ج، بولاق 1294هـ.

محمد كامل حسين - الموجز في تاريخ الطب والصيدلة عند العرب، المنظمة العربية للتربية والثقافة والعلوم.

محمد مرسي عرب - لمحات من التراث الطبي العربي، الإسكندرية 1975.

يوسف كرم - تاريخ الفلسفة اليونانية، بيروت 1977. (المحقق)

ثانيًا: الأجنبية

1. Biurini, Book on Pharmacy and Materia Medica, Ed, by Hakim Mohammed Said, Pakistan 1973.

2. AL Bucasis, On Surgery and Instruments, The Will come Institue of the History of Medicine.